AF474773

Manq. les pages 353 - 384.
25 sept. 1903.
[illegible]

LA BIBLE

DANS L'INDE

—

VIE DE IEZEUS CHRISTNA

DU MÊME AUTEUR

La Devadassi (Bayadère), comédie en quatre parties (Théâtre Indou). Traduction du Tamoul. 1 vol. in-8°. 1 franc.

PARIS. — IMPRIMERIE L. POUPART-DAVYL, RUE DU BAC, 30.

LA BIBLE

DANS L'INDE

VIE DE IEZEUS CHRISTNA

PAR

LOUIS JACOLLIOT

PARIS

LIBRAIRIE INTERNATIONALE

15, BOULEVARD MONTMARTRE

A. LACROIX, VERBOECKHOVEN & Cᵉ, ÉDITEURS

A Bruxelles, à Leipzig et à Livourne

1869

PRÉFACE

Les nations périssent par le rêve, la contemplation, les priviléges de caste, et le despotisme religieux.

L'Espagne vient de faire sa révolution contre le cierge et l'eau bénite... Attendons, avant de juger!

L'Italie ne peut parvenir à constituer son unité.

Rome se prépare à condamner dans un concile général toutes les conquêtes de l'esprit moderne, libre arbitre, liberté de conscience, indépendance des pouvoirs civils, etc....

L'excommunication essaye de rajeunir ses foudres impuissantes, et de courber sous son joug, les empereurs, les rois et les peuples.

Les évêques anglais tentent au nom de Luther d'établir une unité de dogme qui leur donnerait la puissance, et ils proscrivent Colenso (1).

L'Angleterre étouffe les gémissements de l'Irlande.

Les sectateurs d'Omar luttent au nom d'Allah pour proscrire les réformes qui pourraient sauver la Turquie, et ils massacrent les Crétois.

La Pologne n'existe plus, le sabre moscovite a réalisé la prédiction de Kosciusko mourant.

(1) Évêque de Natal, qui a nié la divinité du Christ.

Le czar de Russie est pape.

Et cependant! entrez dans les églises, dans les temples, dans les mosquées, partout on place sous l'égide de Dieu l'intolérance et les persécutions.

Ce n'est plus le fanatisme du moyen âge, car la foi est morte, c'est l'hypocrisie qui va remuer les arsenaux du passé pour y trouver des armes qui puissent encore faire peur aux peuples, et les courber à deux genoux, dans la poussière des ténèbres et de l'oubli.

Oui! mais la liberté est un arbre fort et jeune, et plus on taillera ses rameaux, plus on lui donnera de force pour l'avenir.

Seule la France possède l'égalité, sa séve est toujours vivace et puissante : qu'elle marche donc sans secousses, sans révolution, à la conquête pacifique de ses libres institutions.

Les secousses n'ont produit jusqu'à ce jour que des temps d'arrêt, des divisions et la peur de la liberté!

Mais pourquoi, au milieu de tous ces bruits qui l'entourent du Nord au Sud, de l'Est à l'Ouest, semble-t-elle parfois hésiter?... qui entrave sa marche?... Que craint-elle!...

Est-ce que la jeune génération, est-ce que la *France nouvelle* n'est pas là pour renier les impuissances d'un passé dont elle ne veut pas le retour, et pour suivre hardiment le drapeau qui, faisant un pas de plus en avant, lui assurera la vie libre à l'intérieur et le respect au dehors.

Donc en avant!!

Le temps des agitateurs et des tribuns religieux est passé. Nous savons ce que valent les oligarchies cléricales qu'on place sur le pouvoir, et combien facilement, au lendemain du succès, elles se retournent contre les principes de ceux qui les ont élevées.

Nous ne leur tiendrons plus la chaise curule.

Et puisque nous commençons à marcher... aidons loyalement et courageusement à la marche.

En face de l'intolérance qui relève la tête, et de toutes ces luttes religieuses qui divisent l'Europe, je viens vous dire la vie d'un peuple qui fut grand entre tous, par sa civilisation, ses lois et sa morale, et dont les prêtres ont creusé le tombeau.

Je viens vous dire comment l'humanité, après s'être élancée jusqu'aux régions les plus élevées de la critique philosophique et de la libre raison, sur la vieille terre de l'Inde, a été asservie et étouffée par l'autel qui a substitué, à la vie intelligente, l'abrutissement, l'impuissance et le rêve.

Le concile va se réunir, tous les ennemis de la liberté se préparent à la lutte suprême, et je me lève pour leur montrer d'où ils tirent leur origine, leurs livres saints et leur révélation. Et je me lève pour dire au gouvernement et à la France :

Prenez garde aux héritiers des brahmes indous.

Eux aussi ont commencé par la pauvreté et l'abnégation, et ils ont fini par l'opulence et le despotisme.

Écoutez ce que le missionnaire catholique Dubois a écrit sur les anciens brahmes : on ne peut certes le suspecter de partialité.

« La justice, l'humanité, la bonne foi, la compassion, le désintéressement, toutes les vertus enfin leur étaient familières, il les enseignaient aux autres par leurs discours et leurs exemples : de là vient que les Indous, professent, au moins dans la spéculation, à peu près les mêmes principes de morale que nous (1). »

(1) *Mœurs des Indes*, par l'abbé Dubois, t. II.

C'est ainsi qu'ils gagnèrent les peuples à la divine parole de Chritsna, dont ils firent un marchepied à leur puissance, et quand les rajahs, qui leur avaient tout sacrifié, voulurent s'affranchir de leur tutelle, ils ne se soulevèrent que pour retomber esclaves. Terrible enseignement du passé que l'avenir doit mettre à profit !

Entourons de respect l'autel que surmonte l'image du Créateur, repoussons l'autel qui arbore cette devise :

Domination des gouvernements, asservissement des peuples.

* *
* * * *

L'Inde est le berceau du monde, c'est de là que la mère commune, en faisant rayonner ses fils jusque dans les contrées les plus occidentales, nous a légué à tout jamais comme signe de notre origine, sa langue et ses lois, sa morale, sa littérature et sa religion.

Les émigrants auront beau s'enfoncer dans les froides et brumeuses contrées du Nord, ou traverser la Perse, l'Arabie et l Égypte, loin de cette terre du soleil qui leur a donné naissance ; en vain ils oublieront le point de départ, leur peau restera bronzée ou deviendra plus blanche au contact des neiges de l'Occident ; des civilisations fondées par eux, de splendides royaumes tomberont pour ne laisser debout que quelques ruines, quelques tronçons de colonnes sculptées ; de nouveaux peuples renaîtront de la cendre des premiers ; de nouvelles cités s'élèveront sur l'emplacement des anciennes, et rien, ni bouleversements, ni invasions, ni révolutions, rien ne pourra effacer le signe originel.

La science admet aujourd'hui, comme une vérité qui n'a plus besoin de démonstrations, que tous les idiomes de l'antiquité ont pris naissance dans l'extrême Orient; grâce aux travaux des Indianistes nos langues modernes y retrouvent leurs racines et leurs bases.

N'est-ce pas hier que le regretté Burnouf disait à ses élèves à la suite d'un de ses cours : « Combien nous comprenons mieux le grec et le latin depuis que nous étudions le sanscrit ! »

N'est-ce pas aujourd'hui qu'on rattache à la même origine les langues slaves et germaniques.

Manou a inspiré les législations égyptiennes, hébraïques, grecques et romaines, et son esprit domine encore l'économie entière de nos lois européennes.

Cousin a dit quelque part : « L'histoire de la philosophie de l'Inde est l'abrégé de l'histoire philosophique du monde. »

Mais ce n'est pas tout :

Les tribus émigrantes avec leurs lois, leurs usages, leurs coutumes et leur langue emportèrent également leur religion. Elles conservèrent un souvenir pieux des dieux de la patrie qu'on ne devait plus revoir, des dieux du foyer domestique que l'on avait brûlés avant de partir pour toujours.

Aussi, en remontant à la source, retrouvons-nous dans l'Inde toutes les traditions poétiques et religieuses des peuples anciens et modernes. Le culte de Zoroastre et les symboles de l'Égypte, les mystères d'Éleusis et les prêtresses de Vesta, la Genèse de la Bible et ses prophéties, la morale du philosophe de Samos et le sublime enseignement du philosophe de Bethléem.

Ce livre vient vulgariser toutes ces vérités qui ne s'agitent aujourd'hui que dans les sommets de la science, ces vérités que beaucoup ont entrevues sans doute, sans oser les produire.

C'est l'histoire de la révélation religieuse, transmise à tous les peuples, dégagée le plus possible des fables qu'y ont ajoutées l'ignorance et la soif de dénomination des lévites de tous les temps.

Je sais quelles haines je vais soulever, mais je les attends sans crainte. On ne brûle plus comme au temps de Michel Servin, de Savonarole et de Philippe II d'Espagne, et la libre pensée peut se produire dans un pays libre. C'est tout ce que je voulais dire au lecteur qui ouvrira ces pages.

LES VOIX DE L'INDE

Vieille terre de l'Inde, berceau du genre humain, salut! Salut vieille nourrice aux mamelles puissantes, que les siècles et les brutales invasions n'ont pu encore coucher dans la poussière de l'oubli! salut, patrie de la foi, de l'amour, de la poésie et de la science!... Oh! comme je voudrais que ton passé pût être plus tard... notre avenir!

J'ai vécu au fond de tes mystérieuses forêts, cherchant à comprendre le langage de ta grandiose nature, et le vent du soir qui murmurait dans le feuillage des multipliants et des tamariniers me jetait ces trois mots magiques : Zeus, Jehova, Brahma.

J'ai interrogé les brahmes et les prêtres sous les arceaux des temples et des antiques pagodes.

Et ils m'ont répondu :

Vivre c'est penser, penser c'est étudier Dieu qui est tout et dans tout.

J'ai écouté les leçons des pundits et des savants, et ils disaient :

Vivre c'est savoir... savoir c'est rechercher et approfondir, dans toutes leurs formes sensibles, les manifestations innombrables de la puissance céleste.

Je suis allé aux philosophes et leur ai dit :

Que faites-vous donc là debout depuis plus de six mille ans, et quel est ce livre que vous feuilletez constamment sur vos genoux?

Et ils ont souri en laissant tomber ces mots :

Vivre c'est être utile à soi et à tous; vivre c'est être bon, et nous apprenons à être utiles et bons dans ce livre des Vedas que nous feuilletons, et qui est la parole de l'éternelle sagesse, dû principe des principes révélée à nos pères.

J'ai entendu les poëtes chanter... et l'amour, les parfums, les fleurs et la beauté, leur donnaient, eux aussi, des enseignements divins.

J'ai vu les fakirs sourire à la douleur sur un lit d'épines et de charbons ardents... La douleur leur parlait de Dieu.

J'ai remonté jusqu'aux sources du Gange, et des milliers d'Indous s'agenouillaient au soleil levant sur les bords du fleuve sacré, et la brise m'apportait ces paroles :

« Le riz verdit dans la plaine, le cocotier ploie sous le fruit, remercions celui qui nous les a donnés. »

Et cependant, malgré cette foi ardente et ces croyances vivaces, malgré les sublimes enseignements des brahmes, des savants, des philosophes et des poëtes, j'ai vu tes fils, pauvre vieille mère indoue, énervés, décrépits, abrutis par les plus hideuses passions, livrer sans se plaindre à une poignée de marchands qui les oppriment, ton sang, tes richesses, tes filles vierges et ta liberté.

Que de fois n'ai-je pas entendu des cris rauques, des plaintes sans nom, surgir le soir au coin des bois, sur les rives des fleuves et des marais déserts ou dans le sentier sombre, etc!... Était-ce la voix des temps passés qui revenait pleurer sur la civilisation éteinte, sur la grandeur perdue?... Était-ce le râle suprême des cipayes mitraillés pêle-mêle avec leurs femmes et leurs enfants, au lendemain de la révolte, par quelques habits rouges qui se vengeaient d'avoir tant eu peur?... Étaient-ce les pleurs des nourrissons, pressant en vain le sein glacé de leurs mères mortes de faim?...

Hélas! que d'horribles misères il m'a été donné de contempler!

Un peuple souriant avec indifférence sous la main de fer qui le tue, se couronnant de fleurs aux jours de famine, pour mourir avec grâce comme l'athlète romain et creusant joyeusement de ses propres mains le tombeau de ses gloires antiques, de ses souvenirs, et de son indépendance.

Quelle influence funeste, me disais-je, a donc été la cause d'un pareil état de décomposition?... Est-ce simplement l'œuvre des siècles et les nations sont-elles destinées comme l'homme à mourir dans la décrépitude?

Pourquoi les saines et pures doctrines des premiers âges, pourquoi le sublime enseignement des Vedas ont-ils abouti à ce résultat!...

Et j'entendais toujours les brahmes, les savants, les philosophes et les poëtes discourir sur les grandes vertus sociales, l'immortalité de l'âme et la Divinité!...

Et je voyais toujours les populations s'incliner devant celui qui leur donné leur sol si fertile et leur soleil si beau!...

Mais je finis par comprendre!... ce n'était plus, hélas! qu'une leçon... Et je vis avec tristesse que ces peuples avaient troqué l'esprit de leurs sublimes croyances contre un fanatisme de mot, le libre arbitre et la volonté de l'homme libre contre l'aveugle et stupide obéissance de l'esclave.

Oh! alors, je voulus soulever le voile qui cachait le passé, remonter à l'origine de cette nation moribonde qui, sans force pour l'affection comme pour la haine, sans enthousiasme pour la vertu comme pour le vice, ressemble à un acteur qui serait forcé de jouer son dernier acte devant un public de statues.

Quelle splendide époque j'ai pu alors éudier et comprendre ! Je fis parler la tradition au fond des temples, je fouillai les ruines et les monuments, j'interrogeai les vedas, ces livres qui comptent des milliers d'années d'existence, où la jeunesse studieuse venait apprendre la science de la vie bien avant que Thèbes aux cents portes ou Babylone la Grande n'eussent vu jeter leurs fondations.

J'écoutai le murmure de ces vieilles poésies que l'on chantait aux pieds de Brahma, alors que les pasteurs de la Haute-Égypte et de la Judée n'étaient pas encore nés... Je voulus commenter les lois de Manou que les brahmes appliquaient sous les portiques des pagodes, des siècles et des siècles avant que les Tables de la loi hébraïque ne fussent descendues au milieu des tonnerres et éclairs des hauteurs du mont Sinaï.

Alors, l'Inde entière m'apparut dans sa vivace et puissante originalité. Je la suivis dans ses progrès, dans le rayonnement de ses lumières sur l'univers entier. Je la vis donner ses mœurs, ses coutumes, ses lois et sa religion à l'Égypte, à la Perse, à la Grèce et à Rome. Je vis Djeminy et Veda-Vyasa précéder Socrate et Platon, et Christna, le fils de la vierge Devanaguy (1), précéder le fils de la vierge de Bethléem.

Ce fut l'époque de la grandeur par la libre pensée et la raison.

Puis, j'assistai à la décadence... la vieillesse commençait pour ce peuple qui avait illuminé le monde, et marqué sa morale et ses doctrines d'un sceau tellement ineffaçable

(1) En sanscrit, créé par Dieu.

que le temps, qui depuis a jeté dans la tombe Babylone et Ninive, Athènes et Rome, n'a pu parvenir à les faire oublier.

Je vis les brahmes et les prêtres prêter l'appui de leur parole, l'autorité sainte des vedas, de la divine écriture au despotisme inintelligent des rois, et oublieux de leur origine, étouffer l'Inde sous une théocratie corrompue, qui, avec ses divisions de caste, ses indignes sacrifices aux passions les plus honteuses, son abrutissement systématique des masses, eut vite fait d'anéantir à son profit les gloires du passé qui faisaient sa honte... la liberté qui l'eût renversé.

Et je compris bien mieux encore pourquoi ce peuple, après deux mille ans et plus de servitude religieuse, était toujours sans forces pour repousser ses bourreaux... et leur demander compte, se bornant à courber la tête sous l'odieuse domination des marchands anglais, en implorant à deux genoux chaque matin et chaque soir ce Dieu... au nom duquel ses brahmes et ses prêtres l'ont tué!...

Chandernagor, 25 février 1868.

PREMIÈRE PARTIE

L'INDE EN FACE DES TEMPS ANCIENS

CHAPITRE PREMIER

L'INDE CIVILISE LE MONDE PAR SA LANGUE, SES USAGES, SES LOIS ET SES TRADITIONS HISTORIQUES

Lorsque l'Européen prend pour la première fois possession du sol de l'Inde, il arrive avec d'étranges préjugés, fier du passé et de la civilisation des contrées où il est né ; il lui semble, à cet homme fort de l'Occident, qu'il apporte aux peuples qu'il vient visiter la morale la plus élevée, la philosophie la plus rationnelle, la religion la plus pure ; puis, en face des efforts impuissants tentés par les missionnaires de tous les cultes qui comptent à peine quelques parias parmi leurs adeptes, il laisse tomber avec dédain les mots d'abrutissement et de fanatisme, et retourne dans sa patrie, après avoir vu quelques cérémonies qu'il ne comprend pas, quelques pagodes dont les monstrueuses idoles lui font hausser les épaules, et des fakirs, sortes de Siméons stylites dont les flagellations et les tortures le remplissent de dégoût.

Si un de ces malheureux illuminés s'est soulevé avec effort sur les marches d'un temple dédié à Vischnou ou à Siva, pour lui demander l'aumône, il l'a regardé avec pitié en murmurant les articles de nos codes contre le vagabondage, et cependant, en visitant Rome, peut-être a-t-il laissé tomber quelque obole dans la main défaillante du bienheureux Joseph Labre, ce fakir de l'Occident.

Fort peu de voyageurs ont cherché à comprendre l'Inde, fort peu ont daigné faire les efforts nécessaires pour s'initier aux splendeurs de son passé; n'étudiant que la surface, ils n'ont rien vu au delà; ils ont même déclaré qu'il n'y avait rien, avec la sûreté d'une critique trop peu raisonnée pour n'être pas victime de l'ignorance.

A quoi sert le sanscrit? disait Jacquemont, et glorieux de cette boutade, il s'est mis à composer un Orient de convention que ses successeurs ont copié, que toutes les bibliothèques ont accaparé, et qui est encore aujourd'hui la source de toutes les erreurs qui composent les trois quarts du bagage des connaissances de l'Europe sur cette contrée.

Et cependant, que de richesses enfouies à dévoiler! que de trésors de littérature, d'histoire, de morale et de philosophie à faire connaître au monde!

Les travaux des *Strange*, des *Colbrook*, des *William Jones*, des *Weber*, des *Lassen* et des *Burnouf* sont venus porter un peu de lumière sur toutes ces choses; espérons qu'une nombreuse succession d'indianistes les suivra, et que l'on parviendra à reconstituer complétement une époque qui n'a rien à envier à la nôtre comme grandeur et civilisation, et a initié le monde entier à tous les grands principes de législation, de philosophie, de morale et de religion.

Malheureusement, il est presque impossible de remonter aux origines de ce mystérieux pays, sans l'habiter, se pénétrer de ses mœurs, de ses usages, et surtout sans une connaissance approfondie du sanscrit, la langue ancienne, et du tamoul, la langue savante actuelle, qui, seules, peuvent vous guider dans ce dédale obscur et vous mettre à même de travailler avec fruit.

Un reproche que je ferai à beaucoup de traducteurs et d'orientalistes, tout en admirant leur profonde science, c'est, n'ayant point vécu dans l'Inde, de manquer de justesse dans l'expression, de ne connaître pas le sens symbolique des chants poétiques, des prières et des cérémonies, et d'arriver ainsi trop souvent à des erreurs matérielles, soit de traduction, soit d'appréciation.

Je n'ai guère vu que les travaux des illustres Anglais, tels que William Jones et de Colbrook, être admis par les brahmes comme l'interprétation exacte de leurs ouvrages, et ils en trouvaient la raison dans ce que ces savants avaient vécu parmi eux, profité de leurs lumières et subi leur contrôle. Peu d'écrivains, en effet, sont aussi nuageux, aussi obscurs que les écrivains indous. On est obligé de dégager leurs pensées d'une foule de périphrases poétiques, de hors-d'œuvre et d'invocations religieuses qui, certes, ne contribuent point à éclaircir le sujet traité. D'un autre côté le sanscrit, pour chaque variété d'images et d'idées, possède une quantité innombrable d'expressions diverses, qui n'ont pas d'équivalents dans nos langues modernes, et, ne pouvant se rendre qu'à l'aide de circonlocutions, exigent une science sérieuse, qu'on ne peut acquérir que sur le sol, des mœurs, des coutumes, des lois et des traditions religieuses de ces peuples dont on traduit les œuvres, et étudie les origines.

Toutes les connaissances acquises en Europe ne servent de rien pour approfondir l'Inde ancienne; il faut débuter comme un enfant qui apprend à lire, et la moisson est bien lointaine pour les faibles courages.

Mais aussi quel spectacle splendide vient tout à coup s'étaler à vos yeux, et quelle récompense pour celui qui ne s'est point découragé.

Ecrivains, savants qui aimez l'Inde, venez vivre avec l'Indou sous le Pandal; venez apprendre son antique langage, vous assisterez à ses cérémonies, à ses prières, à ses chants; élèves en théologie, vous étudierez Brahma et son culte. Les pundits et les brahmes vous enseigneront les Vedas et les lois de Manou; vous puiserez à pleines mains dans tous les monuments les plus anciens de la littérature.

Puis vous irez visiter tous ces édifices encore debout, légués par les premiers âges, et qui sont là dans leur symbolique architecture comme un signe de la grandeur éteinte en face d'une décadence que rien ne peut arrêter, car c'est la loi du destin, l'*inexorabile fatum*.

Alors vous aurez été initiés.

L'Inde vous apparaîtra comme la mère du genre humain, comme le berceau de toutes nos traditions.

La vie de plusieurs générations suffirait à peine pour lire seulement les ouvrages que l'Inde ancienne nous a légués sur l'histoire, la morale, la poésie, la philosophie, la religion, les sciences diverses et la médecine; peu à peu chacun apportera son œuvre; la science, elle aussi, possède une foi qui transporte les montagnes, et rend ceux qu'elle inspire capables des plus grands sacrifices.

Au Bengale une société s'est donné pour mission de recueillir et traduire les Vedas.

On verra où Moïse et les prophètes ont puisé leur sainte Écriture, et peut-être leur refera-t-on leur livre des Rois, que l'on dit perdu, mais qui suivant moi n'a jamais été écrit, parce que le livre a manqué aux copistes de la Bible et que la tradition ne pouvait leur suffire pour le reconstituer.

On pourra dire que j'avance dès le début de bien étranges choses; patience, les preuves iront bientôt en se multipliant et se soutenant les unes les autres.

L'idée qui domine tout ce livre, et c'est peut-être l'occasion de le dire, est celle-ci :

De même que notre société moderne se heurte à chaque pas aux souvenirs de l'antiquité, de même que nos poëtes ont copié Homère et Virgile, Sophocle et Euripide, Plaute et Terence, que nos philosophes se sont inspirés de Socrate, de Pythagore, d'Aristote et de Platon, que nos historiens prennent Tite-Live, Salluste ou Tacite pour modèles, que nos satiriques imitent Juvénal, nos orateurs, Démosthènes ou Cicéron, que nos médecins étudient encore Hippocrate et que nos codes traduisent Justinien :

De même, l'antiquité a eu elle aussi une antiquité qu'elle a étudiée, imitée et copiée ; quoi de plus simple et de plus logique ? Est-ce que les peuples ne procèdent pas tous les uns des autres ; est-ce que les connaissances péniblement conquises par une nation se circonscrivent sur son territoire ; est-ce qu'il peut être enfin insensé de prétendre que l'Inde d'il y a six mille ans, brillante, civilisée, regorgeant de population, a imprimé sur l'Égypte, la Perse, la Judée, la Grèce et Rome, un cachet aussi ineffaçable, des traces aussi profondes que celles que ces dernières ont laissées parmi nous ?

Il est temps d'en finir avec ces préjugés qui nous représentent les anciens comme arrivés presque spontanément aux idées philosophiques, religieuses et morales les plus élevées ; avec ces préjugés qui expliquent tout, dans leur admiration naïve, à l'aide de l'intuition de quelques grands hommes dans le domaine scientifique, artistique et littéraire ; et dans le domaine religieux, à l'aide de la révélation.

Et parce que nous avons, pendant des siècles, perdu le fil qui unit l'antiquité à l'Inde, est-ce une raison pour continuer à adorer le fétiche, sans vouloir rien entendre de ce qui pourrait l'amoindrir ?

Est-ce que nous n'avons pas, brisant avec le passé, rejeté les sciences ocultes du moyen âge, par l'expérimentation, la balance et le creuset ?

Osons donc porter la même méthode expérimentale sur le terrain de la pensée.

Hommes de science, repoussons l'intuition ;

Rationalistes, repoussons la révélation.

Je demande à tout homme qui a fait une étude particulière sur les anciens, si vingt fois il ne lui est pas venu à l'esprit que ces peuples avaient dû puiser à un foyer de lumière qui nous était inconnu; si vingt fois il ne s'est pas dit à lui-même, rebuté par un point d'histoire et de philosophie resté obscur:

— Ah! si la bibliothèque d'Alexandrie n'eût pas été brûlée!

Peut-être trouverions-nous là le secret de ce passé qui nous échappe.

Il est une chose qui m'a toujours extraordinairement frappé.

Nous savons par quelles études nos penseurs, nos moralistes, nos législateurs se sont formés.

Mais quels ont été les précurseurs de l'Égyptien Mènès, de Moïse, de Minos, de Socrate, d'Aristote et de Platon?

Quel a été enfin le précurseur du Christ?

Ils n'en ont pas eu, me direz-vous.

A cela je répondrai que ma raison se refuse à croire à la spontanéité de l'intelligence, à l'intuition de ces hommes, que l'on cherche du reste à expliquer, pour quelques-uns, par la révélation divine.

Et alors, me dégageant de ce passé nuageux, je n'accepte plus que la critique libre et raisonnée, et m'élance dans le chemin qui, suivant moi du moins, doit m'amener à la vérité.

Les nations n'arrivent à quelque splendeur qu'après une enfance longue et pénible, à moins qu'elles n'aient, pour abréger leur route, les lumières d'autres peuples qui les aient précédés.

Voyez quels étaient les tâtonnements des sociétés modernes, jusqu'au jour où la chute de Constantinople vint révéler l'antiquité.

Les émigrations indoues sont venues rendre le même service à l'Égypte, à la Perse, à la Judée, à la Grèce et à Rome. Voilà ce que je prétends démontrer.

Certes, je ne prétends point faire la lumière aussi complète que je le voudrais. Un homme ne peut suffire à une pareille tâche.

J'apporte une idée que je crois vraie, je l'étaye des preuves que j'ai pu rencontrer, tant dans les travaux des savants orientalistes que dans mes faibles recherches; d'autres creuseront la mine, mieux peut-être et plus avant; en attendant, voilà le premier coup de pioche.

Et je dois le dire tout d'abord, je ne recherche ni le bruit, ni le scandale, et je professe le respect le plus profond pour toutes les croyances que cependant je me crois en droit de ne point partager, dans l'entière indépendance de ma pensée.

Les chercheurs qui ont adopté l'Égypte pour champ de manœuvre, qui fouillent et refouillent cette contrée de fond en comble, voudraient bien faire croire, eux aussi, que tout nous est venu de leur pays de prédilection. Il en est même qui vont jusqu'à prétendre que l'Inde a copié, en Égypte, ses castes, sa langue et ses lois, alors que l'Égypte, au contraire, n'est tout entière qu'une émanation indienne. Ils ont tout entre les mains, les encouragements des gouvernements, l'appui des sociétés savantes; mais, patience! Le jour se fera complétement; si l'Inde est bien éloignée pour de faibles courages, si son soleil tue, si le sanscrit est trop difficile pour qu'il soit possible de faire un peu de charlatanisme, s'il n'y a pas un budget pour transporter des blocs de pierre éraillés, en revanche il y a un petit nombre de fidèles pour qui l'Inde est un culte, qui travaillent sans relâche, non à creuser des fossés et à retourner du sable, mais à comprendre des livres.

Avant peu, ils feront une vérité de cette parole :

Étudier l'Inde, c'est remonter aux sources de l'humanité.

D'autres écrivains, aveuglés par leur admiration pour le flambeau hellénique, veulent le rencontrer partout et se livrent à d'étranges théories.

Cela ne date que d'hier :

M. Philarète Chasles, dans un livre qu'il publiait sur l'Orient, prétendait qu'à la suite des quelques pas légendaires qu'Alexandre fit jadis dans l'extrême nord de l'Inde, l'influence de la Grèce s'était répandue dans le pays tout entier et avait vivifié les arts, la littérature, en un mot, toute la vieille civilisation brahmanique.

Cela est à peu près aussi vrai et aussi logique que si l'on venait à soutenir que l'invasion des Sarrazins, sous Charles-Martel, a eu quelque influence sur les mœurs des Gaulois d'avant la conquête romaine.

Une pareille opinion est tout simplement le résultat d'un non-sens historique.

A l'époque d'Alexandre, l'Inde avait déjà traversé la période de splendeur pour entrer dans celle de la décadence, et ses grands monuments de philosophie, de morale, de littérature et de législation comptaient déjà plus de deux mille ans d'existence.

Au surplus, je défie qui que ce soit de me montrer, dans l'Inde, la moindre trace, le vestige le plus insignifiant, soit dans les différents idiomes, soit dans les usages, soit dans la littérature, soit dans les cérémonies, soit dans la religion, qui accusent l'influence grecque.

Alexandre n'a été dans l'Inde qu'un fait brutal, isolé, circonscrit, exagéré par la tradition hellénique, que les Indous n'ont pas même daigné relever dans leur histoire. Je ne voudrais blesser en rien un écrivain dont j'admire sincèrement le talent, mais je ne puis m'empêcher de lui dire que c'est là un rêve éclos au hasard de la plume, un paradoxe incapable de soutenir l'apparence même d'une discussion. Et je m'étonne à bon droit qu'un indianiste distingué, M. du Mesnil, je crois, ait pris la peine de répondre sérieusement.

Prétendre aujourd'hui, en l'absence de toutes preuves, alors qu'on ne retrouve pas même dans les Annales de l'Indoustan le nom grécisé du vaincu Porus, qu'Athènes a inspiré le génie indou, de même qu'elle a donné la vie à l'art européen, c'est ignorer l'histoire de l'Inde, c'est faire instruire la mère par les fils, c'est enfin oublier le sanscrit.

Le sanscrit, voilà la preuve la plus irréfutable, et en même temps la plus simple, de l'origine des races européennes et de la maternité de l'Inde.

Ce que je vais dire n'apprendra sans doute rien aux hommes spéciaux, mais que l'on n'oublie pas, qu'en apportant peut-être une idée neuve, je m'empare de toutes les découvertes qui peuvent l'étayer, dans le but de les vulgariser et de faire connaître aux masses qui n'ont ni le temps ni les moyens de se livrer à de semblables études, cette civilisation extraordinaire des premiers âges que nous n'avons pas encore dépassée.

Si le sanscrit a formé le grec, ainsi que du reste toutes les langues anciennes et modernes (j'en donnerai bientôt de nombreuses preuves), il n'a pu être apporté sur ces différents sols que par des émigrations successives; il serait absurde de l'imaginer autrement, et l'histoire, bien que réduite à tâtonner sur ce sujet, nous aide à soutenir cette hypothèse plutôt qu'à la combattre.

Ceci admis, en face d'une langue aussi perfectionnée, on est bien obligé de reconnaître que les populations qui la parlaient étaient arrivées à un haut degré de civilisation, et qu'en emportant avec elles le langage de la mère-patrie, elles ont fatalement conservé leurs traditions historiques et religieuses, leur littérature et leurs législations.

Si la langue, malgré ses transformations nécessaires, et bien qu'elle ait donné naissance à une foule d'autres, se retrouve dans nos idiomes modernes, quoique ayant perdu son cachet primitif, et dans ceux de l'antiquité d'une manière plus saisissante, parce qu'ils étaient plus près de leur origine ; on est conduit rigoureusement à penser et à soutenir qu'on doit retrouver aussi les traditions historiques, religieuses, littéraires et de législation, presque les mêmes dans l'antiquité, affaiblies et transformées dans les temps modernes.

Quel champ vaste et nouveau pour l'investigation humaine! On peut alors, remontant à l'origine, à l'aide de l'antique civilisation de l'Inde, suivre pas à pas tous les peuples dans leur enfance et dans leur maturité, assigner à chacun son berceau, dissiper les ténèbres de l'histoire; et de même que les philologues déterminent aujourd'hui pour chaque langue la part d'emprunts faits au sanscrit, déterminer pour chaque coutume, pour chaque tradition, les parts d'emprunts faits aux coutumes et aux traditions de l'Inde.

Ainsi, on est amené à penser que tous les temps fabuleux et héroïques, ces temps légendaires, que l'histoire admet, dans son impossibilité de mettre à la place des faits sérieux, n'ont jamais existé.

Ce ne sont que des traditions indoues importées en Grèce par des populations de l'Asie-Mineure qui sont venues la coloniser, et que les écrivains de ce pays ont accueillies comme les souvenirs de leur berceau.

Dégageons donc l'histoire de la poésie et du rêve.

La plupart des nations de l'antiquité, bien qu'elles eussent oublié leur filiation et les émigrations de leurs ancêtres, n'avaient-elles pas cette pensée dominante, qu'elles avaient pris naissance en Orient; et Rome elle-même n'attribuait-elle pas la colonisation de l'Italie et sa fondation aux Troyens vaincus et errants sur les mers pour chercher un asile?

Je le répète, l'esprit sérieux, qui ne peut croire à la fable antique engendrant presque sans transition une civilisation sans égale, doit nécessairement demander à une société plus ancienne les secrets de ce passé.

Libre à vous, qui vous contentez des illusions poétiques

et de la révélation, de croire à Hercule, à Thésée, à Jason, à Osiris, au bœuf Apis, au buisson ardent, à Moïse et à l'origine sacrée des Hébreux; pour moi, il me faut un autre critérium; et sans nul respect, je repousse toutes ces puériles inventions.

Je ne puis, certes, dans un ouvrage qui touche à tant de matières, qui ne fait pour ainsi dire que lancer une idée générale, m'égarer dans des comparaisons philologiques trop étendues, cependant en voici quelques-unes tirées du sanscrit à titre de preuves.

Veut-on savoir quelle est l'origine de tous les noms de la Fable et de la Mythologie grecques? Je serai bref, *ab uno disce omnes.*

HERCULE. — En sanscrit : *Hara-Kala*; héros des combats. Épithète communément donnée à Siva, dieu des combats dans la poésie indoue.

THÉSÉE. — En sanscrit : *Tha-Saha*, l'associé. Compagnon de Siva chez les Indous.

EAQUE. — Juge des enfers dans la mythologie grecque. En sanscrit : *Aha-Ka*, juge sévère, adjectif qualificatif accompagnant ordinairement le nom de *Yama*, juge des enfers chez les Indous.

ARIANE. — La malheureuse princesse abandonnée par Thésée, et qui avait eu le tort de céder à un ennemi de sa famille. En sanscrit : *Ari-Ana*, séduite par un ennemi.

RHADAMANTE. — Autre juge des enfers dans la mythologie. En sanscrit : *Radha-manta*, qui châtie le crime.

ANDROMÈDE. — Sacrifiée à Neptune et secourue par Persée. En sanscrit : *Andha-ra-medha*, sacrifice à la passion du dieu des eaux.

PERSÉE. — En sanscrit : *Para-saha*, secours venu à propos.

ORESTE. — Célèbre par ses fureurs. En sanscrit : *O-raksa-ta*, voué au malheur.

PYLADE. — L'ami d'Oreste. En sanscrit : *Pula-da*, qui console par son amitié.

IPHIGÉNIE. — La vierge sacrifiée. — En sanscrit : *Apha-gana*, qui finit sans postérité.

CENTAURE. — Ce personnage de la fable, moitié homme, moitié cheval. En sanscrit : *Ken-tura*, homme-cheval.

Les divinités de l'Olympe ont la même origine.

JUPITER. — En sanscrit : *Zu-pitri*, père du ciel, ou *Zeus-pitri*, dont les Grecs ont formé le mot *Zeus*, et les Hébreux *Ieovah*.

PALLAS. — La sage déesse. En sanscrit : *Pala-sa*, sagesse qui protège.

ATHÉNAÏA. — Déesse de la chasteté chez les Grecs. En sanscrit : *A-tanaïa*, sans enfants.

MINERVA. — Qui est la même déesse chez les Romains, mais revêtant en outre les attributs du courage. En sanscrit : *Ma-nara-va*, qui soutient les forts.

BELLONE. — Déesse de la guerre. En sanscrit : *Bala-na*, force guerrière.

NEPTUNE. — En sanscrit : *Na-pata-na*, qui maîtrise la fureur des flots.

POSEIDÔN. — Autre nom grec de Neptune. En sanscrit : *Pasa-uda*, qui calme les eaux.

MARS. — Dieu de le guerre. En sanscrit : *Mri*, qui donne la mort.

PLUTON. — Dieu des enfers. En sanscrit : *Plushta*, qui frappe par le feu.

Quelques exemples, maintenant, pris parmi les peuples ; on ne saurait mieux prouver les émigrations que par l'étymologie des noms.

Les PÉLASGES. — En sanscrit : *Palaça-ga*, qui combat sans pitié.

Les LÉLÉGES. — En sanscrit : *Lala-ga*, qui marche répandant la crainte.

Comme la signification de ces mots répond bien au goût des peuples jeunes et guerriers qui aiment à se donner des noms en rapports avec leurs habitudes !

Les HELLÈNES. — En sanscrit : *Hela-na*, guerriers adorateurs d'Héla, ou la Lune. La Grèce ne s'appelle-t-elle pas aussi l'Hellade.

Les SPARTIATES. — En sanscrit : *Spardha-ta*, les rivaux.

Et ces mots sanscrits qui sont devenus en passant en Grèce les noms d'hommes célèbres.

PYTHAGORE. — En sanscrit : *Pitha-guru*, le maître d'école.

ANAXAGORE. — En sanscrit : *Ananga-guru*, le maître de l'esprit.

PROTAGORAS. — En sanscrit : *Prata-guru* le maître distingué en toutes sciences.

Si de la Grèce nous passons en Italie, en Gaule, en Germanie et en Scandinavie, nous trouvons les mêmes rapprochements, les mêmes origines sanscrites.

Les ITALIENS. Nom qui vient d'Italus, fils du héros troyens. En sanscrit *Itala*, hommes de basses castes.

Les BRETII. — En sanscrit : *Bharata*, peuple de la caste des artisans.

Les THYRRHÉNIENS. — En sanscrit : *Tyra-na*, guerriers rapides.

Les SABINS. — En sanscrit : *Sabha-na*, caste des guerriers.

Les SAMNITES. — En sanscrit : *Samna-ta*, les bannis.

Les CELTES. — En sanscrit : *Kalla-ta*, les chefs envahissants.

Les GAULOIS. — En sanscrit : *Ga-lata*, peuple qui marche en conquérant.

Les Belges. — En sanscrit : *Bala-ja*, enfants des forts.

Les Séquanes. — Du sanscrit : *Saka-na*, les guerriers par excellence.

Les Sicambres. — En sanscrit : *Su-kam-bri*, les bons chefs de la terre.

Les Scandinaves. — En sanscrit : *Skanda-nava*, adorateurs de Skanda, dieu des combats.

Odin. — Le chef des tribus émigrantes par les plateaux du Nord. En sanscrit : *Yodin*, le chef des guerriers.

Les Suédois. — En sanscrit : *Su-yodha*, les bons combattants.

La Norvége. — En sanscrit : *Nara-vaja*, pays des hommes de la mer.

La Baltique. — En sanscrit : *Bala-ta-ka*, l'eau des puissants conquérants.

Les Alamanni (Allemands). — En sanscrit : *Ala-manu*, les hommes libres.

Les Valaques, — En sanscrit : *Vala-ka*, de la classe des serviteurs.

Les Moldaves. — En sanscrit : *Mal-dha-va*, hommes de la dernière caste.

L'Irlande, que les poëtes appellent la verte Érin. En sanscrit : *Érin*, rochers entourés d'eau salée.

Le Thane. — Nom des anciens chefs de clan écossais. En sanscrit : *Tha-na*, chef des guerriers.

En Asie, toute la dynastie des Xerxès et des Artaxerxès est d'origine indoue. Tous les noms de places fortes, de villes, de contrées, sont du sanscrit presque pur. En voici quelques exemples :

Ma. — Divinité lunaire des tribus d'Asie et de tout l'extrême Orient. En sanscrit : *Ma*, la lune.

Artaxercès. — En sanscrit : *Artha-xatrias*, le grand roi. N'est-ce pas ainsi que l'appelaient les Grecs?

La Mésopotamie. — Contrée fertile en fleuves et en cours d'eau. En sanscrit : *Madya-potama*, terre au milieu des fleuves.

Castabala. — Place forte. En sanscrit : *Kastha-bala*, la force impénétrable.

Et Zoroastre, qui apporta en Asie le culte du Soleil. En sanscrit : *Surya-stara*, qui répand le culte du Soleil.

Bornons-nous là ; il faudrait des volumes pour traiter cette question philologique comme elle mériterait de l'être ; aussi bien la question est complétement vidée aujourd'hui dans le domaine de la science, et ce n'est pas une nouveauté que de faire remonter au sanscrit toutes les langues anciennes et modernes. La filiation est tellement claire, tellement précise, que le doute même le plus léger ne peut être permis.

Si donc j'ai choisi quelques noms des temps héroïques et fabuleux, ainsi que des principaux peuples des temps anciens et modernes, c'est afin de donner quelques exemples pouvant éclairer ma discussion.

Tous ces noms de héros, de guerriers, de dieux, de philosophes, de contrées et de peuples, ne peuvent se décomposer dans les langues auxquelles ils appartiennent; et comme il serait absurde de les croire formés par le hasard, l'opinion la plus simple et la plus rationnelle est de les rattacher au sanscrit, qui non-seulement les explique dans leur origine grammaticale, mais encore dans leur sens symbolique ou réel, historique ou figuré.

Ainsi les populations d'origine indoue, Ioniens, Doriens et autres, quittent l'Asie Mineure pour venir coloniser la Grèce; ils y apportent les souvenirs de leur berceau, toutes les traditions que la poésie leur a conservées, sans doute en les transformant, mais aussi en leur laissant un cachet tellement spécial, qu'il nous est possible de les retrouver et de les expliquer aujourd'hui, malgré les siècles qui, passant sur toutes ces choses, les ont fatalement entourées d'obscurité et d'oubli.

Parmi les souvenirs de ces colonisateurs d'une terre nouvelle, se trouvent au premier rang les exploits innombrables du dieu de la guerre chez les Indous leurs ancêtres, c'est-à-dire de Siva; ils oublient le nom de ce dieu, qui ne possède pas seulement des attributs belliqueux dans la mythologie de la haute Asie, pour lui conserver seulement l'épithète d'Hara-Kala, que les poëtes indous lui donnent quand il préside à la guerre.

Hara-Kala, le héros des combats, devient Hercule; le nouveau peuple qui se forme le fait sien sous ce nom, et la fable grecque, comme la fable indoue, continue à lui faire détruire les lions, les serpents, les hydres, et même des armées entières ; ce n'est que la tradition qui se continue.

Zeus-Dieu, nom de la Trinité indoue, Brahma, Vischnou, Siva, est conservé sans transformation.

Tha-saha, l'associé de Siva, devient Thésée.

Aha-ka, Radha-manta, Manarava, A-tanaya, Napatana, Balana, Palasa, Andha-ra-meda, Ari-ana, deviennent Eaque, Rhadamante, Minerve, Athenaïa, Neptune, Bellone, Pallas, Andromède et Ariane.

Brahma, aussi appelé Zeus-pitri, Dieu le père, devient Jupiter, et si ce dernier nom peut se décomposer en grec, en conservant son sens, c'est que cette langue a gardé dans presque toute leur pureté les deux mots sanscrits qui le forment, Zeus et pitri, en grec, Zeus et pater.

Protha-guru et Ananga-guru deviennent Protagoras et Anaxagore, c'est-à-dire que ces noms ne sont point des noms propres, mais bien des qualificatifs donnés à des hommes qui se sont distingués dans la philosophie et la science ; et Pythagore, dérivé de Pitha-guru, vient encore accuser mieux son origine orientale, en propageant en Grèce le système indou de la métempsycose.

Et ainsi des autres, tous les noms de l'antiquité fabuleuse ont avec les noms indous les mêmes rapprochements de signification et d'origine. Il me serait aisé de les suivre à la piste, de les décomposer tous, de leur assigner leur étymologie de mots et de sens, si là était le but principal de cet ouvrage.

Je l'ai dit plus haut, d'autres creuseront plus profondément la trace ; il y a dans tout cela un immense champ à fouiller pour les chercheurs et les érudits, et je ne l'eusse pas même effleuré, si je n'eusse pensé avec raison que, rattachant à l'Inde la révélation biblique, il devenait nécessaire de démontrer à grands traits que cet emprunt à l'Inde n'était pas isolé, et que tous les peuples anciens et modernes devaient à ce dernier pays l'origine de leur langue, de leurs traditions historiques, de leur philosophie et de leur législation.

Ce que j'ai dit des noms des héros et demi-dieux de l'ancienne Grèce s'applique également aux noms des peuples plus modernes dont j'ai donné aussi quelques étymologies, tels que les Bretii, les Tyrrhéniens, les Samnites, les Celtes, les Gaulois, les Séquanes, les Sicambres, les Scandinaves, les Belges, les Norvégiens, les Allemands, les Valaques, les Moldaves, etc.... L'unité de race de tous ces peuples, leur communauté d'origine, devient alors indiscutable, et c'est bien dans les vastes plaines qui s'étendent aux pieds de l'Hymalaya que la plus intelligente des deux races qui peuplent le globe, c'est-à-dire la race blanche, a pris naissance.

En adoptant cette opinion, l'auréole fabuleuse qui entoure le berceau de tous les peuples de l'antiquité, sur lesquels l'histoire est réduite à des conjectures dénuées de fondement, s'explique d'elle-même, et il devient possible d'éclairer l'obscurité du passé.

Des diverses comparaisons que je viens de faire, il ressort que tous les héros de l'ancienne Grèce, ainsi que les exploits qui les ont illustrés, ne sont que des souvenirs de l'Inde, conservés et transmis par la poésie et la tradition, et que plus tard, après avoir perdu de vue leur origine indoue et transformé leur langage primitif, les premiers poëtes grecs ont de nouveau chantés et célébrés comme appartenant à l'origine de leur propre histoire.

L'Olympe grec est né de l'Olympe indou. Jason à la conquête de la Toison d'Or est une légende qui est encore aujourd'hui dans toutes les bouches sur le sol de l'Inde, et l'Iliade d'Homère n'est autre chose qu'un écho, un souvenir affaibli du Ramayana, poëme indou dans lequel Rama s'en va, à la tête de ses alliés, reprendre sa femme Sita, enlevée par le roi de Ceylan.

Les chefs s'y injurient de la même façon, combattent sur des chars avec la lance et le javelot. Cette lutte divise également les dieux et les déesses, dont les uns prennent parti pour le roi de Ceylan, et les autres pour Rama. Il n'est pas jusqu'à la colère d'Achille, après l'enlèvement de Briséis, qui ne puisse se rattacher à cet immense poëme.

L'imitation est flagrante, indéniable, elle se rencontre jusque dans les détails. L'épithète de Boopis (aux yeux de bœuf) qu'Homère applique à chaque instant à Junon, est pour le poëte indou la plus sublime des comparaisons, puisque, sans cependant être adoré comme un dieu, le bœuf est dans la croyance indoue l'animal révéré par excellence, et cette épithète est complétement inexplicable en grec.

Inutile de dire que je partage entièrement sur Homère l'opinion des savants allemands, qui ne regardent les œuvres de ce poëte que comme une suite de chants ou rapsodies, conservés par la tradition et recueillis et arrangés sous Périclès. C'est la seule qui soit conforme au génie des peuples nouveaux, et surtout de ceux qui ont pris naissance en Orient.

Chez les fabulistes anciens, l'imitation est encore plus frappante, et l'on peut dire, sans craindre d'être taxé d'exagération, qu'Ésope et Babrias n'ont fait que copier la fable indoue qui leur était arrivée par la Perse, la Syrie et l'Égypte. Ce dernier écrivain, quoique Grec, prend soin lui-même, au commencement de son deuxième *procemium*, de revendiquer pour l'Orient le mérite de l'invention de ces ingénieux apologues, qui, sous une forme légère, cachent souvent de profonds enseignements.

Μῦθος μὲν, ὦ παῖ βασιλέως Ἀλεξάνδρου,
Σύρων παλαιόν ἐστιν εὕρημ' ἀνθρώπων,
Οἳ πρῖν ποτ' ἦσαν ἐπὶ Νίνου τε καὶ Βήλου.

« La fable, ô fils du roi Alexandre, est une ancienne invention d'hommes syriens, qui vécurent autrefois sous Ninus et sous Bélus. »

Il suffit d'ouvrir les fables de l'Indou Pilpay, du brahme Ramsamyayer, d'Ésope, de Babrias et de La Fontaine, pour voir qu'elles procèdent toutes les unes des autres, et que les fabulistes grecs et modernes ne se sont pas même donné la peine de changer l'action de ces petits drames.

Ainsi, à chaque pas, et plus on étudie les anciens, plus on se persuade de la vérité de cette proposition que j'ai déjà avancée, à savoir, que l'antiquité a eu elle-même une antiquité qui l'a inspirée, et l'a aidée à parvenir rapidement à ce haut degré de civilisation artistique, philosophique et littéraire, qui à son tour a fécondé le génie moderne.

« Que de choses étonnantes, écrivait M. Langlois, le traducteur du *Harivansa*, nous avons à apprendre aux autres! »

Et cependant les gouvernements s'épuisent en fouilles, en missions scientifiques en Égypte, en Perse, en Afrique, et les savants s'ingénient à bâtir des systèmes sur des tronçons de colonnes et des inscriptions! Sans doute cela n'est point inutile, et nous avons fait de grands progrès dans la science du passé, mais les anneaux de la chaîne sont trop interrompus pour qu'on puisse tout reconstruire. Que n'envoie-t-on dans l'Inde étudier des origines et traduire des livres? C'est là seulement qu'on trouvera la vérité.

Pourquoi ne pas se décider à jeter bas cette école d'Athènes qui n'a plus de raison d'être, qui est incapable de rendre aujourd'hui le moindre service, pour la remplacer par une école de sanscrit qui, fondée à Pondichéry ou à Karikal, dans le sud de l'Inde, rendrait en peu de temps à la science d'éminents services?

Pour appuyer cette thèse, que l'Inde a tout donné au monde civilisé, je vais maintenant exposer très-rapidement les points les plus saillants de la législation indoue, législation que nous retrouvons tout entière à Rome, à qui elle fut léguée par la Grèce et l'Égypte, qui avaient puisé aux sources primitives.

Nous ne pouvons donner ici, comme pour les études des origines des langues, que quelques aperçus bien succincts, et cela se conçoit; ce volume entier ne suffirait pas à élucider ce sujet.

Dans toutes les législations du monde, les matières les plus importantes du droit sont :

Le mariage, la filiation, la puissance paternelle, la tutelle, l'adoption, la propriété; les lois sur les contrats, le dépôt, le prêt, la vente, les sociétés, les donations et les testaments.

Nous allons voir, en les étudiant, que ces divisions ont passé tout entières du droit indou dans le droit romain et le droit français, et que la plupart de leurs dispositions particulières sont encore en vigueur aujourd'hui.

Ici, point de commentaire, point de discussion possible; là où il y a texte, il ne peut y avoir place que pour un affirmation.

Les lois indoues ont été codifiées par Manou, plus de trois mille ans avant l'ère chrétienne; copiées par l'antiquité entière, et notamment par Rome, qui seule nous a laissé un droit écrit, elles ont été adoptées ensuite comme base pour toutes les législations modernes, qui se sont inspirées du droit de Justinien.

Voyons et comparons :

FIANÇAILLES, MARIAGE

Le mariage, d'après la loi indoue, s'accomplit par la *donation* de la femme par le père, et l'*acceptation* du mari, à l'aide de la cérémonie de l'eau et du feu.

Même formalité à Rome : Leg. 66, § 1, au Digeste de Justinien. *Virgini in hortos deductæ..... Die nuptiarum priusquam ad eum transiret, et priusquam aqua et igne acciperetur, id est nuptiæ celebrarentur..... obtulit decem aureos dono.*

L'union des mains, ainsi que la *confarreatio*, autres rites sacramentels de Rome, ne sont que des copies des ordonnances du législateur Manou.

Dans le mariage indou, deux époques sont à considérer, celle des fiançailles et celle de la célébration ; les fiançailles ont toujours lieu plusieurs années avant la cérémonie définitive.

Mêmes usages, mêmes périodes distinctes, transportées à Rome.

« Le mot de fiançailles (*sponsalia*), leg. 2, tit. I, l. XXIII, au Digeste, vient du mot promettre (*a spondendo*) ; car ce fut une coutume des anciens de stipuler et de se faire promettre une future épouse.

« Souvent, dit la loi 17 au même titre, de justes causes font prolonger les fiançailles, non-seulement pendant un an ou deux, mais encore pendant trois ou quatre, et même au delà. »

Le consentement textuellement exigé par la loi indoue l'était aussi à Rome. Loi 2, même titre II, *Sponsalia sicut nuptiæ consensu contrahentium fiunt.*

Chez les Indous, la jeune épouse reste dans sa famille jusqu'à sa nubilité; le père alors envoie un message à l'époux, pour l'avertir que ses droits ont commencé et qu'il peut venir réclamer sa femme.

De même à Rome : *In potestate manente filia, pater sponso nuntium remittere potest.* (Leg. 10, *de Sponsalibus.*)

La conduite de la femme dans la maison de son mari était dans l'Inde, comme chez les Romains, la cérémonie finale du mariage. Et cette conduite se faisait avec des chants et des fêtes.

Les mariages sont dans la loi de Manou, en ligne directe, prohibés à tous les degrés à l'infini, et en ligne collatérale, jusqu'au septième dans la ligne paternelle, et au cinquième dans la ligne maternelle. Enfin, le père qui, dans l'Inde, marie sa fille à quelqu'un après l'avoir fiancée à un autre, est noté d'infamie.

Écoutez la loi romaine (leg. 13, § 1, lib. III) : *Item si alteri sponsa, alteri nupta sit, ex sententia edicti punitur.*

Ce n'est pas tout : le génie indou se retrouve dominant le droit romain jusque dans ces liaisons que les législations modernes, à part celle du Brésil, n'ont pas voulu reconnaître ; le concubinage toléré, réglementé à Rome, est encore une institution venue de l'Inde, que les Romains ont acceptée par respect pour la tradition : les mœurs pures et sévères des premiers âges n'auraient jamais pu leur inspirer la sanction des libres amours.

Nous ne faisons ici qu'effleurer toutes ces richesses ; quelles splendides études critiques pourraient être faites par un examen plus approfondi de ces lois admirables de l'antique berceau du genre humain !

Un mot encore, et nous en aurons fini avec le mariage.

Le divorce, légalement institué dans l'Inde, le fut aussi à Rome. Écoutons le législateur indou, indiquant les motifs pour lesquels une femme peut se séparer de son mari.

« Le mari peut être abandonné par sa femme, s'il est criminel, impuissant, dégradé, ou affligé de la lèpre, ou après une absence prolongée dans les contrées étrangères. »

La loi romaine ne formule point d'autres causes : la grande diminution de tête, ou la mort civile, l'impuissance, une maladie contagieuse, et l'absence.

Dans l'Inde comme à Rome, la femme adultère est privée de sa dot ; le mari n'est pas tenu de restituer.

Ainsi, dans cette partie si importante du droit, qui est la base des sociétés et des nations, nous voyons déjà l'Inde donner des leçons dont ont profité tous les peuples. Poursuivons le cours de ces comparaisons, qui, bien que sommaires, n'en sont ni moins sûres ni moins probantes.

FILIATION, PUISSANCE PATERNELLE, TUTELLE ET ADOPTION

La règle *Pater is est quem justæ nuptiæ demonstrant*, admise comme axiome en droit romain, recueillie par notre Code, qui s'exprime ainsi à l'article 312 : « L'enfant conçu pendant le mariage a pour père le mari, » est ainsi édictée par Manou :

« L'enfant né dans une maison appartient au mari de la femme. »

La loi indoue distingue les enfants en enfants légitimes, enfants naturels, incestueux et adultérins. Les enfants naturels ont un droit, quoique minime, sur la succession de leurs parents; pour les incestueux et les adultérins, ils ne peuvent réclamer que des aliments.

Elle établit ensuite l'action en désaveu en ces termes : « Si, d'après les circonstances, il est constaté avec certitude que le véritable père est un autre que le mari, l'enfant est adultérin, et privé de tout droit dans la famille. » Enfin, disposition bien remarquable, elle admet la légitimation de l'enfant naturel par mariage subséquent.

On peut dire sans crainte d'errer, que tous les principes ci-dessus, adoptés par la loi romaine, gouvernent encore la matière en droit français, et chez la plus grande partie des nations de l'Europe. Quelle admiration ne doit pas s'emparer du penseur, du philosophe, du jurisconsulte, à la vue de ce droit si sage, si simple, si pratique, que cinq mille ans après nous l'avons adopté, n'en trouvant pas de supérieur à lui préférer !

De même que la filiation, la puissance paternelle présente les mêmes rapprochements ; telle elle fut dans l'Inde, telle elle fut à Rome.

« Le chef de famille, dit Gibelin, tenait sa femme, ses enfants, ses esclaves, dans sa main, à titre de maître et sous le même pouvoir. » Encore aujourd'hui, le fils ne peut rien acquérir, rien posséder, qui ne soit à son père.

Quel que soit son âge, dit le commentateur indou Catyayana, tant que son père est en vie, un fils n'est jamais indépendant.

Quant à la tutelle, ce sont toujours les mêmes principes admis en droit romain et reconnus aujourd'hui. Il semblerait, en vérité, qu'au lieu d'étudier l'Inde, nous soyons sur le terrain du droit moderne.

La loi indoue admet d'abord la tutelle légitime des ascendants ; puis celle des agnats et des cognats, et enfin la tutelle dative, ainsi que l'intervention du conseil de famille et de l'autorité publique, pour la conservation de la personne et des biens du mineur.

Comme concordance particulière, notons en passant que le législateur indou préfère la tutelle virile, la tutelle de l'homme à celle de la femme, tant qu'il reste des parents du sexe masculin. Rapprochement plus frappant encore, la mère perd la tutelle de ses enfants, si veuve elle vient à se remarier sans le consentement du conseil de famille.

Terminons cet aperçu du droit des personnes dans l'Inde par quelques mots sur l'adoption. Le droit indou permet l'adoption, soit pour introduire un enfant dans une famille qui n'en a pas, soit pour un motif de reconnaissance envers l'adopté lui-même. Comme en droit romain, l'adoption devait se faire avec solennité, en présence de la famille, des vieillards, des brahmes et des chefs de caste.

Le droit français, en copiant ces principes, a voulu donner également à cet acte une solennité et une authenticité peu communes, en exigeant que l'adoption ne soit permise qu'après l'avis d'un tribunal de première instance et d'une cour supérieure.

Une fois adopté, l'enfant faisait partie de la famille, au

même titre que les enfants qui venaient à naître postérieurement. Même disposition en droit romain et en droit français.

Vridd'ha-Gautama, commenté par Nanda-Pandita, dit :

« S'il existe un fils adoptif rempli de bonnes qualités, et un fils légitime né postérieurement, qu'ils partagent également toute la succession de leur père. »

A Athènes, la formule d'adoption était celle-ci :

« J'adopte afin d'avoir un fils qui puisse accomplir sur ma tombe les cérémonies sacrées, perpétuer ma race, et en transmettant mon nom par une chaîne non interrompue de descendants, lui conférer en quelque sorte l'immortalité. »

Cette formule d'adoption grecque n'est-elle pas la reproduction de la formule indoue du texte de Manou :

« Moi qui n'ai pas de descendants mâles, je me hâte avec sollicitude d'adopter un fils, pour la continuation des offrandes funéraires et des rites sacrés, et pour la perpétuité de mon nom. »

Signalons, en finissant, que la loi indoue a la première considéré le mariage comme un lien indissoluble. La mort même ne parvenait pas à le faire disparaître, car dans les castes où le mariage des veuves était permis, ce n'était qu'au cas où le défunt n'ayant pas laissé d'enfants, il devenait urgent de lui procurer un fils qui pût accomplir sur sa tombe les cérémonies nécessaires à son salut. Car dans la théologie indoue, le père ne parvient au séjour des bienheureux que grâce aux cérémonies expiatoires de son fils. Le second mari n'arrivait donc là que comme un moyen; l'enfant qui naissait de ses œuvres n'était pas le sien, il appartenait au défunt et héritait de tous ses biens.

En outre, ce que nous ne saurions trop admirer dans l'Inde, et que l'antiquité méconnut complétement, c'est le respect de la femme, élevé à la hauteur d'un culte.

On ne lira pas sans étonnement ce passage de Manou (liv. III, sloca 55 et suivants) :

« Les femmes doivent être comblées d'égards et de présents par leurs pères, leurs frères, leurs maris, et les frères de leurs maris, lorsque ceux-ci désirent une grande prospérité.

« Partout où les femmes vivent dans l'affliction, la famille ne tarde pas à s'éteindre; mais lorsqu'elles sont aimées et respectées, et entourées de soins, la famille s'augmente et prospère en toutes circonstances.

« Quand les femmes sont honorées, les divinités sont satisfaites; mais lorsqu'on ne les honore pas, tous les actes pieux sont stériles.

« Les maisons maudites par les femmes auxquelles on n'a pas rendu les hommages qui leur sont dus, voient la ruine s'appesantir sur elles et les détruire, comme si elles étaient frappées par un pouvoir secret.

« Dans toutes les familles où le mari se plaît avec sa femme, et la femme avec son mari, le bonheur est assuré pour jamais. »

Cette vénération de la femme a produit dans l'Inde une époque de chevalerie aventureuse, pendant laquelle on voit les héros des poëmes indous accomplir des hauts faits à faire taxer de jeux d'enfants tous les exploits des Amadis, des chevaliers de la Table-Ronde et des paladins du moyen âge.

Grande et belle époque! que l'Inde a un peu oubliée aujourd'hui! mais à qui la faute? si ce n'est à ces brutales et stupides invasions qui, depuis des siècles, se disputent ce sol si fertile et si beau.

LA PROPRIÉTÉ, LES CONTRATS, LE DÉPÔT, LE PRÊT, LA VENTE, LES SOCIÉTÉS, LES DONATIONS ET LES TESTAMENTS.

Les lois réelles ne sont pas moins admirables chez les Indous que les lois personnelles; elles procèdent avec une ampleur de vue et une justesse de critique que les différents législateurs modernes n'ont point dépassés. Ces lois, que Rome a recueillies, sont encore, à peu de chose près, les nôtres.

De nos jours, les jurisconsultes sont divisés par deux systèmes sur l'origine de la propriété. Les uns n'admettent le droit de propriété que comme basé seulement sur la loi aturelle et voudraient, comme conséquence, le réduire à la possession. Les autres le considèrent comme une nécessité sociale et le font dériver de la loi positive.

Le législateur indou, qui se pose la même question, la résout ainsi :

« Là où l'occupation sera prouvée, mais où n'apparaîtra aucune espèce de titre, la vente ne peut être admise. Le titre et non l'occupation est essentiel à l'appui de la propriété, telle est la règle établie. » (Manou, liv. VIII, sl. 200.)

Voilà le principe. La propriété dans l'Inde dérive donc de la loi; c'est la même idée qui domine l'économie entière de nos codes.

Passant ensuite à la manière d'acquérir les choses qui n'appartiennent pas encore à quelqu'un, ou celles qui par leur nature n'ont un maître qu'accidentellement, Manou déclare que « le champ cultivé est la propriété de celui qui en a coupé le bois pour le défricher, et la gazelle, celle du premier chasseur qui l'a mortellement blessée. »

Examinant ensuite la nature des biens en eux-mêmes, la loi indoue les divise en meubles et immeubles, distinction que les législations modernes ont adoptée sans y rien changer, mais qui avait été repoussée par la loi romaine.

Les immeubles sont eux-mêmes divisés en immeubles par leur nature et immeubles par destination; puis les biens, dans les rapports avec ceux qui les possèdent, sont classés en choses qui n'appartiennent à personne et à tous, les choses du domaine public et celles du domaine privé. La loi indoue décrète que ces dernières seules peuvent faire l'objet du commerce et des transactions entre particuliers.

« Ainsi toutes les distinctions dès biens, dit Gibelin, d'après leur nature, leur provenance, leurs détenteurs et enfin le droit de propriété, sont en Europe autant de traditions de la loi orientale. »

Elles sont l'origine de notre droit actuel ainsi que du droit romain, des réserves pour la famille, des réductions de donations ou quotité disponible, des contrats non-seulement dans leur essence, mais encore dans leurs divisions, de tous ces principes enfin que notre droit civil a ramenés à l'expression la plus simple et la plus juste, par la fusion des rois romaines et des coutumes germaniques, c'est-à-dire par la réunion des doubles traditions des tribus indoues qui sont venues peupler le Nord et le Midi, d'un côté par la Russie, les pays scandinaves et la Germanie, et de l'autre par la Perse, l'Égypte, la Grèce et Rome.

Dans l'Inde, toute transmission de propriété, à quelque titre qu'elle fût faite, onéreuse ou gratuite, devait jadis être entourée des formes de la donation, c'est-à-dire de la délivrance d'or et d'eau accompagnée de grains et d'herbes, *tila* et *cusa*.

L'or était remis par le vendeur ou donateur à l'acquéreur ou donataire, pour achever de le contenter, si la propriété n'était point d'une valeur suffisante. L'eau était versée, comme dans le mariage, en signe de donation; le grain et l'herbe étaient remis comme partie et produit de la propriété en signe de tradition.

C'est là, n'en doutons pas, que toutes les formules romaines pour la solennité des contrats et les coutumes des peuples du Nord pour la tradition par l'eau et la terre, par l'herbe et le rameau, ont été puisées. Sur tous les points, on est forcé de reconnaître l'influence du droit indou.

Nous allons être plus brefs encore sur les quelques aperçus de la législation indoue qu'il nous reste à donner, car, à tout prendre, nous en aurions assez dit déjà pour arriver aux conclusions que nous prétendons tirer de cet exposé sommaire, des origines sanscrites et des principes généraux du droit des Indous.

Quelques mots cependant sur les contrats, les donations et les testaments ne seront peut-être point mal accueillis par le lecteur. En effet, les différents modes d'engagements et de donations, soit entre-vifs, soit à cause de mort, sont d'une manière plus frappante encore, s'il est possible, copiés dans leurs principes et dans leurs effets, et par le droit romain et par les législations modernes.

Comme premier principe nécessaire à la validité des engagements, le législateur indou indique la capacité des contractants.

Les femmes en puissance de mari, les enfants, les esclaves et les interdits sont incapables de contracter.

Incapacité absolue pour les enfants et les esclaves, incapacité relative pour la femme qui le peut avec l'autorisation de son mari, et pour l'interdit que la prohibition soumet simplement à l'autorisation de son curateur.

Notons en passant cette coïncidence frappante avec la loi française, que la femme indoue, à défaut de son mari l'autorisant, peut se faire relever de son incapacité par autorité de justice.

A côté de ces incapacités qui peuvent prendre fin à l'aide d'un changement d'état, la majorité du mineur ou l'affranchissement de l'esclave par exemple, la loi en établit d'autres que voici, et qui prennent leur base dans une situation particulière des personnes. *Digeste des lois indoues,* vol. II, p. 193 et Manou : « Le contrat fait par un homme ivre, insensé, imbécile ou grièvement troublé dans son état mental, par un vieillard dont on abuse de la faiblesse, ou toute personne sans pouvoir, est entièrement nul. »

Manou ajoute encore :

« Ce qui est donné par la force, possédé par la force, est déclaré nul. »

Ne dirait-on pas un commentaire du Code Napoléon fait à quatre ou cinq mille ans de distance?

Comme nous sommes loin de ces barbares coutumes des premiers âges, ou tout se tranchait par la violence et la force, et quelle admiration ne devons-nous pas avoir pour un peuple qui, à l'époque où la fable biblique voudrait placer la création du monde, en était déjà arrivé à cet extraordinaire degré de civilisation accusé par ces lois si simples et si pratiques?

Qu'on ne s'y trompe point, le meilleur jugement que l'on puisse porter sur l'état des nations est celui qui se base sur l'état de leur droit écrit.

Nous ne nous étendrons point maintenant sur les accessoires des contrats, qui ne seraient parfaitement compris dans leurs détails et leurs conséquences que par les personnes qui s'occupent particulièrement de droit; il nous suffira de dire, renvoyant aux sources mêmes ceux que ces sortes d'études peuvent intéresser, que la caution, le gage, le nantissement, le louage, le bail, l'antichrèse et l'hypothèque, entièrement d'origine indoue, ont successivement passé dans le droit romain et dans nos lois, tels quels et sans autres changements que ceux qu'apportent nécessairement aux nations la prédominance du droit civil sur le droit religieux.

Bien plus, si nous descendions dans les détails, nous verrions que toutes les causes acceptées par les lois romaines et françaises pour l'extinction des obligations avaient été prévues et appliquées par le droit indou.

Ainsi la novation, la remise de la dette, la cession de biens, la compensation, la confusion, la perte de la chose due dans les cas spécifiés, les actions en nullité, en rescision, au possessoire et au pétitoire, sont admises dans l'Inde et ont les mêmes effets que chez nous.

A qui le mérite de la priorité? Cela, je crois, ne se discute point.

Écoutez le texte du Smitri-Chaudrica établissant la subrogation.

« Le créancier peut transporter, soit à son propre créancier, soit au tiers qui le désintéresse, le gage livré par son débiteur à la sûreté de la dette, avec le titre qui l'établit, mais en faisant mention de toutes ces circonstances dans le transport qu'il leur consent. »

Et cet autre texte formel du même ouvrage, sur les offres et la consignation :

« Si le créancier refuse de recevoir sa créance lorsque le débiteur lui en offre le payement, que la consignation du montant de sa dette, espèces, fruits ou marchandises ou bestiaux, soit faite par ce dernier entre les mains d'une tierce personne à cet effet, et l'intérêt cessera de courir aussitôt la consignation opérée. Ce mode emporte libération. »

Nous allons maintenant, pour donner une idée de l'admirable travail de comparaison auquel un jurisconsulte pourrait se livrer, et surtout pour démontrer d'une manière plus évidente encore que les lois romaines et les nôtres ne sont qu'une copie du droit antique de l'Inde, rapprocher, d'après Gibelin, les textes des trois législations sur le dépôt, le prêt à usage ou *commodat*.

TEXTE INDOU : *Catyayana.* « Ce qui est prêté par obligeance ne portera pas d'intérêt. »

CODE CIVIL : Art. 1876. « Le prêt à usage est essentiellement gratuit. »

Droit romain : « Commodata res tunc proprie intelligitur, si nulla mercede accepta vel constituta, res tibi utenda data est. »

Texte indou : *Catyayana.* « Si la chose périt par son vice propre, l'emprunteur n'en est pas responsable, à moins qu'il n'y ait faute de sa part. »

Code civil : Art. 1884. « Si la chose se détériore par le seul effet de l'usage pour lequel elle a été empruntée, et sans aucune faute de la part de l'emprunteur, il n'est pas tenu de la détérioration. »

Droit romain : Quod vero senectute contigit, vel morbo, vel vi latronum ereptum est, aut quid simile accidit, dicendum est nihil eorum esse imputandum ei qui commodatum accipit, nisi aliqua culpa interveniat. »

Texte indou : *Catyayana.* « Lorsqu'une chose prêtée pour un usage déterminé ou pour un certain temps est réclamée avant le terme ou l'accomplissement dudit usage, l'emprunteur ne peut être contraint à la restituer. »

Code civil : Art. 1888. « Le prêteur ne peut retirer la chose prêtée qu'après le terme convenu, ou à défaut de convention, qu'après qu'elle a servi à l'usage pour lequel elle a été empruntée. »

Droit romain : « Adjuvari quippe nos, non decipi beneficio oportet. »

Texte indou : *Catyayana.* « Mais là où les intérêts du propriétaire peuvent être compromis par un besoin pressant de la chose prêtée, l'emprunteur pourra être forcé de restituer même avant le temps stipulé. »

Code civil : Art. 1889. « Néanmoins, si pendant ce délai, ou avant que le besoin de l'emprunteur ait cessé, il survient au prêteur un besoin pressant et imprévu de sa chose, le juge peut, suivant les circonstances, obliger l'emprunteur à la lui rendre. »

Texte indou : *Narada.* « Lorsqu'un homme remet par confiance un de ses effets à un autre, mais à charge de le restituer, cet acte est un dépôt. »

Code civil : Art. 1915. « Le dépôt en général est un acte par lequel on reçoit la chose d'autrui, à la charge de la garder et de la restituer en nature. »

Droit romain : « Depositum est quod custodiendum alicui datum est.

Texte indou : *Vrihaspati.* « Le dépositaire qui souffre que la chose déposée soit détruite par sa négligence, lorsqu'il conserve ses propres biens avec un soin tout différent, sera forcé de payer sa valeur avec intérêt. »

Code civil : Art. 1927. « Le dépositaire doit apporter dans la garde de la chose déposée les mêmes soins qu'il apporte à la garde des choses qui lui appartiennent. »

Droit romain : « Nec enim salva fide minorem iis quam suis rebus diligentiam præstabit. »

Texte indou : *Yajnyawalcya.* « Le dépositaire ne rendra pas ce qui a été détruit par le roi, par la Providence ou par les voleurs. Mais si cette perte survient lorsqu'il n'a pas restitué après la demande, il doit rendre la valeur du dépot et payer une amende égale. »

Code civil : Art. 1929. « Le dépositaire n'est tenu en aucun cas des accidents de force majeure, à moins qu'il n'ait été mis en demeure de restituer la chose déposée. »

Droit romain : Si depositum quoque, eo die depositi actum sit periculo ejus, apud quem depositum fuerit, est si judicii accipiendi tempore potuit, id reddere reus, nec reddidit. »

Texte indou : *Id.* « Si le dépositaire use de la chose sans le consentement du propriétaire, il sera puni et forcé de payer le prix de la chose déposée avec intérêt.

Code civil : Art. 1930. « Il ne peut se servir de la chose déposée sans la permission expresse ou présumée du déposant. »

Droit romain : « Qui rem depositam, invito domino, sciens prudensque, in usus convertit, etiam furti delicto succedit. »

Texte indou : *Id.* « Ce qui a été renfermé dans un coffre remis entre les mains du dépositaire sans aucune déclaration du contenu, doit être l'inconnu, et restitué ainsi. »

Code civil : Art. 1931. « Il ne doit point chercher à connaître les choses qui ont été déposées, si elles lui ont été confiées dans un coffre fermé ou sous enveloppe cachetée. »

Sur la même question, Manou dit encore :

« Dans le cas d'un dépôt scellé, le dépositaire qui veut éviter la censure doit le restituer au déposant sans altérer le cachet.

Texte indou : *Manou.* « Le dépôt doit être restitué en même qualité et quantité qu'il a été reçu ; telle est la remise, telle doit être la restitution. »

Code civil : Art. 1932. « Le dépositaire doit rendre identiquement la chose même qu'il a reçue. »

Texte indou : *Manou.* « Si le dépôt est saisi par les voleurs ou attaqué par la vermine, ou emporté par l'eau, ou consumé par le feu, le dépositaire n'est tenu de le restituer, à moins que la perte ou la détérioration ne provienne de son fait. »

Code civil : Art. 1933. « Le dépositaire n'est tenu de rendre la chose déposée que dans l'état où elle se trouve au moment de la restitution. Les détériorations qui ne sont pas survenues par son fait sont à la charge du déposant. »

Droit romain : Quod vero senectute contigit, vel morbo, vel vi latronum ereptum est, nihil eorum esse imputandum, nisi aliqua culpa interveniat.

Texte indou : *Vrihaspati.* « Quel que soit l'avantage que le dépositaire retire de l'objet déposé, il doit le restituer avec ce produit. »

CODE CIVIL : Art. 1936. « Si la chose déposée a produit des fruits qui aient été perçus par le dépositaire, il est obligé de les restituer. »

DROIT ROMAIN : « Hanc actionem bonæ fidei esse dubitari non oportet. Et ideo, et fructus in hanc actionem venire, et omnem causam, et partam dicendum est ne nuda res veniat. »

TEXTE INDOU : *Vrihaspati.* « La chose déposée doit être restituée à celui-là même qui l'a déposée. »

CODE CIVIL : Art. 1937. Le dépositaire ne doit restituer la chose déposée qu'à celui qui la lui a confiée.

TEXTE INDOU : *Manou.* « Le dépositaire ne peut être recherché par personne quand il restitue le dépôt à l'héritier du déposant décédé. »

CODE CIVIL : Art. 1939. « En cas de mort naturelle ou civile de la personne qui a fait le dépôt, la chose déposée ne peut être rendue qu'à son héritier. »

TEXTE INDOU : *Manou.* « Tel est le lieu de la délivrance du dépôt, tel est le lieu de sa restitution. »

CODE CIVIL : Art. 1943. « Si le contrat ne désigne point le lieu de sa restitution, elle doit être faite dans le lieu même du dépôt. »

TEXTE INDOU : *Vrihaspati.* « Que le dépositaire garde le dépôt avec soin et qu'il le rende à la première demande du déposant. »

CODE CIVIL : Art. 1943. « Le dépôt doit être remis au déposant aussitôt qu'il le réclame. »

DROIT ROMAIN : « Est autem apud Julianum... scriptum, eum qui rem deposuit, statim posse depositi actionem agere. Hoc enim ipso dolo facere eum qui suscepit quod reposcenti rem non dat. »

TEXTE INDOU : *Manou.* « Celui qui ne rend pas un dépôt après l'avoir reçu est déclaré infâme par la loi. »

CODE CIVIL : Art. 1945. « Le dépositaire infidèle n'est pas admis au bénéfice de cession. »

Est-il besoin de continuer plus longtemps ces études et ces comparaisons, et la lumière peut-elle être faite d'une manière plus éclatante, surtout si l'on tient compte des siècles qui nous séparent de cette époque et des transformations nécessaires que toutes ces choses ont subies ?

Ces rapprochements pourraient se faire pour le droit tout entier ; nous trouverions constamment la législation indoue rationnelle, philosophique, complète, et digne en tous points de donner naissance au droit écrit dans le monde.

La vente, les donations, les testaments, dont nous avons vu les principes généraux, nous ·présenteraient dans leurs détails la même filiation logique, les mêmes points de contact, les mêmes bases éclairées par le plus strict bon sens

Sources de toutes les lois modernes sur la matière, à peine çà et là quelques changements qui tiennent à la différence de mœurs, de climat, de civilisation, et ne servent qu'à mieux démontrer l'influence, car les législations anciennes et modernes ne s'éloignent de celles de l'Inde que là où des mœurs nouvelles sont venues exiger impérieusement d'autres lois.

Le législateur Manou, et cette authenticité est incontestable, remonte à plus de trois mille ans avant l'ère chrétienne; les brahmes lui assignent une origine plus antique encore.

Quel enseignement pour nous et quelle preuve presque matérielle en faveur de la chronologie orientale qui, moins ridicule que la nôtre (basée sur des fables, sur des temps héroïques et sur des traditions bibliques, copies d'œuvres plus anciennes), admet pour la formation de ce monde une époque en harmonie avec la science!

Nous ne sommes plus au temps où l'on risquait le bûcher en contredisant un texte de la Bible ou d'Aristote. Mais on doit reconnaître que le moyen âge nous a, pendant sa tutelle, légué une quantité innombrable d'opinions et d'idées toutes faites, dont nous ne parvenons qu'à grand'-peine à nous débarrasser.

En vain la science, timidement d'abord, hardiment ensuite, s'est faite le démolisseur de tous ces préjugés, sa marche est lente, et de même que l'homme fait ne parvient jamais à oublier complétement les contes dont on égayait son berceau, de même les nations occidentales sont sans force pour repousser certaines fables des siècles passés, comme, il faut bien le dire, elles sont également sans force pour y croire.

Il est un certain nombre d'idées que l'on discute librement en petit comité, auxquelles on rougirait de croire en faisant son examen de conscience; car l'homme seul, avec lui-même, exige toujours de sérieuses raisons pour s'incliner.

Qu'on les agite et discute en public, cent voix se lèvent pour crier haro. « Il ne faut pas toucher à cela! dit-on de toutes parts. — Et pourquoi? — Respectez ceci, respectez cela! — Pourquoi encore? » Nous avons l'amour des vieilles choses et il nous répugne de changer nos vieux habits.

Si l'on vient dire par exemple que la chronologie qui fait remonter la création du monde à six mille ans est un absurde non-sens, que de tempêtes ne soulève-t-on pas dans certains camps, et le couteau sur la gorge, il faut donner des raisons mathématiques, alors qu'on se croit en droit de ne vous opposer que des fables et des textes sacrés!

Dégageons-nous de tout ce bagage de timides crédulités, et alors nous comprendrons qu'il ne nous appartient pas à nous, peuples occidentaux, à nous les derniers venus, de vouloir orgueilleusement fixer l'origine du monde à l'aide de nos souvenirs nés d'hier, et de rayer ainsi d'un trait de plume la civilisation et l'histoire des peuples orientaux qui nous ont précédé de quelques milliers d'années sur la terre. Plus logiques que nous, ces peuples, qui pourraient se contenter de leur antiquité, se prétendent eux-mêmes issus d'autres peuples qui les ont précédés et qu'une série de cataclysmes semblables à celui dont toutes les nations actuelles ont gardé le souvenir a fait disparaître du globe.

Quoi qu'il en soit, on est forcé d'admettre, en voyant ces lois admirables organisant la société, la famille, la propriété, décelant, en un mot, la civilisation la plus avancée, que ce progrès, pas plus que nous, les Indous n'ont pu l'accomplir en un jour, et qu'il a fallu des siècles pour le réaliser.

Ils ont dû passer, comme toutes les nations primitives, avant d'arriver à un système de lois écrites, codifiées, par un droit coutumier, transmis par la tradition, s'étayant peu à peu des recueils de sentences rendues par les prudents et les juges, jusqu'au moment où la division des coutumes et la diversité des arrêts les ont forcés, comme les Romains l'ont eté, comme nous l'avons été nous-mêmes, à introduire l'unité dans la législation, à créer la loi.

Quelques couples de siècles ont amené les nations anciennes et modernes à cet état, grâce aux lumières asiatiques, qui sont venues les diriger et abréger pour elles l'époque de gestation. Mais combien cette période a dû être plus longue pour les Orientaux, même en admettant, suivant leur opinion, qu'ils ont eu ainsi que nous des prédécesseurs dont ils ont suivi la trace !

Sur ce sol splendide, sous ce soleil de feu, au milieu d'une végétation sans égale, donnant au corps toutes les satisfactions et à l'âme tous les rêves, le progrès n'a pu se mouvoir que lentement, même aux temps primitifs, où ses habitants étaient jeunes et pleins de force. Aussi peut-on dire que nos siècles du Nord, à la marche hâtive et fiévreuse, doivent représenter chez eux plusieurs milliers d'années.

A mesure que j'avance dans ces études comparatives, je ne puis me défendre d'un étonnement profond et mystérieux, et plus s'enracine en moi cette croyance que tous les peuples procèdent les uns des autres aussi fatalement que les fils procèdent des pères, que les anneaux inférieurs d'une chaîne procèdent des anneaux supérieurs, et que, quelque interrompus que soient cette filiation, ces liens qui les unissent, il est facile de les rattacher les uns aux autres à l'aide de recherches patientes et dégagées de préjugés.

Il n'y a certes point là une idée nouvelle et dont je veuille revendiquer le mérite. Interrogez l'histoire, ses productions modernes vous diront qu'elle a deviné son berceau et qu'elle s'efforce de rechercher les preuves qui peuvent s'y rapporter; fouillez les écrits de tous les grands orientalistes, et notamment de Humboldt, ce colosse de la science, et vous reconnaîtrez que leurs préoccupations constantes ont été d'assigner à nos origines leur véritable antiquité et de lutter contre les tristes legs du moyen âge, qui, en asservissant la pensée, ont pour longtemps retardé la marche des esprits vers une science du passé plus rationnelle et plus libre.

Sans doute tous les grands esprits de notre époque sont persuadés de ces vérités, mais il est nécessaire de les condenser, de les rendre sensibles pour tous, de les faire enfin passer dans les masses, car c'est alors seulement, et quand elles sortent du domaine des privilégiés, qu'elles germent et portent des fruits.

Quelques mots sur la philosophie indoue, et j'en aurai fini avec les principes généraux de langage, de législation et de philosophie que j'ai cru devoir aborder avant de passer à une série de preuves plus spéciales que suivront en dernier lieu les études sur les origines religieuses de la Bible et du novateur chrétien.

La philosophie indoue, comme la religion, s'appuie sur les Vedas ou Sainte Écriture. Sous le rapport de l'authenticité, les Vedas ont incontestablement le pas sur les ouvrages les plus anciens; ces livres sacrés qui, suivant les brahmes, renferment la parole de Dieu révélée à ses créatures, étaient en honneur dans l'Inde bien avant que la Perse, l'Asie Mineure, l'Égypte et l'Europe ne fussent colonisées et habitées.

« On ne peut, dit le célèbre indianiste William Jones, refuser aux Vedas l'honneur de l'antiquité la plus reculée. Mais quelle est l'époque où ils furent composés? Quel en est l'auteur? Nous avons beau remonter aux temps les plus reculés, interroger les annales antiques du genre humain, il nous est impossible de résoudre ces questions; tout est muet à cet égard. Quelques auteurs en font remonter la composition aux premières périodes après le cataclysme; mais, d'après les brahmes, ils sont antérieurs à la création; ils ont été, comme dit le Sama-Veda, formés de l'âme de celui qui existe par lui-même, et c'est Brahma qui les a révélés aux hommes.

Les Vedas sont au nombre de quatre : le Ritch-Veda, le Sama-Veda, le Yadjou-Veda et l'Atharva-Veda. Seuls, quelques fragments de ces livres ont été traduits et livrés à la connaissance du monde savant; avant peu, une traduction anglaise, due aux soins de la Société asiatique de Calcutta, permettra de les lire et de les étudier dans leur ensemble.

Si, comme je l'ai dit plus haut, les Vedas sont l'unique foyer où s'est allumé le flambeau du génie brahmanique, si la philosophie de l'Inde a pris naissance dans le sanctuaire des temples, comme plus tard en Grèce, elle a dû sortir des mystères qui avaient la même origine. Elle ne tarda pas à se montrer indépendante, et arrivée à son point de maturité, à rejeter l'autorité de l'Écriture sainte et du dogme religieux pour ne marcher qu'appuyée sur le libre arbitre et la raison.

Aussi divise-t-on la philosophie indoue en système orthodoxe et en système hétérodoxe.

Parmi les plus célèbres auteurs de la philosophie orthodoxe, ou plutôt de la théologie brahmanique, se présentent en première ligne Djeminy et Richna Dwipayana-Vyasa, ce dernier communément connu sous le nom de Veda-Vyasa, parce qu'il réunit, dit-on, les feuillets épars des quatre Vedas.

Djeminy appartenait à la secte des Saniassys ou mendiants; il portait le bâton et le bassin, ainsi que les vêtements jaunes. Vyasa, paraît-il, sacrifia un peu plus aux choses de ce monde, et il jouit dans l'Inde d'une renommée de poëte au moins égale à celle de philosophe. William Jones n'en parle qu'avec vénération.

Les ouvrages de ces deux auteurs qui ont soutenu la philosophie scolastique de l'Inde sont connus, celui de Djeminy sous le nom de Pourva-Mimansa, et celui de Vyasa sous le nom de Outtara-Mimansa ou Vedanta.

Non-seulement ils ont pour but de commenter les Vedas et d'en déterminer le sens, mais encore Djeminy traite de la casuistique, et le travail de Vyasa contient une dialectique dans le genre d'Aristote, avec une psychologie où l'auteur pousse le scepticisme et l'idéalisme au point de nier l'existence d'un monde matériel.

C'est le système de Pyrrhon tout entier; sans doute ce philosophe grec, qui avait voyagé dans l'Inde, avait rapporté de ses relations avec les brahmes ce principe que tout est illusion, si ce n'est Dieu lui-même.

Le Pourva-Mimansa présente en outre une grande affinité avec le dogme mystérieux du philosophe de Samos, que Platon avait en partie adopté.

D'après Djeminy, tout est harmonie dans l'univers, tout est un concert perpétuel; Dieu lui-même est un son harmonieux, et tous les êtres qu'il a créés ne sont que des modifications du son primitif.

De ce système des sons découle naturellement celui des nombres, auxquels le Mimansa attribue une puissance mystérieuse. Les nombres un et trois sont le symbole de la Trinité dans l'unité, le signe des trois attributs de la divinité : création, conservation, transformation par la destruction.

C'est dans le même sens que le prêtre de Memphis, en Égypte, expliquant à l'initié le nombre trois, lui disait que la Monade première a créé la Dyade, laquelle a engendré la Triade, et que c'est cette Triade qui brille dans la nature entière.

Le nombre deux exprime la nature androgyne, l'agent et le patient, la puissance génératrice, base de toutes les légendes sacrées, sources où les mythographes ont puisé cette immense variété de fables, de rites et de symboles.

« Quand le souverain pouvoir divin, dit Manou, eut terminé l'œuvre de la création, il fut absorbé dans l'esprit de Dieu, et changea ainsi son temps d'énergie en un temps de repos. »

Nous aurons à nous occuper plus tard plus spécialement de cette idée de la Trinité, et à indiquer où l'ont puisée toutes les religions, sans distinction.

Les auteurs des deux Mimansa ont également discouru sur les questions les plus abstraites, *l'efficacité des œuvres*, Karma. *La Grâce*, Isvara-parasada; *la Foi*, Sradha, et le *Libre arbitre*, et soulevé, bien avant Abailard et Guillaume de Champeaux, la question des nominaux et des universaux.

Ce fut dans l'Inde l'époque de la foi ardente, l'époque où toute science, toute philosophie, toute morale se tirait d'un texte de l'Écriture sainte. On doit comprendre que nous reviendrons, lors des études religieuses, sur toutes ces questions traitées par Djeminy et Veda-Vyasa, et qu'agitèrent après eux les philosophes chrétiens.

Les Sastras et le Maha-Barada, qui professent les mêmes doctrines, se perdent dans la nuit des temps. S'il faut s'en rapporter à la chronologie des brahmes, d'après les calculs du savant orientaliste Halled, ils doivent avoir le premier plus de sept millions et le second plus de quatre millions d'années d'antiquité. Chronologie qui vient heurter de front toutes nos idées européennes sur la matière.

De pareilles choses excitent facilement le rire, surtout en France, pays des esprits superficiels et de l'affirmation quand même. On s'est fait un petit monde à soi, datant de six mille ans à peine, et créé en six jours, et on n'en veut pas démordre; cela satisfait à tout et dispense de penser.

D'aucuns, s'appuyant sur la science, ont bien, depuis quelque temps, essayé de changer ces six jours en six époques. La marge est large, des milliers d'années peuvent se glisser entre chaque époque; cette opinion donne la main à celle de l'Orient. Mais ouvrez grand les oreilles, et vous entendrez de toutes parts les partisans du passé lancer les foudres sur cette avant-garde d'élite et l'asperger de boue avec leurs goupillons.

Ah! prenons garde à l'ultramontanisme, si nous ne voulons finir, comme les Indous, par la démoralisation et l'abrutissement.

Les Sastras ne sont pas les seuls ouvrages qui revendiquent une antiquité aussi reculée. Suivant les philosophes indous, les lois de Manou furent aussi relevées dans le Crida-Youga, ou premier âge. Le Sourya-Sidanta remonterait à plusieurs millions d'années, et, à ce sujet, Halled, le traducteur des Sastras, fait remarquer qu'aucun peuple ne possède des annales d'une autorité aussi incontestable que celles que nous ont transmises les anciens brahmes, et, à l'appui de son assertion, il fait mention d'un livre écrit il y a plus de quatre mille ans qui donne l'histoire du genre humain, en remontant à plusieurs millions d'années.

Cette chronologie n'a rien d'exagéré pour les Indous; elle concorde au contraire logiquement avec leurs croyances, qui admettent la matière existant de toute éternité avec Dieu.

Quelle nation a eu plus d'idées, agité plus de questions et discuté plus de problèmes? Le développement de la pensée, la marche progressive des sciences, n'ont rien fait perdre aux spéculations philosophiques de ces hommes si éloignés de nous.

Législation, morale, métaphysique, psychologie, ils ont tout creusé, tout approfondi.

Quand on parcourt les monuments de leur littérature,

quand on ouvre ces vastes dépôts philosophiques où rayonnent de toutes parts les lumières primordiales qui déposent en faveur d'une haute civilisation, on est frappé de cette majestueuse image de la divinité, que le poëte, l'historien, le législateur et le philosophe ne cessent de placer sous les yeux des hommes, en appelant leur croyance à sa providence immédiate.

Ce n'est qu'après avoir élevé leur esprit vers Dieu, ce n'est qu'après lui avoir présenté les affectueux élans d'un cœur reconnaissant, qu'ils entrent en matière. Les doctrines, les théories, les notions sublimes de ces sages nous portent à la plus profonde admiration pour leur foi et leurs croyances.

« Le Gange qui roule, dit le Sama-Veda, c'est Dieu ; la mer qui gronde, c'est lui ; les vents qui soufflent, c'est lui ; la nue qui tonne, l'éclair qui brille, c'est lui. De même que de toute éternité le monde était dans l'esprit de Brahma, de même aujourd'hui tout ce qui existe *est son image.* »

Manou, avant d'inviter Brighou à révéler à ses disciples les Maha-Richis, ses lois immortelles, commence par leur expliquer les attributs de la divinité et les mystères de la création. De même l'auteur du Maha-Barada dévoile dans un langage majestueux, par la bouche du divin fils de la vierge Devanaguy, aux yeux étonnés d'Ardjouna, toutes les idées sublimes du déisme indou. Et les Sastras, dont nous avons parlé plus haut, conduisent tout d'abord le lecteur à la connaissance de l'Intelligence supérieure, qui a tout créé, tout arrangé, avec une liberté et une puissance infinies.

Mais, après ces premiers âges de foi ardente, de croyances sans discussion, arriva bientôt le culte de la raison pure, qui, sans rejeter la révélation antique, ne voulut l'admettre qu'en l'épurant par le libre arbitre.

De cette liberté naquirent nécessairement les systèmes les plus divers, et à côté des spiritualistes, vinrent se placer les sceptiques, dont les théories furent renouvelées dans l'antiquité par les Pyrrhoniens, et de nos jours par les disciples de Montaigne et de Kant, sans que ces derniers aient eu le mérite d'y ajouter même un seul argument.

La philosophie Sankya, qui a pour fondateur Kapila, méconnaît formellement la création divine; elle soutient qu'il n'y a point de preuves de l'existence d'une cause spirituelle qui ait donné naissance à l'univers; qu'elle n'est d'ailleurs démontrée ni par les sens, ni par le raisonnement, c'est-à-dire par perception ou induction, deux des trois *criteria* de vérité par lesquels on arrive d'après elle à la connaissance des choses. Car la nature de la *cause* et de l'*effet* étant la même, il en résulte que ce qui n'existe pas ne peut, par aucune opération possible d'une cause, recevoir l'existence.

Argument analogue à celui employé par Leucippe, Lucrèce, etc., que Dieu, pour créer, devait tirer le monde du néant, et qu'il n'est pas possible de tirer rien de rien.

Cependant Kapila reconnaît une force plastique inhérente à la nature, un être procédant d'elle, attribut spécial de la matière, et qui est la source de toutes les intelligences individuelles.

De l'action opposée, *de la qualité créatrice* et *de la qualité destructive*, surgit la force agissante, ou le mouvement, qui lui-même est également doué de trois qualités distinctes :

1° Le mouvement plastique;

2° Le mouvement de désunion;

3° Le mouvement, ou force d'inertie.

Voilà les subtilités dans lesquelles s'élance en se jouant l'imagination orientale de ces temps reculés.

Les philosophes indous s'étendent très au long dans l'examen de ces trois qualités ou attributs inséparables de la nature, et qui s'infiltrent nécessairement dans tout ce qui existe. Ce ne sont pas de purs accidents de la nature, dit Gautama dans son Traité de philosophie, mais elles forment son essence et entrent dans sa composition.

La première est la présence de tout ce qui est bon et l'absence de tout ce qui est mauvais.

La dernière est l'absence de tout ce qui est bon et la présence de tout ce qui est mauvais.

Celle du milieu participe des deux autres.

Constatons que la doctrine des Sastras a la plus étonnante analogie avec les systèmes d'un assez grand nombre de philosophes de l'antiquité. Empédocle admettait pour principes des choses quatre éléments, mais il reconnaissait en même temps le principe de l'amitié et le principe de la discorde.

Platon enseignait que l'amour était le plus puissant des dieux, le véritable créateur, et qu'il était né du chaos.

Les stoïciens avaient recours à une substance unique produisant, suivant eux, les quatre éléments, et le philosophe de Stagyre en admettait un cinquième, auquel il faisait remonter l'origine de l'âme.

La force ou le mouvement, suivant les Sastras, s'alliant avec le temps, et la bonté, engendre la matière, la grande substance, le Maha-Bouda, et le choc des impulsions contraires dans la matière produisit cet élément subtil, céleste, lumineux, appelé Agasa, fluide pur, électrique, répandu dans l'espace, et qui donne la vie.

Ainsi l'affection est la mère universelle, la cause première, la suprême génératrice de l'univers.

Comme épouse de Brahma non agissant, irrévélé, habitant, suivant l'expression du Maha-Barada, dans le drap noir, elle est Bavahny.

Comme épouse de Brahma, descendant de l'inaction à l'action, se manifestant par la création, animant la matière, elle est Brahmy.

Comme épouse de Vischnou, conservateur et préservateur, elle est Latchoumy.

Comme épouse de Siva, Dieu qui préside à la destruction, mais pour renouveler et régénérer, elle est Parvady.

Brahma est considéré par les Vedas comme s'étant sacrifié pour la création. Non-seulement Dieu s'est incarné et a souffert pour nous régénérer et nous ramener à notre source divine, mais il s'est même immolé pour nous donner l'existence.

Sublime idée, que l'on trouve exprimée, dit M. de Humboldt, dans tous les livres sacrés de l'antiquité.

De là, suivant l'expression des livres saints :

« *Brahma est tout à la fois le sacrificateur et la victime. de sorte que le prêtre qui officie tous les matins aux cérémonies du Sarvameda, sacrifice universel et symbolique de la création, en présentant son offrande à Dieu, s'identifie au sacrificateur divin, qui est Brahma. Ou plutôt c'est Brahma, victime dans son fils Christna, qui est venu mourir sur la terre pour nous sauver, qui accomplit lui-même le sacrifice solennel.* »

Ces dernières lignes offrent des points délicats et curieux de comparaisons..... Ce n'est point là le lieu d'y toucher; je n'aborderai ce sujet que les mains pleines de preuves dans le chapitre spécial qui lui sera consacré, et ce, avec l'impartialité d'un libre esprit qui ne recherche que des vérités scientifiques, sans nul souci des haines qu'il pourra soulever.

Lorsque le régulateur des mondes vit la surface de la terre émaillée de fleurs ravissantes, les champs et les prairies couvertes de végétation, et la nature, brillante de jeunesse et de force, répandre tous ses trésors sur le globe, il envoya l'Esprit-Saint, le Verbe, son premier engendré, qui procéda à la création de l'homme et des animaux.

Le dieu se présenta, disent les Sastras, pourvu d'une variété infinie de formes et d'une multitude d'organes, image frappante de la toute-puissance et de la suprême sagesse, que nul esprit ne peut se représenter, et dont personne n'a pu mesurer l'étendue ni sonder la profondeur.

A l'homme, il donna cinq organes, le tact, la vue, l'odorat, le goût, l'ouïe, et un sixième, admis par tous les philosophes indous, et appelé Mamas, qui est l'agent de l'union des sexes.

Les sectateurs de Boudha, qui fut le réformateur, le Luther de l'autorité théocratique des brahmes, et dont les principes se répandirent dans le nord de la haute Asie, en Tartarie, en Chine et jusqu'au Japon, ne reconnaissaient ni le sixième sens, ni le cinquième elément. C'est un des points nombreux sur lesquels ils diffèrent avec les orthodoxes.

La philosophie sankya le définit : « un organe par affinité, participant aux propriétés des autres, et qui sert tout à la fois à la sensation et à l'action. »

On sait qu'Aristote avait également admis ce sixième sens.

Les anciens étaient divisés d'opinion sur l'âme des bêtes; les platoniciens leur accordaient la raison et l'entendement, mais à un degré moindre qu'à l'homme ; les péripatéticiens ne leur reconnaissaient que la sensation.

Les Sastras promettent non-seulement à l'homme l'immortalité dans les cieux, mais ils proclament encore hautement l'immortalité de l'âme et l'existence d'une autre vie pour les animaux.

C'est sans aucun doute de ce principe que découle la métempsychose, qui de l'Inde où elle fut admise tout d'abord, passa plus tard dans le restant de l'Asie et en Grèce.

Ces mêmes ouvrages considèrent les âmes individuelles comme une émanation de l'âme suprême de l'univers, comme une portion de l'essence divine; elles vont s'absorber, à l'heure de la décomposition, dans le sein de Dieu, comme la goutte d'eau que la pluie jette sur le sable retourne dans l'immense océan, ou, pour me servir de la belle comparaison des Vedas : « ce sont des étincelles qui retournent à l'immortel foyer d'où elles sont descendues. »

Les âmes de ceux dont le cœur et la main n'ont été souillés d'aucun crime, d'aucun péché, sont les seules qui se réunissent et s'identifient, après l'affranchissement de la forme corporelle, avec la divinité, où le sentiment particulier se perd dans la béatitude générale, tandis que les âmes coupables, après avoir expié leurs fautes dans l'enfer, subissent diverses migrations, et ne rentrent dans la nature spirituelle de Brahma qu'après avoir été purifiées de leurs méfaits.

L'âme qui retourne animer un nouveau corps, dit le Vedanta, abandonne sa forme première, et comme la goutte d'eau qui traverse l'air pour venir donner la force et la vie aux plantes sur lesquelles elle tombe, elle pénètre dans l'embryon animal, qu'elle vient animer et vivifier.

Comme on le voit, l'éternité des peines est un dogme que les philosophes indous n'admettent pas, et cela avec raison, croyons-nous ; le crime, quel qu'il soit, peut et doit même, en n'admettant pas les migrations successives, s'expier par le châtiment, jusqu'à ce que l'âme purifiée puisse être jugée digne d'une félicité sans bornes par sa réunion au Grand-Tout, à l'universelle Sagesse.

Fidèle écho des doctrines de l'Orient, Platon avait les mêmes idées sur les destinées futures de l'âme, sur sa vie à venir ; il pensait qu'elle était un rayon émané de la suprême intelligence, et qu'elle devait y retourner, et la faculté de s'absorber dans le sein de la divinité était regardée par lui comme une récompense des bonnes actions, et il la refusait aux âmes impures.

Nous pouvons conclure de cette esquisse rapide que les réminiscences de la philosophie indoue, qui se rencontrent à chaque pas dans la doctrine professée par les hommes illustres de la Grèce, sont une preuve éclatante que c'est de l'Orient que leur était venue la science, et que beaucoup d'entre eux sans doute furent y retremper leur génie, et s'abreuver à longs traits aux sources originales et primitives.

Est-il possible à la lumière de se produire d'une manière plus complète, et l'esprit même le plus partial pourrait-il nier l'influence que l'Inde a exercée sur le reste du monde, et notamment sur l'antiquité, par sa langue, sa législation et sa philosophie? Il faudrait, croyons-nous, avoir la négation singulièrement robuste et inintelligente pour oser soutenir, en présence de tels rapprochements, je pourrais dire de telles copies, que la Grèce et Rome ne doivent rien à l'Inde, et qu'elles se sont élevées à la civilisation que nous connaissons par leur seule initiative, leurs seules forces, leur seul génie.

Nous admettons facilement que Rome a été inspirée par la Grèce, la Grèce par l'Asie Mineure et l'Égypte; pourquoi, surtout en face des preuves éclatantes que nous venons de donner, ne pas continuer le même raisonnement, qui conserve sa même force logique, et accepter l'Inde comme l'initiatrice des peuples anciens? Il n'y a là ni paradoxe ni théorie spéculative plus ou moins ingénieuse, mais bien une vérité qui fait son chemin, que tous les grands indianistes ont acceptée depuis longtemps, et qui ne sera repoussée, croyons-nous, que par les hommes d'un certain parti, parce qu'elle est un argument trop frappant en faveur d'une origine identique des traditions et révélations religieuses chez tous les peuples.

Si l'Inde, en effet, est le berceau de la race blanche, la mère des différentes nations qui couvrent l'Asie, une partie de l'Afrique et l'Europe; si, comme preuve de cette filiation, nous retrouvons, aussi bien dans l'antiquité que dans les temps modernes, les ineffaçables traces décelant cette origine, que ce pays nous a léguées par sa langue, sa législation, sa littérature, ses sciences morales et philosophiques, ne devient-il pas évident que les traditions religieuses, qui se sont transformées et épurées sous la main du temps et les efforts de la libre pensée, ont dû également nous venir de là, car ce sont les souvenirs que les peuplades émigrantes et colonisatrices conservent le plus précieusement, comme un lien pieux entre la nouvelle patrie et l'ancienne, où reposent les cendres des ancêtres qu'ils ne doivent plus revoir?

CHAPITRE II

MANOU. — MANÈS. — MINOS. — MOSÈS

Un homme donne à l'Inde des lois politiques et religieuses, et il s'appelle Manou.

Le législateur égyptien reçoit le nom de Manès.

Un Crétois se rend en Égypte pour étudier les institutions dont il veut doter son pays, et l'histoire conserve son souvenir sous le nom de Minos.

Enfin le libérateur de la caste asservie des Hébreux fonde une société nouvelle, et se nomme Mosès.

Manou, Manès, Minos, Mosès, ces quatre noms dominent le monde ancien tout entier; ils apparaissent au berceau de quatre peuples différents, venant jouer le même rôle, entourés de la même auréole mystérieuse, tous quatre législateurs et grands-prêtres, tous quatre fondant des sociétés sacerdotales et théocratiques.

Qu'ils aient procédé les uns des autres, que Manou ait été leur précurseur, cela ne peut faire l'ombre d'un doute, en présence de la similitude des noms et de l'identité des institutions qu'ils ont créées.

En sanscrit, Manou signifie l'homme par excellence, le législateur.

Manès, Minos et Mosès ne proviennent-ils pas de la même racine sanscrite? Ces noms n'accusent-ils pas une origine unique et incontestable, et dont on ne peut attribuer les variations, bien légères du reste, de la prononciation et de l'écriture, qu'aux langues égyptienne, grecque et hébraïque, qui toutes trois, en s'emparant de ce nom primitif de Manou, devaient nécessairement l'écrire avec des changements appropriés à leur génie et à leurs formes particulières?

Nous avons là, en sachant le suivre, le fil de Dédale qui doit nous diriger dans nos recherches à travers les civilisations antiques, et un immense champ d'exploitation duquel vont surgir en foule les preuves les plus convaincantes en faveur de la paternité de l'Inde et de son influence directe sur toutes les nations des temps anciens.

C'est par là aussi que nous allons pouvoir remonter aux sources uniques de la révélation et de toutes les traditions religieuses.

Quand nous aurons démontré que l'Égyptien Manès, le Crétois Minos et l'Hébreu Mosès ne sont que les continuateurs de Manou, alors qu'on ne pourra plus nier que l'antiquité n'ait été qu'une émanation indoue, plus facile sera la tâche que nous nous sommes imposée, de faire remonter à la haute Asie les origines de la Bible, et de prouver que l'influence et les souvenirs du berceau se continuant à travers les âges, Jésus-Christ est venu régénérer le monde nouveau, en suivant l'exemple de Iezeus Christna, qui avait régénéré l'ancien monde.

Au seuil de chaque civilisation qui se fonde, paraissent des hommes qui, plus intelligents que leurs frères, s'imposent aux masses dans un but de domination ou de progrès ; seuls contre tous, alors que la force brutale est la loi suprême, la condition du pouvoir qu'ils cherchent à fonder est de chercher un appui dans cette idée de l'Être suprême, laissée par le Créateur dans la conscience de tous, et alors ils s'entourent d'une mystérieuse auréole, dissimulent leur origine, s'intitulent prophètes ou envoyés célestes, et appellent à eux, pour se faire accepter plus facilement, les fables, les prodiges, les songes, les révélations obscures qu'ils prétendent seuls pouvoir expliquer, ainsi que tous les phénomènes physiques, qui deviennent sous leur main habile des manifestations de la colère céleste qu'ils peuvent susciter ou apaiser à leur gré.

De là les mythes de toutes natures qui entourent l'enfance de la plupart des nations, et que l'histoire s'est habituée à enregistrer pieusement, sans voir qu'elle enracinait ainsi de ridicules préjugés et leur donnait de l'authenticité, au lieu de les combattre énergiquement et de les reléguer dans le domaine du rêve et de la poésie.

C'est à l'aide de cela que les ambitieux ont asservi, dominé les peuples dans les temps anciens; c'est encore à l'aide de ces souvenirs fabuleux que l'on tente de les asservir aujourd'hui.

Manou, en s'unissant aux brahmes et aux prêtres pour renverser la primitive société des Vedas, a été le point de départ de l'abaissement et de la ruine de son pays, étouffé sous une théocratie égoïste et corrompue.

Son successeur Manès, en asservissant l'Égypte sous la domination des prêtres, lui préparait l'immobilité et l'oubli.

Et Mosès ou Moïse, poursuivant avec un égal succès le rôle despotique de ses devanciers, n'a su faire de sa nation, appelée si pompeusement le peuple de Dieu, qu'un troupeau d'esclaves, bien discipliné pour le joug, et constamment emmené en servitude par les populations étrangères ses voisines.

A Athènes et à Rome se produisirent, il est vrai, quelques éclairs de libre pensée, quelques velléités d'indépendance; mais entourées de nations abruties et en pleine décadence, elles devaient subir le sort commun, et elles tombèrent parce qu'elles furent sans force pour lutter contre la corruption générale.

Une ère nouvelle se leva; l'idée religieuse épurée tenta la régénération par la morale, le libre arbitre et la raison. Mais le philosophe chrétien devint bientôt un révolutionnaire pour ses successeurs, qui sortirent des catacombes pour s'asseoir sur des trônes, et à partir de ce moment s'appliquèrent sans relâche à dénaturer les principes maître et à substituer à cette sublime parole :

« Mon royaume n'est pas de ce monde, »

cette autre, qui menace de faire son chemin :

« Le monde entier est notre royaume. »

Prenons garde, les temps brahmaniques, sacerdotaux et lévitiques, dans l'Inde, en Égypte et en Judée n'ont rien a nous opposer aux bûchers de l'inquisition, aux massacres des Vaudois, à la Saint-Barthélemy, pour laquelle Rome fit retentir Saint-Pierre d'un *Te Deum* d'allégresse.

Henri d'Allemagne, empereur et roi, passant trois jours les pieds dans là neige, la tête courbée sous la main stupide d'un prêtre fanatique, n'a pas eu son pendant sous les sectateurs de Brahma, d'Isis ou de Jehovah. Prenons garde! . . . .

89 est venu donner le signal de la lutte entre ceux qui, suivant la loi de Dieu, marchent en avant à la conquête du progrès et de la liberté, et ceux qui prétendent se servir de la loi de Dieu pour détruire la liberté et le progrès.

Pas de faiblesses; regardons en arrière, et voyons si nous voulons finir comme les nations de l'antiquité.

Ayons la foi qui remercie Dieu de la raison qu'il nous a donnée; repoussons la foi qui fait de Dieu un instrument pour asservir la raison.

Voilà ce que me disent ces quatre noms de Manou, Manès, Minos et Mosès ; voilà les enseignements que je puise dans le passé et que me donne l'histoire dénuée de rêves, de préjugés et de superstitions, l'histoire que nous devrions faire étudier à nos enfants, au lieu de cette science de convention qui se prélasse dans les temps héroïques et fabuleux, élève des autels aux tueurs d'hommes, et préconise les sortiléges, les pythonisses, les miracles, Dieu et le diable, et la révélation.

Avant d'étudier l'influence politique et religieuse de Manou sur l'Inde, l'Égypte, la Judée, la Grèce et Rome, je ne puis résister au désir de jeter ici les bases d'un procès à l'histoire, qu'il nous faudra tôt ou tard juger, si nous voulons la régénérer, la rendre conforme à l'humanité et à nos aspirations vers l'avenir.

Je n'expose ici que des idées personnelles.

Les traitera de folies qui voudra.

Les admettra qui pensera y trouver quelques vérités !

CHAPITRE III

CE QUE VALENT LES LEÇONS DE L'HISTOIRE

L'histoire, telle que nous la possédons, telle qu'on l'enseigne à ceux dont on veut faire des hommes, n'est pas une science, c'est un vulgaire trompe-l'œil, un instrument dont se servent les passions des uns et des autres pour grandir ou rapetisser les choses, admettre, nier ou atténuer les faits, tour à tour élever sur le pavois ou traîner dans la boue certains hommes, créer des influences factices, en repousser d'autres sérieuses et réelles, au gré des temps, des partis et des ambitions triomphantes ou vaincues.

Je ne puis sans indignation entendre parler de la grande voix de l'histoire, du jugement de l'histoire, de l'impartialité de l'histoire, etc., quand je regarde de près cette grande voix, ce jugement, cette impartialité, tous ces mots sonores, enfin, dont se paye l'admiration de la foule, et que les habiles exploitent audacieusement dans leur intérêt.

L'histoire jugeant de haut, et avec impartialité, est encore à naître; pour le moment, elle n'est qu'un souteneur complaisant et servile de toutes les causes, de toutes les opinions.

Harmodius et Aristogiton assassinent Hipparque au nom de la liberté, disent les uns; parce que le prince avait séduit leur sœur, disent les autres, et l'histoire leur décerne des couronnes.

Brutus poignarde son bienfaiteur, et l'histoire n'a pas assez de louanges pour *le vertueux citoyen.*

Tournez quelques feuillets du livre, laissez s'écouler quelques siècles, et Jacques-Clément, Ravaillac et Louvel sont par la même histoire marqués au fer rouge du sceau de l'ignominie et de la réprobation.

Que signifie cette indigne comédie? Pourquoi ces branches de laurier et ces louanges pour les uns, cette sainte indignation pour les autres? Pourquoi n'as-tu pas le courage, toi qu'on appelle la leçon des peuples et des rois, de flétrir les assassins de toutes les époques, et de repousser comme moyen la trahison, le poignard et le sang?

Je cherche en vain tes principes et ne les peux trouver.

Est-ce que le fameux axiome justifiant la fin par les moyens émanerait de toi? J'inclinerais à le croire, en te voyant appeler sans pudeur sur le même forfait tantôt l'admiration, tantôt le mépris des races futures. Qui donc te paye cette œuvre ténébreuse de bassesse et d'immoralité? Est-ce là tout ce que tu peux et doit nous enseigner?

Un fou bouleverse l'Asie; pendant quinze ans il traîne à sa suite les dépouilles de vingt peuples vaincus et décimés; il marque profondément sa trace sur ce globe, par le fer, le feu et la dévastation, et tu n'as, en face de tant de ruines, de tant de misères, que des chants de triomphe pour ce nom maudit qui devient, grâce à tes stupides adulations, Alexandre le Grand.

Ah! cependant ton héros n'est pas complet; tu trouves une ombre au tableau : Alexandre s'enivrait, et il a tué Clitus. Et, oubliant les milliers d'hommes dont ce forcené a creusé la tombe, tu daignes lui faire une petite morale, et prouver en plusieurs points que, s'il eût été plus sobre, il n'eût pas tué son ami.

Puis, toujours avec la même logique, Attila, Tamerlan, Gengis-Khan, sont un peu plus tard traités par toi, impartiale histoire, de fléaux dévastateurs et de monstres altérés de sang.

Pourquoi? C'est qu'ils ont fini par être vaincus, et qu'avec leurs hordes indisciplinées ils n'ont pu parvenir à rien fonder.

Applaudir aux audaces heureuses, frapper sur les audaces qui échouent, élever sur un piédestal les destructeurs de nations, et oublier les victimes, traiter de conquérants ceux qui réussissent et d'aventuriers ceux qui succombent, voilà ton rôle. Allons donc! ne viens plus nous parler de ton impartialité, de ta grandeur, adulatrice des chances heureuses, vile esclave du résultat!

César, qui détruit, n'est-il pas pour toi plus grand que Vercingétorix qui défend sa patrie, et as-tu jamais su courber tes jugements sous cette éternelle loi morale qui apprécie l'acte par l'acte, flétrit le crime parce qu'il est crime, et ne faiblira jamais jusqu'à excuser par l'intention et le but?

Qu'as-tu fait aussi de cette grande idée de la divinité? Lorsque tu ne la nies pas complétement, tu la mêles si étroitement aux lâchetés et aux faiblesses de l'espèce humaine, qu'on ne sait en vérité s'il ne vaut pas mieux encore que tu n'en parles pas.

Sais-tu pourquoi l'humanité lutte si péniblement depuis des siècles pour arriver à conquérir le bien, et cette universelle fraternité qui doit être la seule ambition de l'avenir? C'est que, vieille conteuse à l'esprit faible, tu n'as pas eu le courage de déblayer notre berceau de toutes les fables, de toutes les superstitions qui l'entourent; et que l'homme que tu formes est obligé d'employer les forces de son âge mûr à extirper, avant de pouvoir marcher en avant, toutes les erreurs que ton enseignement lui a léguées.

De même que la science a mis des siècles pour faire tourner la terre, parce qu'il avait plu à un illuminé d'arrêter le soleil; de même, avec les buissons ardents, les mystères d'Isis ou d'Éleusis, les révélations sur les montagnes entourées d'éclairs et de tonnerres, les sortiléges et les miracles que tu as enregistrés sans oser les combattre, la raison moderne ne peut marcher avec sa pleine indépendance, arrêtée qu'elle est parfois par toutes ces illusions du passé qui ont leurs partisans acharnés et qu'on ne peut vaincre en un jour.

L'histoire qui méritera ce nom sera celle qui, basée sur l'éternelle justice, l'éternelle morale, l'éternelle vérité, repoussant tout tempérament, toute transaction de conscience, jugera avec la même sévérité, pèsera dans la même balance les actions du faible et du fort, les fautes des peuples et des rois, les crimes des aventuriers et des conquérants.

Jusqu'à présent la morale historique ne s'est pas élevée au-dessus de cela :

Cartouche n'a jamais pu réunir une troupe de plus de trois cents hommes ; c'est un brigand...

Alexandre a pu traîner à sa suite cent mille pillards ; c'est une grand génie.

Le connétable de Bourbon a levé le drapeau de la révolte contre son roi : il a échoué ; c'est un traître.

César a foulé aux pieds les lois de son pays : il a réussi ; c'est un grand homme.

Quel pervertissement de semblables études ne doivent-elles pas apporter à l'intelligence !

Nous qui rêvons pour l'avenir une époque de concorde, de travail, de paix et de liberté, élevons nos fils dans la haine de ce passé corrompu, éloignons d'eux la prostituée historique qui n'a jamais su que se coucher à plat ventre devant la force brutale, les traîtres favorisés par le sort et les destructeurs de nations. Enseignons-leur que ceux qui lancent les peuples les uns contre les autres, comme des bêtes fauves en rut ou des gladiateurs payés, sont des êtres maudits, des fléaux de l'humanité, et qu'il faut les noter d'infamie.

Sachons leur faire distinguer les héroïques défenseurs du sol natal, du foyer domestique, de ces vulgaires ambitieux qui se font un trône d'un champ de carnage. ... Enseignons-leur qu'il n'y a pas de Dieu des armées, et que les chants vainqueurs de *Te Deum* et d'*Hosannah*, alors que vingt ou trente mille hommes se sont égorgés la veille, ne sont que des manifestations barbares et impies, et que l'Être suprême, dont la bonté égale la puissance, doit détourner la tête pour ne pas les entendre.

Puis, ruinons par la base tous les mythes, tous les mystères, tous les miracles qui sont des non-sens physiques, des moyens de domination inventés dans l'enfance des peuples, et qu'on se garde bien de renouveler à l'époque de leur maturité; chassons toutes les intolérances religieuses qui font du divin et du révélé des instruments de puissance, pour ne suivre que les lumières de la conscience et de la raison.

Ainsi nous aurons creusé profondément le véritable sillon de l'avenir, jeté la semence et préparé la moisson.

Qu'on le sache bien, l'heure est solennelle... Il faut rompre sans hésitation, sans retour, avec un passé qui, jusqu'à présent, n'a été puissant que pour la destruction, si nous ne voulons servir aux générations futures un exemple de plus de civilisation tombée par la corruption et la théocratie.

CHAPITRE IV

LIGUE DE MANOU ET DES PRÊTRES, POUR CONFISQUER A LEUR PROFIT LA SOCIÉTÉ PRIMITIVE DES VEDAS. — CRÉATION DES CASTES.

Divide et impera.

Les Vedas créèrent par la révélation religieuse une époque de foi ardente qui, bien que le libre arbitre et la raison aient été en honneur chez les premiers peuples de l'Inde, dut merveilleusement préparer le terrain pour l'œuvre de la domination brahmanique ou autrement dit des prêtres; domination qui s'établit dans cette antique contrée à la suite de l'avénement de Christna, qui vint accomplir la parole de Dieu et racheter l'humanité des fautes commises par ses ancêtres.

Certes s'il fut au monde une société, une civilisation

fortement constituée, destinée à braver les siècles et à survivre aux invasions de toute nature, ce fut la société brahmanique, encore vivante aujourd'hui malgré la perte de son ancien prestige et de sa puissance politique.

Comme elle avait su façonner ses hommes pour l'obéissance et le respect, ne laissant à leur volonté, à leur initiative aucun acte de vie publique ou privée, réglementant même le droit de manger et de se vêtir, elle avait supprimé à jamais ces deux adversaires gênants de tout pouvoir despotique, la volonté et la liberté.

D'où sont donc venu ces brahmes qui parlaient la langue la plus belle, la plus perfectionnée qui soit au monde, qui ont creusé, retourné, fouillé en tout sens le problème de la vie, et n'ont rien laissé à innover aux chercheurs de l'antiquité et des temps modernes dans le domaine des sciences. morales, philosophiques et littéraires? D'où sont donc venus ces hommes qui, après avoir tout étudié et tout mis en doute, tout renversé et tout reconstruit, en étaient arrivés, en dernière analyse, à rapporter tout à Dieu avec la foi la plus vivace, et, conséquents avec leurs principes, à édifier une société théocratique qui n'a pas eu d'égale, et, depuis plus de cinq mille ans, résiste à toute innovation, à tout progrès, fière de ses institutions, de ses croyances, de son immobilité.

Nous allons voir qu'elle fut la source de toutes les sociétés anciennes qui la copièrent plus ou moins servilement ou plutôt qui conservèrent la tradition portée aux quatre coins du globe par les émigrations successives.

Suivant les uns, les brahmes furent des envahisseurs guerriers qui asservirent l'Inde sous leurs lois; suivant les autres, les brahmes furent les descendants, les successeurs du novateur Christna, qui profitèrent des grands souvenirs laissés par ce dernier dans le peuple pour confisquer à leur profit la tradition religieuse et asseoir leur puissance.

La seconde de ces opinions paraît être la plus véritable, la plus conforme à la logique des faits.

Si, en effet, la domination brahmanique eût été le résultat d'une invasion brutale, le pouvoir nouveau qui se serait fondé sans rejeter complétement l'influence religieuse eût été, sans aucun doute, plus féodal, et tout au moins les chefs des tribus envahissantes, en se faisant rois, n'eussent jamais consenti à se reléguer au second plan, et à n'être que les vassaux et les serviteurs de leurs prêtres.

Ce pouvoir sacerdotal n'a dû et n'a pu s'établir que grâce à la puissance habilement exploitée de l'idée religieuse sur les consciences; sans cela il n'eût été accepté ni par les chefs ni par le peuple qui ne devaient retirer aucun avantage de leur esclavage.

Les brahmes sentirent le besoin de donner une origine divine à la société qu'ils étaient parvenus à dominer; aussi, conservant pour eux la tradition primitive de l'Écriture sainte sur la Genèse et la création de l'homme, firent-ils jouer à Brahma un rôle à leur convenance qui devait pour toujours assurer leur supériorité.

Ils eurent par la suite des imitateurs constants, et depuis eux on peut dire, l'histoire des peuples à la main, que Dieu ne fut plus que l'instrument docile du prêtre.

Suivant eux :

Brahma de sa bouche produisit le Brahme, c'est-à-dire le prêtre ;

De son bras sortit le Tchatrias ou le roi ;

De sa cuisse naquit le Vaysias ou le marchand et le cultivateur ;

De son pied, enfin, il tira le Soudras, c'est-à-dire l'artisan, le serviteur, l'esclave des autres castes.

Aux Brahmes fut réservé l'enseignement des Vedas ou Écriture sainte, l'accomplissement des sacrifices et la surveillance des rois.

Le Tchatrias eut pour devoir de gouverner, suivant la

loi de Dieu, avec l'appui des prêtres, et de protéger le peuple.

Le Vaysias fut obligé de cultiver la terre, soigner les bestiaux, tisser les étoffes, fabriquer tous les objets nécessaires à la vie, pratiquer l'échange, faire le commerce et payer l'impôt.

Quant au Soudras, créé le dernier, il dut se résigner, ainsi que nous l'avons dit, à l'obéissance et au servage.

Chaque homme, et ce fut la règle inflexible, ne put ni pour services rendus, ni pour action d'éclat, ni pour tout autre motif sortir de la caste où il était né, et dès lors nulle ambition ne venant l'agiter, nul espoir d'une situation meilleure n'étant offert comme stimulant à son énergie, l'Indou, dont chaque pas, chaque mouvement, de la naissance à la mort, fut compté, réglementé par des habitudes et des lois, se plongea dans cette vie de rêve, de superstitions religieuses, de fanatisme et de matérialisme qui est encore celle qu'il mène aujourd'hui, et qui lui fait repousser tout changement comme un mal, tout progrès comme un crime.

Certes, les Brahmes se préparèrent ainsi une nation facile à gouverner, impuissante à secouer le joug, et sans force même pour se plaindre ; ils en obtinrent longtemps honneurs, dévouements, richesses et respect. Mais du jour aussi où les populations du Nord regardèrent d'un œil jaloux les splendeurs et les richesses de l'Indoustan, du jour où l'invasion mongole lança contre eux ses hordes rapides, en vain il essayèrent de se défendre, tous leurs efforts furent impuissants à galvaniser pour la lutte ce peuple dont ils avaient fait un troupeau d'esclaves, et qu'ils avaient atrophié pour assurer leur domination. Seuls les Tchatrias se firent tuer, mais sans pouvoir reculer l'heure fatale de la chute commune. Et les Brahmes, tout en implorant dans leurs pagodes un Dieu impuissant à les sauver, virent s'écrouler le prestige de leur nom et leur pouvoir politique, grâce aux précautions mêmes prises par eux pour les conserver.

Depuis, l'Inde a été la terre classique des invasions, et ses peuples se sont toujours soumis, sans murmure, au joug nouveau qui venait s'imposer, peut-être même n'assistaient-ils pas sans plaisir au renversement de ces hautes castes qui les avaient si longtemps dominés.

Parmi les écrivains anciens remontant à la civilisation des Vedas était Manou, le sublime et sacré législateur. Les peuples en avaient conservé le souvenir; il avait inscrit en tête de ses lois religieuses et politiques la responsabilité des actes, l'égalité de l'homme, le libre arbitre et la liberté; il était dangereux de le conserver tel quel, aussi les brahmes eurent-ils pour premier soin de falsifier cet ouvrage en le réduisant et l'adaptant à leurs nouvelles doctrines, en donnant le prétexte spécieux, à ceux qui auraient pu s'apercevoir de l'altération, que le livre original était réservé à l'étude des sages et des héros.

Nous lisons dans la préface d'un traité de législation de Nârada, préface écrite par un des adeptes, un des complaisants du pouvoir brahmanique : « Manou ayant écrit les lois de Brahma en cent mille slocas ou distiques qui comprenaient vingt-quatre livres et mille chapitres, donna l'ouvrage à Narada, le sage parmi les sages, qui l'abrégea pour l'usage du genre humain en douze mille vers, qu'il donna à un fils de Bhrigou nommé Soumati, lequel, pour la plus grande facilité de la race humaine, les réduisit à quatre mille. Les mortels ne lisent que le second abrégé, fait par Soumati, tandis que les dieux du ciel inférieur et les musiciens célestes étudient le code primitif. »

Il est clair, ajoute William Jones, que les lois de Manou telles que nous les possédons, et qui ne comprennent que deux mille six cent quatre-vingts slocas, ne peuvent être l'ouvrage attribué à Soumati, qui est probablement celui qu'on désigne sous le nom de Vriddha-Manava ou ancien Code de Manou, et qu'on n'a pu encore reconstituer en entier, bien que de nombreux passages de ce livre aient été conservés par la tradition et cités souvent par les commentateurs.

Ainsi les Brahmes abrégèrent Manou et en firent un soutien de leurs nouvelles doctrines. Ce qui leur importait surtout était que les castes ne pussent franchir la ligne de démarcation par eux tracée, pour former un peuple qui eût pu réclamer son indépendance. Dans ce but ils prohibèrent non-seulement les mariages entre les castes différentes, mais encore toutes les associations, toutes réunions, de quelque nature qu'elles fussent.

On ne put même prier, manger ou se divertir qu'avec les gens de sa propre condition, et cela sous peine de dégradation et de bannissement.

Manava-Dharma-Sastra, livre X, slocas 96 et 97 :

« Que l'homme de basse naissance qui vit en se livrant aux occupations des classes supérieures, soit à l'instant privé par le roi de tout ce qu'il possède et banni.

« Il vaut mieux s'acquitter de ses propres fonctions d'une manière défectueuse que de remplir parfaitement celles d'un autre, car celui qui vit en accomplissant les devoirs d'une autre caste perd sur-le-champ la sienne. »

Cette prohibition atteignit les Brahmes et les rois aussi rigoureusement que les gens de basse extraction. On conçoit qu'il y avait nécessité plus urgente encore à ce que le mauvais exemple ne pût venir d'en haut.

Manava-Dharma-Sastra, livre X, slocas 91 et suivants :

« Si le brahme se fait marchand de grains au lieu de les employer à préparer sa nourriture et à en faire des oblations, qu'il revienne lui et ses descendants dans le corps d'un ver immonde au milieu des excréments d'un chien.

« S'il vend du sel, de la chair ou de la laque, il encourt

la dégradation ; s'il vend du lait, il tombe immédiatement dans la caste des soudras.

« S'il vend d'autres marchandises moins dégradantes, au bout du septième jour il devient Vaysias.

« Le brahme devra plutôt mendier que de se livrer au moindre travail des mains et s'abaisser au niveau de l'artisan. »

Même ouvrage, sloca 102 et suivants :

« Le brahmane qui est tombé dans la misère doit recevoir de qui que ce soit ; car, d'après la loi, il ne peut pas advenir que la pureté parfaite soit souillée.

« En enseignant la sainte Écriture, en dirigeant des sacrifices, en recevant des présents dans des cas interdits, les brahmes ne commettent aucune faute; s'ils sont malheureux, ils sont aussi purs que l'eau ou le feu.

« Celui qui, se trouvant en danger de mourir de faim, reçoit de la nourriture de n'importe qui, n'est pas plus souillé par le péché que l'éther subtil par la boue.

« Adjigarta, étant affamé, fut sur le point de faire périr son fils Sounahsèpha ; cependant, il ne se rendit coupable d'aucun crime, car il cherchait un secours contre la famine. »

Le commentateur Collouca Batta dit que Adjigarta attacha son fils à un poteau pour l'offrir en holocauste au Seigneur, mais que ce dernier, satisfait de son obéissance, arrêta son bras. Nous reviendrons sur cette légende qui trouvera même sa place aux origines bibliques.

« Vamadèva, qui savait distinguer parfaitement le bien et le mal, ne fut nullement rendu impur pour avoir désiré, dans un moment où il était pressé par la faim, manger de la chair d'animaux immondes.

« Le rigide pénitent Bharadwadja, étant tourmenté par la faim, et seul dans une forêt déserte avec son fils, accepta plusieurs vaches de l'humble artisan Vridhou.

« Viswamitra, qui fut un aint personnage succombant

de besoin, se décida à manger la cuisse d'un chien qu'il avait reçue d'un fossoyeur. »

On peut voir, d'après ces passages, si l'interdiction de tout travail, qui les eût fait déroger et perdre de leur prestige aux yeux de la foule, fut sévèrement formulé pour les brahmes.

Il en fut de même pour les rois et toutes les autres castes; rien ne fut égalé comme crime à la tentative de changer de situation, punie en ce monde par la dégradation et l'infamie, et dans l'autre par la migration des âmes souillées de ce forfait dans le corps des animaux les plus immondes.

A partir de ce moment, la brillante civilisation de l'Inde s'arrête, l'ignorance s'empare des masses qui, oublieuses de leur passé glorieux, ne songeant qu'à la satisfaction de leur sens, se plongèrent dans la corruption la plus éhontée, corruption favorisée par les prêtres au profit de leur influence.

Et seuls les Brahmes gardèrent par devers eux les antiques traditions philosophiques, religieuses et morales qui devinrent un sujet d'études privilégié pour cette caste, et un moyen de conserver les rois sous leur domination, par le double prestige du respect religieux et de la science.

Au culte religieux simple et pur de la révélation primitive et des Vedas, ils substituèrent peu à peu pour la foule l'adoration de personnages nombreux qui, sous le nom de devas ou anges et saints, étaient regardés les uns comme les agents immédiats entre Dieu et ses créatures, les autres comme des Brahmes qui, après avoir vécu sur la terre dans la pratique de toutes les vertus, étaient allés s'absorber dans le sein de la divinité.

Brahma, la pure essence divine, n'eut bientôt plus d'autels, et les prières des mortels durent, pour parvenir à lui, s'adresser à ces êtres inférieurs dont les images peuplèrent les pagodes et les temples, et que Boudha vint essayer de renverser plus tard par une réforme qui n'est pas sans analogie avec celle tentée par Luther au moyen âge.

Ce fut le coup le plus terrible porté à l'ancienne société indoue, la dernière main mise à cette œuvre de décadence et de décrépitude dont nous aurons bientôt l'occasion d'étudier les effets.

Le prêtre se renferma dans le dogme et le mystère, se prétendit le seul gardien, le seul dispensateur de la vérité en matière morale et religieuse, et, appelant à son aide les lois civiles qui se mirent servilement à sa disposition, bannit la libre pensée et la raison, courba toute volonté, toute liberté sous la foi, et imagina, enfin, ce fameux adage qui depuis a su faire un assez beau chemin : « Qu'il n'y avait rien de plus agréable à Dieu que de croire sans comprendre ; que de s'incliner sans savoir ; que d'apporter sur le parvis de ses temples une intelligence privée de ce qui constitue l'intelligence, c'est-à-dire l'examen et la croyance raisonnée. »

Nous allons voir bientôt l'Égypte, la Judée, la Grèce, Rome, toute l'antiquité, enfin, copier la société brahmanique dans ses castes, ses théories, ses opinions religieuses, et adopter ses Brahmes, ses prêtres, ses lévites comme elles avaient déjà adopté le langage, la législation et la philosophie de l'ancienne société des Vedas d'où leurs ancêtres étaient partis pour aller semer dans le monde toutes les grandes idées de la primitive révélation.

CHAPITRE V

D'OU VIENT LE PARIA, CE BOUC ÉMISSAIRE DE L'ORIENT

L'Inde ancienne, tout en reconnaissant le droit de la société à punir un de ses membres, pour les fautes et les crimes commis contre elle, n'eut pas sur ce droit les mêmes notions que les peuples modernes, ni le même mode d'application.

Pour les législateurs brahmaniques. certaines facultés, essentielles à la nature intellectuelle et physique de l'homme, ne peuvent être atteintes par ce droit sans attenter à l'œuvre divine, et ils subordonnèrent à ces idées, qui ne seront peut-être pas étudiées sans intérêt par le penseur et le philosophe, toute répression par la pénalité.

Ainsi, ils n'admirent jamais que l'homme pût être privé de sa liberté corporelle, au même titre qu'il ne pouvait être privé de sa liberté morale, c'est-à-dire de la faculté de penser.

De là naquit un système pénal qui, tout en ayant eu lui aussi son influence sur l'antiquité, ne fut pas adopté dans la même mesure par toutes les nations de cette époque, et a complétement disparu des codes modernes.

Les peines appliquées par l'ancien droit indou postérieur à celui des Vedas sont :

1° La mort;
2° Le rejet d'une caste supérieure dans une caste inférieure;
3° Le rejet complet de toute caste ;
4° La bastonnade et les tortures;
5° Les purifications et les sacrifices
6° L'amende.

La prison fut complétement inconnue de ces législateurs primitifs, et, presque conséquents avec leur principe : que la main de l'homme devait s'arrêter là où commençait l'œuvre de Dieu, ils ne reconnurent la légitimité de la peine de mort que dans des cas excessivement restreints, et presque seulement pour des crimes touchant à l'essence même de leurs institutions politiques.

Étaient punis par le rejet complet de toute caste :

Le meurtre d'un brahme ou d'un tchatrias.

L'adultère commis avec la femme de son père ou de son directeur spirituel.

Étaient punis par le rejet d'une caste supérieure dans une caste inférieure :

L'abus des liqueurs fortes.

Les accusations mensongères.

Les faux témoignages, l'oubli de la sainte Écriture et le dédain des Vedas.

L'enlèvement d'un dépôt.

L'adultère.

L'ingratitude envers ses professeurs.

L'abandon de ses enfants, de ses parents, de ses amis dans le malheur.

L'usure, la vente de la propriété d'autrui.

L'action de vivre du métier honteux d'une femme.

Les vols de grains, de bestiaux, de métaux précieux.

Le meurtre des animaux en dehors de l'état de légitime défense.

L'action de recevoir des présents et de faire commerce de la justice.

L'acte d'abattre un arbre que la séve n'a pas abandonné et les moissons en vert.

La destruction des plantes médicinales.

L'action d'exiger un payement pour l'administration des sacrements et l'enseignement de la sainte Écriture.

La vente d'une femme ou d'un enfant.

Le commerce avec une femme d'une classe inférieure.

Le commerce avec une femme de sa caste, mais de mœurs dissolues.

L'oubli du vœu de chasteté par le prêtre qui l'a prononcé.

Le meurtre par mégarde d'un individu de la même caste que la sienne.

La castration d'un bœuf ou d'une vache.

L'insulte faite à un dwidja (prêtre sacrificateur qui a reçu tous les sacrements).

Étaient punis par le rejet partiel de toute caste :

La calomnie contre les brahmes et les tchatrias.

Le meurtre de tout individu d'une caste supérieure, d'un ami et d'une femme.

Le vol du trésor des brahmes.

Tout commerce charnel avec des sœurs de père ou de mère, avec les femmes de la classe mêlée (parias).

Avec les épouses d'un ami, d'un parent ou d'un fils.

L'action d'hommes de basses castes d'officier dans des sacrifices.

Le viol et toutes souillures faites à une vierge.

Toute sollicitation ayant pour but d'amener une nourrice à enfreindre son vœu de chasteté.

La vente d'une propriété, de vases, de meubles, de fruits ou tout autre chose consacrée aux temples.

La vente de substances pouvant causer la mort.

L'action d'éteindre méchamment le feu consacré qui doit brûler sans relâche dans le sanctuaire des pagodes.

Le meurtre involontaire d'un tchatrias.

L'action d'un homme d'une caste supérieure qui se met au service d'un soudras.

L'union charnelle de deux individus du même sexe.

L'abus d'un mandat donné avec confiance

Le refus d'aliments et de secours à son père, à sa mère, à ses frères et à ses sœurs dans le besoin.

L'avortement et toute excitation à l'avortement.

L'ivresse du brahme.

L'union charnelle avec les animaux.

Les attouchements impurs sur la personne des enfants.

Le meurtre prémédité, et dans un but de nuire, des animaux utiles, tels que l'âne, le cheval, le chameau, l'éléphant, le bouc, le bufle et le bélier.

La négation de la Divinité, de la vie future, des récompenses et des châtiments que les bonnes œuvres ou les fautes doivent mériter à l'homme après sa mort.

L'acte d'induire le roi en erreur et de lui faire commettre des injustices à l'aide de faux rapports.

Le trouble apporté aux sacrifices accomplis par les pieux ermites.

L'acte de jeter des choses impures dans le beurre clarifié, l'huile sainte et l'eau sur laquelle le brahme a répandu ses prières et qui sert à ondoyer les nouveau-nés.

La bastonnade et les tortures étaient appliquées aux auteurs des différents crimes et des fautes que nous venons d'énumérer, lorsque le rejet partiel ou complet de toute caste ne paraissait pas être un moyen suffisamment expiatoire, en raison des circonstances aggravantes qui pouvaient se rencontrer dans la cause.

Les mêmes motifs décidaient également de l'application de l'amende.

Les purifications et les sacrifices ne s'appliquaient qu'aux fautes légères et qui surtout revêtaient un caractère particulièrement religieux, telles que :

Se nourrir d'aliments impurs et défendus.

Ne pas se conformer au jeûne et à l'abstinence aux époques prescrites.

La cohabitation avec sa femme, pendant certains jours de chaque mois.

L'action d'offrir un repas à un homme dégradé.

L'oubli de la prière du soir et du matin, et des oblations qui doivent l'accompagner.

L'acte de ne pas faire un sacrifice commémoratif chaque année pour l'anniversaire de la mort de son père ou de sa mère.

La lecture de livres obscènes ou injurieux pour les brahmes.

Les postures contraires aux mœurs, prises en public ou devant des enfants.

Tout oubli, enfin, léger ou grave, de sa dignité, de celle des autres et de ses devoirs religieux.

Le plus terrible de tous ces châtiments était le rejet complet de toute caste. La mort et les tortures les plus affreuses lui étaient préférées.

La privation de la caste, c'était la perte de ses richesses, de sa famille, de ses amis, de tous ses droits civils et politiques, non-seulement dans sa propre personne, mais encore dans celle de tous ses descendants nés postérieurement à la condamnation.

Écoutez Manou leur lançant l'anathème :

« Ces hommes marqués de signes flétrissants doivent être abandonnés par leurs parents paternels et maternels, et ne méritent ni compassion, ni égards.

« On ne doit ni manger avec eux, ni sacrifier avec eux, ni étudier avec eux, ni s'allier par le mariage avec eux ; qu'ils errent sur la terre dans un état misérable, exclus de tous les devoirs sociaux. »

Ce rejet de la caste était ou politique ou religieux, et

pouvait être prononcé par le prince ou ses mandataires rendant la justice et appliquant la loi civile, ou par le prêtre, juge religieux et prononçant ses sentences sous le portique des pagodes et des temples, en présence du peuple assemblé.

Et de même que le coupable venait avouer ses crimes devant les tribunaux civils, il devait se présenter au tribunal religieux et faire à haute voix l'aveu de ses fautes et de ses péchés, pour mettre le prêtre à même de proportionner la punition à l'acte commis.

Souvenons-nous de ce passage pour le retrouver plus tard.

C'est de ce système pénal, de ce rejet complet de toute caste, qu'est né cet être malheureux et à jamais flétri qu'on appelle le paria, et qui continue encore aujourd'hui à être, pour tous les Indous de caste, un objet d'insurmontable dégoût, réprobation que les esprits même les plus éclairés parmi eux ne peuvent vaincre.

Et pour que cette flétrissure fût indélébile, pour que celui qu'elle atteignait ne pût s'y soustraire en allant cacher sa honte dans une contrée lointaine, le coupable était marqué au fer rouge, soit *sur le front*, soit *sur l'épaule*, suivant les crimes qu'il avait commis.

L'*eau*, le *feu* et le *riz* devaient lui être refusés par tout homme de caste, sous peine de dégradation.

Et c'est ainsi que se forma, dans la nation même, une autre nation réputée impure, et placée par le législateur au-dessous de la bête la plus immonde.

Il faudra des siècles peut-être pour détruire ce préjugé, qui, malgré la disparition de l'ancien droit civil et religieux, n'a encore rien perdu, nous venons de le dire, de sa force parmi les populations.

Dans les grandes villes de l'Inde, sous l'œil de l'Européen, qui individuellement se plaît à le protéger et à réparer l'oubli ou l'impuissance de la loi qui n'a pas encore osé adoucir sa situation, employé du reste comme homme de peine dans beaucoup d'industries, le paria doit se sentir moins misérable ; aujourd'hui, sa vie même sera à peu près tranquille, pourvu qu'il ne sorte point de son quartier pour aller se mêler aux fêtes et aux réjouissances indoues. Mais dans es campagnes sa situation est toujours intolérable et digne de pitié.

S'il aperçoit un prêtre se diriger vers lui, qu'il sorte en toute hâte du chemin et s'en aille à dix pas de là se jeter, en signe d'humiliation, dans la poussière, sans cela les serviteurs du brahme le feraient mourir sous le bâton.

Si c'est un homme de caste qu'il rencontre, il est forcé de s'agenouiller, sans lever la tête ni le regard, jusqu'à ce qu'il soit dépassé.

S'il n'a ni feu ni aliments, qu'il en cherche ou en dérobe ; aucune case indoue ne s'ouvrira devant lui, aucune main ne voudra lui tendre du riz ou un tison du foyer.

J'ai vu de ces malheureux que la misère et la faim avaient rendu idiots, pâles squelettes se soutenant à peine, suivre, le soir à la brune, les bords des ruisseaux ou des sentiers déserts, dans l'espérance de rencontrer quelque animal mort... ignoble nourriture, qu'ils étaient encore obligés de disputer aux chakals et aux oiseaux de proie...

Chose étonnante, le paria est tellement persuadé lui-même qu'il est un être inférieur et dégradé qu'il n'a jamais cherché, à aucune époque, à se soustraire à son état par le travail et la richesse ; il est certain que, par ce moyen et avec le temps, il eût peut-être pu avoir raison de la réprobation qui le frappe, car l'or est dans l'Inde un dieu souverain, adoré avec autant de ferveur au moins qu'en Europe. Rien n'eût été cependant plus facile au paria que de tenter l'événement, par le commerce avec ses propres frères.

Beaucoup tiennent de petites boutiques en plein vent, où ils débitent, aux parias seulement, cela va sans dire, les menues choses nécessaires à leur existence : le bois, le coco, l'huile, le riz et les menus grains du carry ; quelque modeste qu'il soit, ce commerce pourrait être exploité et s'étendre : avec du savoir-faire et de l'économie, le panier de riz deviendrait sac, la jarre d'huile un tonneau, la petite échoppe en bambou un magasin, etc... Il y aurait là très-sûrement les bases d'une révolution sociale au profit de ces malheureux, qu'il sera de longtemps impossible de tenter par d'autres moyens.

Mais le paria ne trouvera jamais en lui-même l'énergie nécessaire pour engager une pareille lutte, qui, du reste, ne ferait que préparer une moisson bien éloignée, et dont il ne pourrait profiter que dans la personne de ses descendants.

L'unique préoccupation de ce pauvre abruti, sa règle invariable, est d'écouler immédiatement ses menues marchandises.

Dès qu'il est parvenu à mettre de côté la somme qui lui est nécessaire pour vivre pendant plusieurs mois à ne rien faire, libre et joyeux il s'en va dormir au soleil le long des routes, sous l'ombrage des cocotiers, ne s'interrompant que pour renouveler de temps en temps le betel qu'il chique avec volupté, ou manger un peu de riz bouilli sur une feuille de bananier.

Quand il ne lui restera plus qu'une faible somme, il achètera de nouveau quelques petites provisions qu'il débitera, comme avant, au coin d'une rue ou sur une borne du marché, jusqu'à ce que sonne de nouveau pour lui l'heure du repos.

Traités comme le furent les Hébreux sur la terre d'Égypte et au moyen âge, les parias n'ont pas eu de Moïse pour les soulever et les conduire à la liberté sous des cieux plus cléments, et ils ne sauront jamais devenir, par le commerce et l'industrie, les juifs de l'Inde.

Tel fut ce système effrayant de pénalité, à l'aide duquel les brahmes surent retenir les castes dans le sillon qui était tracé à chacune. et leur imposer à toutes, par la peur de la déchéance, le respect de leur despotique autorité.

Nous allons voir ce que cette organisation légua à son tour aux différents peuples de l'antiquité, et quelle influence désastreuse eurent, pour l'Égypte, la Judée, et même pour la Grèce et pour Rome, ces divisions de caste, cette répression par la dégradation morale et indélébile du coupable et de sa descendance, cette prédominance constante enfin sur les peuples et les institutions de la haute Asie, du prêtre égoïste et dominateur, de cet exploiteur habile de l'idée religieuse, par l'obscurité, les prophéties, le miracle et le mensonge.

Divide, corrumpe et impera!

Vieille devise, que les prêtres de Brahma transmirent aux prêtres de Memphis et d'Éleusis, aux lévites et aux aruspices, et que nous sommes peut-être menacés de voir se relever triomphante sur la tête des nations modernes. pour les pousser vers la décadence et la décrépitude, si nous ne savons engager une lutte suprême et la faire rayer du livre de l'avenir par la main de la Liberté.

CHAPITRE VI

MANÈS ET LES PRÊTRES. — LEUR INFLUENCE SUR L'ÉGYPTE

L'Égypte, par sa position géographique, a dû être nécessairement une des premières contrées colonisées par les émigrations de l'Inde, unè des premières qui reçut l'influence de cette antique civilisation dont les rayons sont parvenus jusqu'à nous.

Cette vérité devient plus frappante encore lorsqu'on étudie les institutions de ce pays, tellement calquées sur celles de la haute Asie, qu'il est impossible à une autre opinion de se produire, et que les préventions les plus fortes doivent céder devant l'ensemble imposant de preuves que l'on peut présenter sur cette matière.

Je ne pourrai certes les donner toutes dans le cadre restreint que je me suis imposé, aussi bien on a déjà pu voir que, m'en tenant aux principes généraux, chaque chapitre de cet ouvrage deviendrait facilement un volume, si tous les sujets qu'il traite, toutes les questions qu'il soulève, étaient traités avec tous les développements qu'ils pourraient comporter.

Ce que je veux m'attacher surtout à démontrer, c'est la similitude des institutions civiles et politiques de tous les peuples de l'antiquité, l'unité d'initiation avec l'Inde pour initiatrice, comme je démontrerai plus tard, l'unité de la révélation religieuse avec l'Inde pour point de départ.

Que fut le gouvernement de l'Égypte, en nous reportant aux époques les plus reculées? Identiquement la copie de celui de l'Inde, sous l'inspiration du même législateur, Manou ou Manès, dont les lois avaient été conservées par la tradition émigrante, et servirent à fonder sur le sol nouveau une société semblable à celle de la mère-patrie.

Ce nom de Manou ou Manès, nous l'avons déjà dit, n'est pas un substantif s'appliquant à un homme déterminé ; sa signification sanscrite est : *l'homme par excellence*, le législateur. C'est un titre ambitionné par tous les pasteurs d'hommes de l'antiquité, qui leur a été décerné en récompense de leurs services, ou qu'eux-mêmes ont tenu à honneur de s'attribuer.

Aussi, comme nous l'avons vu, le premier Manou, celui de l'Inde, exerce-t-il sur les législations antiques la même influence que le Digeste de Justinien sur les lois modernes.

Sous la direction de ce législateur, l'Égypte fut tout naturellement théocratique et sacerdotale ; elle eut, comme l'Inde, un culte et une hiérarchie imposés avec la même sévérité, dans un même but de domination.

Au premier rang se trouve le prêtre, protecteur et gardien de toute vérité civile et religieuse, dominateur des rois et des peuples, émanation de Dieu, oint du Seigneur. irresponsable dans ses actes, au-dessus enfin de toutes les lois, comme il était au-dessus de tous les hommes.

Après lui vient le roi, que le prêtre veut bien laisser régner, à condition qu'il ne gouvernera que par ses inspirations et ses conseils.

Puis au-dessous nous trouvons, de même encore que dans l'Inde, le commerçant, chargé d'accroître la fortune des deux premières castes, de payer son luxe, ses caprices, ses débauches ; et enfin l'artisan, ou travailleur, qui doit fournir des ouvriers, des domestiques, des esclaves...

Les prêtres se réservèrent la connaissance exclusive des sciences ; c'est par les phénomènes physiques qu'eux seuls comprenaient qu'il leur était possible d'agir sur l'esprit des rois et de la foule. Ils gardèrent pour eux également les sublimes notions sur Dieu et la Trinité, l'œuvre de la création et l'immortalité de l'âme, laissant la plèbe adorer des monstres, des statues, des images, et comme dans l'Inde encore, comme dans l'Inde toujours, le bœuf, qui, on le sait, fut aussi en Égypte un animal sacré.

J'ai vu, dans l'Inde, les brahmes rire sous cape, quand un pieux et modeste Indou venait s'agenouiller devant le bœuf de la pagode pour lui offrir du riz et des fruits.

Combien ces prêtres de Thèbes et de Memphis devaient, dans les profondeurs de leurs sombres et immenses temples qui étaient aussi leurs palais, sourire de pitié et de dégoût quand il leur fallait s'arracher à leurs hautes études ou à leurs plaisirs, pour promener, en grande pompe et pour la plus grande joie d'un peuple abruti, ce bœuf Apis, qu'ils avaient créé dieu dans l'orgueil de leur force et de leur mépris pour la nation servile qu'ils dominaient!

Et quel immense sujet de plaisanteries devait leur fournir la mort de ce bœuf, qu'ils étaient obligés de remplacer pour que le dogme de son immortalité ne souffrît aucune atteinte!

Comme ils conservèrent précieusement pendant des siècles le dépôt de leurs connaissances, source de tout leur prestige, et par quels serments terribles ils liaient à eux celui qu'ils consentaient à initier!

Comme dans la société brahmanique, les prêtres égyptiens édictèrent l'impossibilité de s'élever au-dessus de la classe où chacun, par sa naissance, se trouvait placé, frappant ainsi leurs institutions d'un cachet identique d'inertie et d'immobilité.

Le système pénal fut le même, et la répression s'exerça par la dégradation, c'est-à-dire le rejet partiel et complet de la caste.

De là naquit également une race de déclassés et de parias, dont nous nous occuperons dans un chapitre spécial, car notre opinion, forcée par la logique des faits, est que de cette race de parias et de déclassés naquirent les Hébreux, régénérés par Manses, Moses ou Moïse.

Cependant les prêtres égyptiens ne rencontrèrent pas une race de rois aussi souple, aussi malléable que celle des Tchatrias, qui ne tentèrent jamais de se soulever contre l'autorité des brahmes.

Soit que les desservants d'Osiris aient fini par devenir trop exigeants, soit que les Pharaons aient rêvé une indépendance qui devait flatter leur ambition, soit encore que la main du temps voulût s'attaquer à ces institutions vieillies, léguées par le brahmanisme, pour en édifier de plus jeunes; après quelques siècles de ce sommeil dont l'Inde n'a pas encore vu sonner le réveil, l'Égypte se trouva bouleversée par la lutte des prêtres et des rois, qui, appelant à eux leurs partisans, se disputèrent à la pointe de la lance et du sabre un pouvoir qui ne fut plus que l'apanage du plus fort, et pendant de longues années le peuple vit à sa tête se succéder, au gré du hasard et des champs de bataille, des dynasties tantôt guerrières, tantôt sacerdotales.

C'est à cela, on n'en saurait douter, qu'il faut attribuer la disparition de l'ancienne civilisation égyptienne de la scène du monde. Le gouvernement théocratique n'avait su faire, comme dans l'Inde, que des esclaves, et de si profondes racines avaient été jetées par toutes les divisions de castes, qu'après le triomphe définitif des rois, ces derniers ne surent pas rompre avec les traditions étroites du passé, et régénérer leurs peuples pour s'appuyer sur eux. Ils devinrent, comme Sésostris, des envahisseurs nomades, portèrent le fer et le feu sur le territoire de leurs voisins, mais ne surent rien fonder, car le pouvoir despotique d'un seul sera toujours impuissant à marcher au progrès, lorsque chaque homme de la nation sera réduit à l'état de rouage au lieu de constituer une individualité.

Vous édifierez des blocs de pierre, étonnement des siècles futurs, vous creuserez des lacs, détournerez d'immenses cours d'eau, vous édifierez de gigantesques palais, vous traînerez, à l'arrière de votre char de triomphe, cent mille esclaves conquis à la guerre, l'histoire servile vous tressera des couronnes; les brahmes, les lévites et les prêtres, que vous aurez gorgés d'honneurs et de richesses, chanteront vos louanges, vous présenteront aux peuples prosternés comme un envoyé de Dieu qui accomplit sa mission; mais pour le penseur et le philosophe, pour l'histoire de l'humanité, et non celle des dominateurs, vous n'aurez été qu'une pierre d'achoppement de plus, à ce travail de progrès par la concorde et la liberté, qui est le but donné par Dieu, et que chaque nation doit s'efforcer d'atteindre. Vous n'aurez été qu'un fait brutal, venant faire mieux comprendre la faiblesse de la nature humaine, et comment les nations tombent dans la décadence.

C'est ainsi que, sous la main des prêtres et des rois, l'Égypte ancienne s'achemina pas à pas vers la ruine et l'oubli après la chute de son gouvernement théocratique; n'y étant point préparée et n'ayant rien à mettre à la place, elle n'avait plus qu'à mourir.

Ainsi, en mettant face à face ces deux antiques contrées pour en faire le parallèle, l'Inde et l'Égypte, nous voyons le même gouvernement, les mêmes divisions de castes, les mêmes institutions produire un résultat identique, et interdire à ces peuples tout rôle dans l'histoire de l'avenir.

En présence de pareils rapprochements, nul ne viendra, je crois, contester à l'Égypte une origine purement indoue, à moins d'admettre que le hasard ait fait éclore dans ce pays une civilisation calquée sur celle de l'extrême Orient ou, ce qui serait plus absurde, que ce soit l'Égypte qui ait colonisé l'Inde, et Manou qui ait copié Manès.

Je conçois qu'une pareille opinion puisse germer dans l'esprit de gens intéressés à nier, ou ne connaissant pas l'Inde; je me bornerai à leur répondre: Vous n'avez à votre service qu'une affirmation, et cette phrase banale que j'ai déjà entendu prononcer : « Et qui vous dit que ce n'est pas l'Inde qui a copié l'Égypte ? » et vous demandez que cette affirmation soit combattue à l'aide de preuves, ne pouvant laisser place à l'ombre d'un doute.

Pour être alors complétement logique, enlevez à l'Inde le sanscrit, cette langue qui a formé toutes les autres, mais montrez-moi une feuille de papyrus, une inscription de colonne, un bas-relief de temple qui vienne me prouver qu'elle a pris naissance en Égypte.

Enlevez à l'Inde tous ses monuments de littérature, de législation et de philosophie, qui sont là encore debout, conservés dans la langue primitive et défiant les âges et la main des profanes, mais montrez-moi quelles furent leurs sources en Égypte.

Détruisez, je le veux bien, ce grand courant d'émigration par l'Himalaya, la Perse, l'Asie Mineure et l'Arabie, dont la science a retrouvé les traces. Mais montrez-moi l'Égypte colonisatrice, faisant rayonner ses fils sur le globe. Quelle langue, quelles institutions a-t-elle légué au monde que nous puissions retrouver aujourd'hui ?

Est-ce que l'on ne voit pas que l'Égypte de Manès, l'Égypte sacerdotale n'eut des institutions identiques à celles de l'Inde que dans les premiers âges ; qu'oubliant peu à peu la tradition qu'elle avait reçue, elle secoua par ses rois la domination des prêtres, et qu'à partir de Psaméticus elle renversa l'idée théocratique pure pour lui substituer l'idée monarchique, qui désormais allait dominer les civilisations nouvelles ? Ne savons-nous pas que les divisions de castes furent abolies sous les Ptolémées ?

Le mérite de l'Égypte est là tout entier, mais ce serait errer que de lui en prêter d'autres. La première dans l'antiquité elle eut la force de renverser ce gouvernement du prêtre qui avait pris naissance dans l'extrême Orient sans pouvoir toutefois éviter la chute, que l'influence délétère et corrompue de ce dernier lui avait préparée.

Au surplus, si nous pouvions nous laisser aller à creuser ce sujet dans ses détails, si nous ne trouvions point que ces grandes similitudes dans les principes, qui sont la base de l'existence des nations, sont suffisantes pour étayer la thèse que nous soutenons, nous prouverions avec la plus grande facilité que l'unité de Dieu, admise par les prêtres de Memphis, que Knef, Fta et Frè, qui sont les trois dieux demiurges, les trois créateurs par excellence, les trois personnes de la trinité dans la théologie égyptienne, sont de symboliques importations indoues ; que les croyances aux animaux, à l'ibis ou au bœuf, par exemple, sont des superstitions venues de l'Inde par une tradition dont il est facile de suivre la marche. Que la matière ou limon primitif appelée Bouto par les initiés et représentée sous la forme fécondante d'un œuf, n'est qu'un souvenir des Vedas et de Manou, qui comparent le germe de toutes choses à « un œuf brillant comme de l'or. »

Qu'il nous suffise d'avoir indiqué ces grands points de contact qui, pour nous, expliquent l'Égypte ancienne par l'Inde et l'influence brahmanique, et soulèvent logiquement, dans la mesure du possible, un coin de ce voile obscur qui couvre le berceau de tous les peuples.

CHAPITRE VII

MINOS ET LA GRÈCE

La preuve la plus irréfutable de l'influence de l'Inde sur la Grèce est dans ce fait, sur lequel nous nous sommes déjà fort longuement étendu, que le sanscrit a formé la langue de ce pays.

En effet, tous les noms des époques fabuleuses et héroïques des dieux et des demi-dieux, tous les noms des peuples que la Grèce nous a transmis sont du sanscrit presque pur ; on peut dire également que la plupart des mots qui composent cette langue et sa syntaxe ont la même origine, et cela sans craindre le plus léger démenti, et, si les discussions pouvaient se produire sur ce terrain, il nous serait facile de démontrer que cette assertion est simplement une vérité mathématique qui, comme telle, peut vigoureusement s'affirmer et se prouver. Aussi ne consacrerons-nous que quelques lignes au législateur crétois, dont l'œuvre écrite, du reste, ne nous est pas parvenue.

Minos a une origine incontestablement asiatique; l'histoire grecque le fait venir de l'Orient en Crète, où le peuple, frappé de sa sagesse, lui demanda des lois. Il se mit alors à voyager en Égypte, dont il étudia les institutions; l'Asie, la Perse et les rives de l'Indus le virent à leur tour interroger les traditions et les législations antiques, puis il revint donner aux Crétois son livre de la loi, qui, peu après, fut adopté par la Grèce entière.

Ce fut probablement à la suite de ses voyages qu'il reçut

le nom de Minos, dont, ainsi que nous l'avons dit, la racine sanscrite signifie : législateur, et on conçoit qu'en présence de ses pérégrinations en Égypte et en Asie, en présence de son origine orientale, nous nous trouvions à l'aise pour le rapprocher de Manou et de Manès, et émettre l'opinion, attestée par les faits, puisqu'il est remonté aux sources primitives pour s'instruire, qu'il s'est inspiré des œuvres des législateurs indous et égyptiens, et qu'il a tenu à honneur de s'approprier le titre honorifique que la reconnaissance des peuples avait décerné à ses deux devanciers.

Nous ne saurions trop répéter que ces mots de Manou, Manès, Minos et Mosès ne sont point des substantifs propres, mais bien des titres qualificatifs portés par les législateurs antiques, de même que les rois de l'Inde portaient le titre de Tchatrias ou Xchatrias, ceux de Perse celui de Xercès, ceux d'Égypte celui de Pharaon.

Donc, nous contentant des preuves déjà données dans le premier chapitre de cet ouvrage, nous ne rechercherons pas si les fêtes grecques, les pythonisses et les mystères d'Éleusis, si habilement exploités par les prêtres, ne se rattachent pas, comme cela est notre ferme croyance, aux fêtes, aux devadassis et aux mystères du brahmanisme; aussi bien la Grèce, qui subit à un si haut degré l'influence de la langue, de la philosophie et de la littérature indoue, se dégageant rapidement de son origine fabuleuse, eut vite fait de rire de son Olympe, des dieux débauchés d'une tradition superstitieuse, et, ainsi que nous l'avons vu, de marcher d'un pas ferme dans la voie que les Sostras lui avaient ouverte, à la conquête de l'indépendance de la pensée.

Si Rome ne fût venue, avec son invasion brutale, sécher la force et la vie de cette admirable contrée, il y a longtemps que tous les problèmes de progrès et de liberté, pour lesquels l'Europe n'a pas encore fini de s'agiter et de faire des révolutions, eussent été résolus par les fils de l'Hellade, par ces descendants de la libre et primitive société indoue.

Quoique les prêtres et la famille des Eumolpides chargés du culte de Cérès, qui furent vraisemblement une caste de lévites, eussent aussi joui en Grèce d'une grande influence, surtout dans la période ancienne, il n'apparaît pas qu'ils fussent jamais parvenus à confisquer à leur profit le gouvernement de la nation, et c'est à cela surtout qu'il faut attribuer le développement considérable de l'esprit humain sur cette petite terre, qui était parvenue à établir chez elle le règne de la démocratie et de la liberté à une époque où tous les despotismes politiques et religieux se donnaient la main pour asservir le monde.

Nous savons, en effet, qu'à partir de la chute d'Hippias jusqu'aux conquêtes macédoniennes et romaines, Athènes donne aux nations modernes l'exemple d'un gouvernement populaire, dans lequel la liberté sut faire éclore toutes les gloires splendides de la littérature, de la philosophie et des arts.

Le citoyen nommait par le suffrage universel ses archontes, ses magistrats, ses fonctionnaires; le droit de paix et de guerre, le pouvoir législatif, la discussion de tous les grands intérêts de la république appartenaient aux assemblées générales du peuple, auxquelles tout homme libre devait apporter, sous peine de déchéance de ses droits, l'aide de sa parole et de son vote.

Ce fut la première apparition de l'idée nationale dans le monde substituée à cette servile obéissance aux caprices d'un maître qui jusqu'alors avait dominé les sociétés.

L'Inde râle et meurt sous le prêtre; l'Égypte, héritière de cette tradition, finit par renverser la théocratie pour se jeter dans les bras des rois, et la Grèce, se souvenant de l'Orient et des dominations sacerdotales qu'elle avait fuis pour s'épanouir sur une terre plus libre, ajoute un progrès de plus, et, remplaçant l'esclave par le citoyen, fonde le gouvernement de la nation par la nation.

C'est de là qu'est né l'esprit moderne.

Ainsi, ces premières émigrations indoues par le sud, après avoir subi longtemps l'influence de la révélation et du prêtre, étaient parvenues peu à peu à les renverser et à entrevoir le progrès par l'indépendance et la raison.

Pourquoi faut-il que le second courant d'émigration par l'Himalaya et les plateaux du nord, qui amena en Europe les tribus scandinaves, germaniques et slaves, sans doute arrêté par l'aridité de la terre et les rigueurs d'un climat nouveau, n'ait pu arriver aussi rapidement à la civilisation que les nations du midi, et se soit un beau jour précipité sur elles pour les détruire?

Sauvages enfants des forêts, adorateurs d'Odin et de Skanda, ces peuples avaient gardé le souvenir légendaire de leur origine ; leurs chants et leurs poésies, pleins des traditions orientales, leur disaient qu'ils retrouveraient leur ciel sans nuages et leur berceau ; et, à la recherche d'Asgard, la ville du soleil, ils rencontrèrent... Rome, et le monde ancien disparut.

Et le monde nouveau sommeilla pendant plus de quinze siècles sous une domination ni moins sacerdotale ni moins tyrannique que celle de l'antiquité, avant de retrouver les grands souvenirs, les grandes vérités sociales et politiques légués par la Grèce.

CHAPITRE VIII

ZOROASTRE ET LA PERSE

Le nom du novateur qui vint jouer en Perse le rôle d'un envoyé céleste est en persan Zerdust, en zend Zertochtro, en pehlvi Zaradot. Ces différentes expressions ne sont que des variétés du nom primitif, qui est en sanscrit Zuryastara (qui reprend le culte du soleil), d'où est venu ce nom de Zoroastre, qui n'est, lui aussi, qu'un titre décerné à un législateur politique et religieux.

Ainsi que son origine sanscrite l'indique suffisamment, suivant même les indications de l'histoire, Zoroastre est né dans la haute Asie, c'est-à-dire dans l'Inde. Après avoir passé la plus grande partie de sa vie dans l'étude de la religion et des lois de ce pays, avec les brahmes qui l'avaient initié, étant sans doute de la même caste qu'eux, ses voyages le conduisirent en Perse où, rencontrant les pratiques les plus superstitieuses, il entreprit de les réformer et de doter ce pays d'une religion plus conforme à la morale et la raison.

Zoroastre fut, sans aucun doute, un transfuge des pagodes et des temples de l'Inde qui, voulant faire profiter les peuples des vérités et des notions sublimes que les prêtres s'étaient exclusivement réservées, mais craignant la puissance de ces derniers s'il prêchait dans l'Inde, s'en fut chercher un pays moins immédiatement soumis à leur puissance.

Arrivé à la cour des rois Gouchtasp et Isfendiar, il fit

luire à leurs yeux le moyen de se soustraire à l'influence des brahmes, de qui ils tenaient leur investiture, et, grâce à cette habile tentation, les ayant gagnés à sa cause, il put prêcher la doctrine nouvelle et soumettre à ses lois l'Iran tout entier jusqu'aux pays du Sind, c'est-à-dire jusqu'aux frontières mêmes du sanctuaire de la puissance brahmanique.

Ainsi, plus tard, Luther, en faisant entrevoir aux princes d'Allemagne la possibilité de secouer le joug capricieux et despotique des papes, les enrôla dans le camp de la réforme.

Seulement, le grand moine de Wittemberg, au lieu de frapper l'imagination des peuples, comme ses devanciers, par le merveilleux et le prodige, au lieu de se présenter comme un envoyé céleste, se borna, pour le succès de sa mission, à parler au nom de la raison. Il n'est pas douteux que, quelques siècles plus tôt, il n'eût été obligé, pour frapper l'imagination de la foule, de s'entourer d'une auréole mystérieuse, et de ne soulever le voile que pour un petit nombre d'adeptes ou d'initiés.

Zoroastre a si bien une origine indoue, que l'histoire elle-même vient nous apprendre que les brahmes, furieux de l'abandon de ce faux frère, qui venait porter les premiers coups à leur puissance, le sommèrent de se rendre auprès d'eux pour s'expliquer sur son schisme, et que, n'ayant pu l'attirer dans le piége à la tête d'une puissante armée, ils partirent de l'Iran (l'Inde) oriental pour envahir l'Iran occidental, et ressaisir ce pays, qui s'était soustrait à leur domination. Battus par Zoroastre, ils furent contraints de se retirer et de laisser se poursuivre en paix l'œuvre commencée.

Dans son enseignement Zoroastre s'éloigna peu du système brahmanique. Il divisa le peuple en castes, à la tête desquelles, et au-dessus des rois, il plaça le mage ou le prêtre, réglementa la vie publique et privée, et admit enfin un système pénal semblable à celui que nous avons vu s'établir dans l'Inde et en Égypte. Sa réforme religieuse n'en fut pas une également, en ce sens que, se bornant à repousser les superstitions nombreuses auxquelles les prêtres indous laissaient la foule s'adonner, il admit complétement pour les vulgariser, les principes religieux des Vedas, c'est-à-dire l'unité de Dieu dans la Trinité.

Il donna à l'essence divine par excellence, à la puissance créatrice, le nom de Zervane-Akerène.

Au principe qui préside à la conservation le nom d'Ormuz, et au principe qui préside à la décomposition et à la reconstruction le nom d'Ahriman.

C'est entièrement la trimourti (trinité) indoue avec ses attributions symboliques et son rôle dans la création.

Zoroastre n'extirpa point toutes les superstitions que peut-être il s'était donné le rôle de renverser; libre penseur au début, il comprit bientôt qu'il devançait son siècle, et que les populations n'étaient point mûres pour des institutions telles qu'il pouvait les comprendre. Chaque novateur, de plus, a toujours malheureusement par derrière lui ses disciples, dont les ambitions personnelles viennent faire dévoyer le char et changer les principes primitifs.

Les mages devinrent bientôt des initiés et une caste absorbante comme toutes les castes sacerdotales. Les divisions des classes concoururent habilement à ployer le peuple sous leur autorité, et il fallut, comme dans l'Inde, comme dans l'Égypte, des mystères, des sacrifices, des processions pour la plèbe qui, pas plus que les peuples de ces derniers pays, n'eût compris un culte dégagé de toute pompe et de tout charlatanisme. De là ces monstrueuses hécatombes et ces fêtes gigantesques du soleil ou du feu, dont l'antiquité garda longtemps le souvenir.

Les disciples de Zoroastre, dans les légendes qu'ils répandirent à profusion sur le compte du maître, racontent qu'un jour, et comme il priait sur une montagne élevée, au milieu des tonnerres et des éclairs qui sillonnent la nue de toutes parts, il fut enlevé au ciel, vit Ormuz face à face dans tout l'éclat de sa grandeur et de sa majesté, et reçut de lui les enseignements divins qu'il devait plus tard révéler aux hommes.

Quand Zoroastre redescendit sur la terre, il apporta le livre de la loi appelé Nosks, qu'il avait écrit sous la direction de l'Être suprême.

Ce livre n'est autre chose qu'une réminiscence des Vedas et des livres sacrés des Indous que, dans sa jeunesse, Zoroastre avait étudiés avec les brahmes.

Ainsi, l'influence de l'Inde sur la Perse et sur tous les pays du Sind a toute l'authenticité d'une vérité historique. Ici la tradition, moins nuageuse qu'en Égypte, à toutes les preuves tirées de la similitude des institutions religieuses et politiques, vient ajouter le témoignage de l'histoire de ces temps reculés à qui il est possible de suivre les traces de Zoroastre, de l'Inde orientale à l'Inde occidentale, des rives du Gange aux rives de l'Indus.

Comprend-on bien maintenant comment toutes ces traditions indoues, s'échappant du grand foyer par l'Arabie et l'Égypte, la Perse et l'Asie Mineure, ont pu, tout en se transformant, parvenir en Judée, en Grèce et à Rome?

Constatons, en finissant ce chapitre, que Zoroastre, comme ses prédécesseurs Manou et Manès, s'est donné auprès des peuples qu'il venait soit régénérer, soit dominer, une origine et une mission célestes.

CHAPITRE IX

ROME ET SES CASTES

C'est presque une vérité qui n'a pas besoin de démonstration que de faire remonter à l'Asie les origines de Rome.

Italus, dit la légende, fuyant l'Asie Mineure avec les Troyens vaincus, vint s'établir sur le sol de l'Italie et lui donna son nom. Quelques tribus grecques, ayant du reste le même berceau, aidèrent plus tard à la colonisation.

On pourra dire que nous relevons ici des preuves empruntées précisément à ces époques héroïques et fabuleuses que nous prétendons renverser; la réponse est facile. Soutenant que ces temps héroïques et fabuleux ne sont que des traditions indoues et asiatiques, les admettant comme un souvenir de l'origine commune, ce devient, on le conçoit, une bonne fortune pour notre raisonnement, que de rencontrer sur chaque coin de terre colonisée la légende qui fait venir de l'Orient le colonisateur. Et si de cette légende viennent se dégager des institutions et des mœurs, accusant mieux encore cette filiation et cette origine, ne sommes-nous pas en droit de soutenir que nous avons fait la lumière aussi complète que possible?

Nous avons vu que Rome devait à l'Inde ses grands principes de législation. Si le latin, de même que le grec, n'est aussi, comme la science moderne l'admet, qu'un dérivé du sanscrit; si, comme cela est incontestable, l'Olympe romain n'est qu'une émanation de l'Olympe grec, qui lui-même a pris naissance dans les mystères de l'Inde, de la Perse et de l'Égypte, que nous restera-t-il à dire pour rendre encore plus vraie la vérité?

Rome n'a-t-elle pas eu ses castes, comme les nations plus anciennes ses devancières? Et si ces divisions eurent une moindre importance et furent plus facilement renversées, ne doit-on pas attribuer ce résultat à l'infiltration d'un sang plus jeune sur une terre plus riche, plus énergique, produisant moins facilement sans doute les choses nécessaires à la vie, mais par cela même exigeant plus de travail et plus de force?

Est-ce que cette constitution du peuple romain en prêtres, sénateurs, chevaliers et prolétaires ne vous représente pas, quoique affaiblie, l'image de la société indoue? Est-ce que les mêmes impossibilités de sortir de la classe où l'on était né, pour s'élever jusqu'à une plus relevée, n'avait pas été décrétées? Est-ce que l'on ne sent pas enfin, au début de cette civilisation nouvelle, surgir les mêmes envies de domination par l'esclavage et l'abrutissement systématique des masses?

Et si nous recherchons où Rome pouvait avoir puisé l'idée de ces institutions, nous trouvons qu'elle avait envoyé ses législateurs, ses sages, en Grèce, en Égypte, et sans doute même en Asie, pour aller puiser à ce grand foyer de lumières, qui de l'Orient avait illuminé le monde ancien tout entier?

A cette époque, les traditions vieillies du brahmanisme s'écroulaient de toutes parts. Boudha, il est vrai, venait d'être expulsé de l'Indoustan, mais il avait porté aux sectateurs de Brahma un coup dont ils ne devaient pas se relever. Zoroastre révolutionnait l'Inde occidentale et la Perse; à l'ère sacerdotale avait succédé en Égypte la période monarchique, et la Grèce, rejetant les nuages du passé, préparait ses institutions républicaines. On comprend que la tentative faite à Rome de régénérer cet état de choses, par le pouvoir des prêtres et de certaines classes privilégiées, ne devait avoir pour résultat qu'une suite de luttes et de guerres civiles, devant aboutir tôt ou tard à une égalité sociale et politique que les peuples commençaient déjà à entrevoir et à exiger.

En vain, pour conserver le pouvoir, les hautes classes firent-elles luir aux yeux des populations, et pour occuper leur énergie, la guerre et les conquêtes, il leur fallut céder, et peu à peu courber la tête sous le souffle nouveau qui menaçait de les détruire.

Mais si les divisions sociales furent abolies ou virent paralyser leur influence, il ne resta pas moins dans les mœurs et dans les lois des signes ineffaçables de la primitive tradition orientale, qui conservèrent même chez les nations modernes le cachet de leur origine.

Nous ne délaierons point ces réflexions. Aussi bien, le latin n'est-il point là pour se dire hautement issu du sanscrit, et n'avons-nous pas déjà, dans nos précédentes études sur les législations, montré l'influence prépondérante et directe de l'Inde sur ce pays?

CHAPITRE X

COMPARAISON DU REJET DE LA CASTE DANS L'INDE AVEC LA MINUTION DE TÊTE (CAPITIS MINUTIO) DANS LE DROIT DE JUSTINIEN ET LA MORT CIVILE DU CODE NAPOLÉON.

Nous avons vu les prêtres indous, après la chute de la civilisation des Vedas, chute qui fut leur ouvrage, édicter au profit de leur puissance, et dans le but de frapper d'un effroi salutaire ceux qui subissaient leur joug, cette terrible peine du rejet partiel ou complet de toute caste, qui plaçait le malheureux qui en était atteint au-dessous de la brute, puisque l'on ne pouvait, sans encourir la dégradation et descendre à son niveau, entretenir avec lui la moindre relation sociale.

Les liens de famille même étaient rompus : les enfants du décasté devenaient orphelins, on les pourvoyait d'un tuteur ; sa femme était veuve et pouvait se remarier si elle n'appartenait pas à un caste prohibant les secondes noces ; sa succession était ouverte ; et enfin, s'il venait à être tué, la loi civile n'atteignait point son meurtrier, qui devait simplement accomplir les cerémonies religieuses de la purification, parce qu'il avait été souillé par le contact d'un paria.

De la terre de l'Inde, où elle avait pris naissance, cette institution du despotisme théocratique ne tarda pas à passer dans les autres contrées, qui l'adoptèrent à leur tour comme un merveilleux instrument de domination. Et c'est ainsi qu'il fut dans les mœurs de l'antiquité tout entière de considérer l'*interdiction de l'eau et du feu* comme une peine salutaire et juste.

Un tempérament, il faut le dire, fut cependant apporté à l'exercice de cette sévère répression.

Ainsi, alors que dans l'Inde le pouvoir capricieux et arbitraire du prêtre et du roi prononçait le rejet de la caste pour des délits aussi bien que pour des crimes, pour des fautes religieuses aussi bien que pour des fautes contre la société, les différentes nations de l'antiquité qui subirent l'influence indoue se bornèrent à appliquer cette peine, dans son entière sévérité, aux grands crimes religieux et politiques, aux trahisons, aux attentats contre les bases mêmes de l'autorité.

Les crimes et délits contre les personnes furent soumis à d'autres lois.

Cette exception cependant n'atteignit pas l'Égypte, qui

conserva ce droit dans toutes ses applications rigoureuses et arbitraires, et il est facile d'en saisir la raison

C'est, après l'Inde, l'Égypte qui nous donne l'exemple le plus effrayant et le plus immoral de l'abêtissement et de l'esclavage du peuple, qui, privé de tout rôle social et politique, privé en quelque sorte de la faculté de penser, puisqu'on l'avait privé de la faculté de savoir, d'agir et de parler, privé de toute initiative, ayant ses heures marquées pour se repaître, se reposer ou prier, ne fut longtemps qu'un instrument docile, qu'une machine de laquelle on exigeait du travail et de l'or, pour satisfaire tous les caprices, toutes les passions d'un petit nombre d'élus qui s'étaient imposés par l'idée religieuse, le mensonge et la terreur.

Zoroastre, tout en conservant cette pénalité, ordonne de ne s'en servir que contre de grands coupables aux yeux de Dieu et des hommes, et la réduit presque à un rôle d'exception. En Grèce, elle n'atteignit sous le nom d'ostracisme que les hommes politiques dont on craignait l'influence, cette interdiction de l'eau et du feu ne fut presque jamais prononcée qu'à titre temporaire, et il n'apparaît pas que des lois bien spéciales en aient réglé l'emploi.

Rome, sur le modèle de l'Inde et de l'Égypte, fit passer ce mode de répression dans son droit écrit, sous le nom de diminution de tête, *capitis minutio;* et de même que le législateur de l'extrême Orient, Manou, avait admis le rejet partiel ou complet de la caste, le législateur romain admit des degrés dans cette peine, et il y eut la grande, la moyenne et la petite diminution de tête.

Par la grande diminution de tête, le citoyen était privé de tous ses droits politiques et sociaux, de tous ses droits de famille, et se trouvait placé dans la même situation que l'Indou ou l'Égyptien rejeté de toute caste.

L'eau et le feu lui étaient interdits, au même titre et

aussi rigoureusement que Manou interdisait le riz, l'eau et le feu.

Il ne lui restait pas même la ressource de servir comme esclave, et le tuer n'était pas un crime.

La moyenne diminution de tête lui enlevait tous ses droits de *pater familias* et de maître; il n'avait plus aucun pouvoir sur ses enfants, que ce fait émancipait, et sa succession était partagée entre ses héritiers.

Quant à la petite diminution de tête, elle ne faisait que prohiber l'entrée des magistratures et des charges, et le service de la république à celui qu'elle venait frapper, lui laissant la libre disposition de ses biens et son autorité paternelle dans toute son intégrité.

En passant ainsi dans les lois écrites de Rome, cette peine devint, comme on le voit, une peine de droit commun.

Ces moyens barbares de répression, par la dégradation de la dignité humaine, par le rapt brutal de tout ce qui constitue l'essence même de la vie que nous tenons de Dieu, devaient prendre naissance en Orient; et je ne suis nullement étonné de voir les prêtres de Brahma et d'Osiris inventer de pareilles ignominies; que Rome ait suivi la règle du monde ancien et ait subi l'influence, je ne trouverai point là de raison suffisante à lui lancer l'anathème, mais je sens bondir en moi toutes les indignations les plus saintes, quand je vois que nos législateurs modernes avaient inscrit dans nos codes ce rejet de la caste, cette *capitis minutio*, édicté enfin la mort civile!

La mort civile! Croirait-on qu'il y a quinze ans à peine l'homme frappé par cette horrible déchéance, semblable au paria de l'Inde, n'avait plus sur la terre ni femme, ni enfants, ni parents pour prononcer son nom, conserver à ce malheureux quelque affection, et lui permettre au moins au fond de son cachot de vivre un peu par le souvenir? Croirait-on qu'il était permis à sa femme de se remarier, à ses enfants de se partager ses dépouilles? . . . . .

Et 89 avait passé là-dessus, sans oser toucher à ce legs honteux de l'antiquité, conservé par ce fanatique et sacerdotal moyen âge, qui avait tenté de relever en Europe tous les despotismes et tous les abrutissements du brahmanisme par les divisions de castes et le gouvernement du prêtre.

Honneur et souvenir au nom des peuples, au nom de l'humanité; honneur et souvenir dans l'histoire des progrès péniblement conquis; honneur au nom de l'éternelle justice, à la souveraine influence qui fit rayer de nos codes, en 1853, cet odieux débris de l'immoralité et de la corruption antiques!.....

Nous avons dit que dans l'Inde le rejet complet de la caste, la mort civile, était prononcé, soit par le juge pour des délits et des crimes purement civils, soit par le prêtre pour des infractions religieuses. Il appartenait certainement à la Rome papale, qui tenta au moyen âge de jouer le rôle des brahmes indous, de s'approprier de pareilles coutumes; l'instrument allait trop bien à sa taille, et elle l'eût inventé, si elle ne l'eût reçu de ses illustres prédécesseurs.

L'excommunication n'est autre chose qu'une arme de despotisme ramassée dans les pagodes de Brahma, pour l'asservissement des peuples et des rois et le triomphe du prêtre..... Nous l'avons vue à l'œuvre au moyen âge, maudissant les peuples dans leur postérité, maudissant les rois dans leur dynastie..... Nous avons vu Savonarole mourir sur le bûcher pour avoir signalé les désordres d'Alexandre VI, et Robert de France, le Pieux, abandonné par ses amis et ses serviteurs les plus fidèles, réduit à ployer le genou sous la main d'un religieux fanatique.

Nous avons vu des hécatombes humaines sur les bûchers de la foi..... et le sang rougir l'autel.....

Des siècles se sont écoulés..... Depuis hier nous naissons

au progrès pour la libre pensée..... Mais attendons-nous à des luttes sans fin..... jusqu'au jour où nous aurons le courage de traduire l'excommunication à la barre de la liberté.

CHAPITRE XI

LES DEVADASSI, VIERGES DES PAGODES. — ELLES CONSERVENT LE FEU SACRÉ. — LEUR DANSE DEVANT LE CHAR DE LA TRINITÉ. — CES COUTUMES SONT CONSERVÉES PAR TOUS LES CULTES ANCIENS. — LES PYTHONISSES A ATHÈNES. — LES PYTHONISSES D'ENDOR. — LES VESTALES A ROME.

Nous serons bref sur les considérations que peuvent nous inspirer les matières de ce chapitre, qui ouvriraient facilement la porte à une étude complète de tous les cultes anciens. Il n'est pas nécessaire, nous le croyons, de dire que là n'est pas notre but.

Après avoir, dans la mesure de nos forces, prouvé l'influence de l'Inde sur toute la société antique, par sa législation, ses sciences morales et philosophiques, prouvé que l'impuissance, la dégradation et la chute des civilisations anciennes n'avaient pas eu d'autres causes que la corruption de l'idée religieuse par ceux mêmes qui auraient dû la présenter au peuple dans toute sa divine pureté; après avoir démontré l'unité d'origine de toutes les nations de la race blanche par l'unité d'origine de tous les grands principes qui présidèrent à l'existence du monde ancien, nous voulons simplement indiquer maintenant qu'en creusant plus avant ces principes, en les étudiant dans tous les détails qui s'y rapportent, dans tous les résultats qu'ils produisirent, on rencontrerait les mêmes points de contact, les mêmes points de ressemblance logique, accusant, malgré l'imagination des différents peuples qui s'exerça sur ces détails, et dut nécessairement les transformer, une filiation qui remonte aux mythes et aux légendes indoues.

Les Devadassi furent, dans les temps primitifs, des vierges attachées au service des pagodes et des temples, et dont les fonctions étaient aussi variées que nombreuses.

Les unes entretenaient le feu sacré, qui jour et nuit devait brûler devant la statue symbolique de la sainte Trimourti (Trinité), Brahma, Vischnou et Siva.

D'autres, aux jours de procession, devaient danser devant le char ou arche, qui portait à travers les campagnes et les villages soit la statue de cette trinité, soit celle des trois personnes qui la composent.

D'autres encore, saisies d'un fougueux délire à l'aide d'un breuvage excitant, dont les brahmes d'aujourd'hui n'ont pas encore perdu le secret, rendaient dans le sanctuaire des oracles qui avaient pour but, soit de fanatiser les fakirs et les saniassys (mendiants des pagodes), soit d'arracher au peuple émerveillé d'abondantes offrandes en fruits, riz, bestiaux et argent.

Il en est encore qui avaient pour mission d'aller chanter les cantiques sacrés d'allégresse et de bonheur, lors des sacrifices ou des fêtes de famille, et de rapporter aux brahmes, qui les louaient, les cadeaux de toute nature que chaque assistant était tenu de leur faire.

Leur présence était encore nécessaire lors des cérémonies funéraires que la loi religieuse astreignait chaque fils d'accomplir pour la mort et l'anniversaire de la mort de son père et de sa mère, et cela pendant toute la durée de sa vie.

Les rois, à la veille de chaque bataille et de tout autre grand événement, consultaient celles qui recevaient les révélations de la divinité, et suivaient pieusement leurs oracles, qui du reste commençaient toujours ainsi :

« O grand roi Douchmanta! dont le monde entier connaît la puissance, tu donneras aux brahmes cinquante éléphants caparaçonnés d'or, deux cents bœufs qui n'ont pas encore porté le joug, etc... »

Ou bien encore :

« O grand roi Vaswamitra! tci dont les richesses rempliraient l'immense océan, si tu veux un fils aussi grand, aussi magnanime que son père, fais aux brahmes des présents dont la splendeur ne pourra être dépassée, etc... »

En résumé, des cadaux pour les brahmes, des présents pour les brahmes... Donnez... donnez, car cette race est insatiable.

Voyez-vous bien ces filous vulgaires, aussi habiles que rapaces, cachés derrière un voile et soufflant sa réponse à la Devadassi. . . . .

Inutile de dire que le grand roi Douchmanta, Vaswamitra ou autre, se ruinait immédiatement pour satisfaire à l'ordre divin.

Il m'est souvent arrivé, en réfléchissant aux audaces impunies de ces hommes qui avaient su si bien organiser le vol religieux, de me représenter les lois pénales et la police correctionnelle de notre siècle de lumières, fonctionnant inopinément au milieu de cette société corrompue.....

Ces idées ne venaient certainement frapper mon imagination qu'aux heures du vagabondage et du rêve. Car enfin..... c'était un anachronisme impossible.

Et puis, je me suis persuadé que ces brahmes eussent considéré comme jeux d'enfants de se soustraire à la loi ou de l'éluder.

Triple rêveur que j'étais, comme si au surplus les grands rois Douchmanta et Vaswamitra eussent jamais consenti à laisser traiter, ni plus ni moins que de simples mortels, leurs bras droits, ceux qui étaient chargés de chanter leurs louanges et de leur gagner l'affection des peuples.

Ces coutumes indoues, nous ne saurions en douter, furent conservées par les émigrations, et c'est à elles qu'il faut attribuer l'introduction de la femme dans tous les mystères de l'antiquité.

Les vierges consacrées de l'Égypte qui dansaient devant les statues des dieux, les pythonisses à Delphes, les prêtresses du culte de Cérès qui rendaient des oracles, les vestales à Rome qui conservaient le feu sacré, ne furent que les héritières des devadassi de l'Inde; il est impossible d'adopter une autre opinion sur ce sujet, en présence de l'identité complète d'attributions et de rôle.

Cette tradition de la femme vierge et prêtresse est tellement une importation orientale, que nous voyons toutes les nations de l'antiquité la rejeter peu à peu à mesure qu'elles parviennent à se dégager de la superstition et du mystère. Si donc elle n'apparaît que comme un legs du primitif berceau, rien de plus naturel que de la rattacher à la contrée d'où étaient parties toutes les tribus colonisatrices.

Pas plus que les autres peuples de l'antiquité, les Hébreux ne purent se soustraire à ces croyances générales alors, et la Bible ne nous apprend-elle pas que Saül, la veille de la bataille de Gelboë, s'en fut consulter la pythonisse d'Endor, qui fit apparaître à ses yeux l'ombre du prophète Samuel?

On aura beau s'agiter, discuter, nier, on ne renversera pas, nous osons le soutenir, cette influence de l'Inde sur le monde, qui se retrouve à chaque pas dans les grands principes comme dans les détails de leur application.

Très-certainement ces devadassi, ces pythonisses, ces vierges consacrées et ces vestales ne furent, dans l'antiquité comme dans l'Inde, qu'un moyen de plus de domination, qu'une fraude ajoutée à toutes les autres, pour faire passer au milieu du temple un impur courant de dons pieux et de riches offrandes.

CHAPITRE XI

SIMPLE COUP D'ŒIL EN ARRIÈRE

Nous en avons fini avec cette revue rapide de l'influence de l'Inde et du brahmanisme sur les civilisations antiques.

Nous avons expliqué cette influence, d'un côté par les émigrations apportant sur les différents sols qu'elles venaient coloniser les souvenirs de leur langage et de leurs primitives institutions sociales et religieuses, et de l'autre, par les législateurs et les sages qui tous, pour compléter leurs études, s'en furent en Orient retrouver l'origine de toute science et de toute tradition.

Partout nous avons vu, à la tête de chaque société nouvelle qui se fondait, l'influence désastreuse du prêtre engendrer le despotisme le plus inintelligent, l'esclavage des peuples et la corruption la plus éhontée.

Nous avons montré le monde ancien, malgré ses velléités d'indépendance, finissant comme l'Inde dont il était une émanation, par une vieillesse hâtive et une décrépitude qui eurent leur cause dans le pervertissement de l'idée religieuse et les superstitions des masses.

Toutes les vérités sublimes sur l'unité de Dieu, la trinité, l'immortalité de l'âme, furent conservées par devers eux par les brahmes et les prêtres, qui eussent rougi de croire à toutes les superstitions qu'ils avaient eux-mêmes engendrées dans la foule dans un but de domination pour leur caste et leurs initiés.

Zoroastre eut, sans doute, l'intention de vulgariser ces notions sublimes. Mais il fut débordé par ses sectateurs, et sa réforme ne put aboutir qu'à une nouvelle consécration de la puissance sacerdotale.

Boudha, qui l'avait précédé, après s'être fait chasser de l'Inde par l'indépendance de sa pensée, devient plus tard, lui aussi, au Thibet, en Chine et au Japon, un drapeau d'asservissement et d'intolérance.

Ces novateurs devançaient leur siècle, et leurs hommes n'étaient point nés.

Dans la suite de cet ouvrage, nous allons étudier l'œuvre de Moses ou Moïse et du Christ, œuvre que nous expliquerons par celle de Christna, le plus grand des philosophes, nous osons le dire, non-seulement de l'Inde, mais encore du monde entier.

Si nous avons réussi à démontrer que l'antiquité tout entière ne fut par sa langue, ses usages, ses coutumes, ses traditions politiques qu'une émanation de l'Inde ;

Qui donc osera nous jeter la pierre, si nous sommes amenés logiquement et fatalement à soutenir et à prouver que l'on doit retrouver dans l'Inde la source de la révélation primitive et de toutes les traditions religieuses ?

Quoi ! ces peuples qui ont imprimé si fortement leurs traces sur la Perse, l'Égypte, la Grèce et Rome ; qui donnèrent à ces pays leur langage, leur organisation politique, leurs lois, n'y auraient pas également apporté l'idée religieuse ?

Quoi ! le grec, le latin, l'hébreu seraient nés du sanscrit, et l'emprunt se serait borné là ?

Cela est inadmissible.

De même que le brahmanisme apporta sur ces différents sols toutes les superstitions à l'aide desquelles il lui avait plu d'aveugler les masses pour les ployer plus facilement sous le joug, de même Manou et Manès apportèrent avec eux les pures traditions primitives, les traditions des Vedas qu'ils conservèrent pour les prêtres, les lévites et les initiés, et qui inspirèrent les deux philosophes à qui on doit la fondation des sociétés hébraïque et chrétienne.

Nous verrons où Moïse a puisé son Pentateuque, c'est-à-dire les cinq premiers livres de la Bible dont il est est reconnu l'auteur, et qui sont la Genèse, l'Exode, le Lévitique, les Nombres et le Deutéronome.

Quand nous aurons ainsi déblayé le terrain, en prouvant que la civilisation hébraïque n'a été, comme toutes celles des temps anciens, qu'un reflet de l'Inde, qu'un souvenir de cette patrie commune, il nous sera permis alors d'aborder sans crainte l'étude du rôle joué par le philosophe chrétien qui, en continuant la tradition hébraïque, l'épura à l'aide de la morale de Christna, le grand novateur indou, morale qu'il lui avait été donné, sans doute, de pouvoir étudier par lui-même dans les livres sacrés de l'Égypte et de l'Inde.

Quoi de plus naturel, de plus simple et de plus logique, que notre pensée, du moment où nous nions énergiquement toute révélation comme contraire au bon sens, à la raison et à la dignité de Dieu, du moment où nous rejetons toutes les incarnations dans le domaine du mythe et du rêve?

Ne devions-nous pas chercher à voir si un lien commun n'unit pas tous les peuples; si dans l'histoire, enfin, des civilisations passées, toutes les conquêtes de la pensée n'ont pas été solidaires les unes des autres?

Est-ce que les dix-neuf siècles de l'ère moderne ne se sont pas soutenus les uns les autres dans leur marche? Est-ce que chaque progrès réalisé ne s'est pas appuyé sur un progrès déjà conquis? . . . .

Le chercheur qui, dans trois mille ans, alors que d'autres

peuples seront nés, que d'autres civilisations auront succédé à la nôtre, viendrait proclamer cette vérité plus que vulgaire aujourd'hui, n'accomplirait pas sur notre époque une reconstitution différente de celle tentée par ce livre sur les temps anciens.

DEUXIÈME PARTIE

MOSÈS OU MOÏSE ET LA SOCIÉTÉ HÉBRAÏQUE

CHAPITRE PREMIER

RÉVÉLATIONS. — INCARNATIONS

Dès le début de la seconde partie de notre œuvre, il est un besoin, une nécessité pour nous de dire que nous rejetons toute révélation, aussi bien celle de Manou, de Zoroastre et de Manès, que celle de Moïse; et toute incarnation, aussi bien celle de Christna et de Boudha, que celle du Christ.

Les causes de cette opinion sont faciles à produire.

Dieu, en créant, a donné à la matière, à la *nature physique* des lois fatales qu'il ne peut ni ne veut changer. En créant l'âme, l'intelligence, la *nature morale*, il l'a soumise également à des principes invariables, auxquels il n'est ni de sa dignité, ni de sa sagesse d'apporter la moindre modification.

Il a jeté, dans la conscience de l'homme libre et responsable, les notions sublimes de l'immortalité dans la vie future, du mérite et du démérite par le bien et le mal, lui a fait comprendre que la main d'un être tout-puissant dodominait le monde; puis, a laissé sa créature accomplir dans son entière indépendance sa mystérieuse destinée ici-bas.

Voilà tout ce que je puis tirer de ma raison, de ma raison qui m'est un présent de Dieu lui-même. Mais, au moins, je trouve là une unité de vues de la sagesse éternelle, dans la nature physique et morale, qui me satisfait et que je puis comprendre.

Il n'y a, pour moi, pas d'autre révélation.

Manou, Christna, Boudha, Manès, Zoroastre, Moïse et le Christ, qui tous se sont prétendus descendus de Dieu ou envoyés par lui, ne furent que des hommes qui, pour mieux se faire écouter des masses, surent habilement dissimuler leur origine, et appeler à leur aide les prodiges et les mystères.

Vous consentez à accepter l'origine divine du Christ et de Moïse comme prophète.

Mais oubliez-vous donc :

Que l'Égypte accepta Manès;

Que la Perse reconnut Zoroastre,

Que l'Inde divinisa Manou et Christna;

Que le Thibet, la Tartarie, la Chine, le Japon, adorèrent Boudha;

Et qu'à deux pas de vous, une portion de l'Europe, de l'Asie et de l'Afrique, ne s'incline encore aujourd'hui que sous Mahomet?

Oubliez-vous donc que tous ces peuples, qui forment majorité contre vous, rejettent vos prophètes et vos envoyés célestes avec autant d'acharnement que vous rejetez les leurs? Qui êtes-vous donc pour retenir le vrai et leur attribuer l'erreur?

Le hasard me fait naître ici ou là, le hasard va donc décider de la vérité ou de la fausseté de mes croyances.

Ici, Dieu recevra ma prière; là, il la repoussera.

Oh! comme l'homme est parvenu à faire son Dieu à son image; à lui prêter toutes ses faiblesses, toutes ses imperfections; à l'asseoir au seuil de toutes les ambitions, de toutes les intolérances!

Et au nom de la suprême sagesse et de la suprême justice, on fait des nations brahmes et des nations parias. On ouvre aux unes les récompenses futures, et on les ferme aux autres. Allons! si les idées sociales et politiques ont marché, pour les idées religieuses nous en sommes encore aux temps brahmaniques.

Et voilà pourquoi je rejette la révélation, cause de toutes les dissensions humaines, de toutes les guerres religieuses, de toutes les hécatombes, de tous les bûchers, de tous les despotismes sacerdotaux.

La révélation, c'est là croyance en Dieu, la connaissance du bien et du mal, la foi en l'immortalité, et c'est la conscience qui est la révélatrice.

Tout le reste n'est que superstitions engendrées par le prêtre dans un but caché de despotisme.

Quant à l'incarnation :

Si j'étais né dans l'Inde, je devrais croire à celle de Christna; si j'étais né au Japon ou en Chine, je devrais croire à celle de Boudha.

Je suis né en Europe: dois-je croire à celle du Christ?

Non! Je me fais de Dieu une image plus grande et plus vénérée; cette enveloppe mortelle qu'on lui prête n'est digne, malgré toutes les explications de la poésie et des légendes, ni de sa préscience, ni de sa sagesse; et je laisse à ceux qui l'osent avoir, l'audace de le faire décheoir ainsi!....

Christna, Boudha, le Christ, ont joué un rôle humain, et Dieu les a jugés, comme tous, suivant le bien qu'ils ont pu faire.

Il est juste, au surplus, de dire qu'il n'apparait pas qu'aucun de ces hommes se soit prétendu issu de la divinité. Chose remarquable, ils ont passé, donnant aux peuples qui les écoutèrent, l'enseignement de leurs exemples et de leurs paroles, sans donner à leurs doctrines la forme durable de l'écrit, laissant à leurs disciples le soin de conserver leurs leçons.

J'inclinerais facilement à croire que les successeurs, plus habiles que le Maître, firent un Dieu de ce dernier, pour rendre leur tâche plus facile, se présenter eux-mêmes aux peuples comme des envoyés célestes, et consacrer ainsi leur ambitieuse influence.

Et voilà pourquoi je repousse toute incarnation.

N'est-ce pas en son nom également qu'aux quatre coins du globe, dans l'Inde, en Chine et en Europe, on fit couler le sang et dresser des bûchers.

Ah! si Dieu eût jamais pu avoir l'idée de s'incarner, c'est à ces époques maudites où la torture régnait en son nom qu'il fût venu châtier les bourreaux qui s'abritaient sous sa loi!....

Les nations sont parvenues à accomplir peu à peu leurs révolutions politiques et sociales; il leur reste à faire leur révolution religieuse.

CHAPITRE II

ZEUS. — IEZEUS. — ISIS. — JÉSUS

De même que les quatre législateurs dont nous avons parlé, Manou, Manès, Minos et Moses, dominent la société antique tout entière, de même ces quatre noms, Zeus, Iezeus, Isis, Jésus, sont à la tête de toutes les traditions religieuses des temps anciens et modernes.

Zeus, en sanscrit, signifie le Dieu par excellence; c'est l'épithète de Brahma, non agissant, irrévélé avant la création. Ce nom renferme en lui tous les attributs de l'Être suprême : Brahma-Vischnou-Siva.

Cette expression de Zeus fut admise sans le moindre changement par les Grecs; pour eux elle représente également Dieu dans sa pure essence, dans son existence mystique; quand il sort de son repos et se révèle par l'action, l'Être suprême reçoit de la mythologie grecque le nom de Zeus-pater, c'est-à-dire Jupiter, Dieu père, créateur, maître du ciel et des hommes.

Le latin, adoptant ce mot sanscrit et grec de Zeus, ne lui fit subir qu'une légère modification d'écriture, et ce nom de Zeus devint Deus, d'où nous avons tiré nous-mêmes notre expression de Dieu, avec une signification identique à celle adoptée par les anciens.

Dieu est, en effet, dans l'idée chrétienne, le nom de l'Être symbolique, réunissant en lui tous les attributs des trois personnes de la Trinité : le Père, le Fils, le Saint-Esprit.

Ainsi, ce nom de Dieu, dans son origine grammaticale, c'est-à-dire dans son étymologie, aussi bien que dans le sens figuré qu'on y attache, n'est qu'un legs du sanscrit, qu'une tradition indoue. De Zeus, les Grecs firent aussi Théos. Cette seconde expression s'éloignait peu de la première, car si nous avons rendu par notre *th* le *z* un peu aspiré du sanscrit et le *théta* du grec, en suivant les règles de prononciation de ces deux langues, nous lirions Zêos, plutôt que Théos. Le *th* grec n'est qu'un *z* fort et aspiré.

Du Zeus sanscrit est né également le Jéhova des Hébreux, qui signifie *celui qui existe par lui-même*, copie évidente de la définition de l'Être suprême par Manou, livre Ier, sloca 6 : « Le Seigneur existant par lui-même, et qui n'est pas à la portée des sens externes. »

Pour quiconque s'est occupé d'études philologiques, Jéhova dérivé de Zeus est facile à admettre.

Dans l'étude des langues comparées, on ne s'occupe que des radicaux, c'est-à-dire des racines des mots, les variations des terminaisons étant presque toujours arbitraires.

D'un autre côté, on ne peut guère se servir, pour les comparaisons des mots anciens, de nos lettres françaises, dont l'emploi est toujours régulier, fatal et trop logique.

Dans la plupart des langues anciennes et orientales, dans le sanscrit comme dans le grec, l'hébreu, l'arabe et le persan, le *j* n'existe pas. Le son phonétique de cette lettre s'exprime par la lettre *i*, pour les sons doux, et par la lettre *z*, pour les sons légèrement aspirés.

Ainsi, suivant nous, Zehova représenterait mieux la prononciation orientale que Jéhova.

Négligeant le *va*, terminaison hébraïque, il nous reste le radical *Zeho*, qui accuse de lui-même son origine et vient de Zeus au même titre que Théos ou Zéos, Deus et Dieu.

Les hommes de science trouverons, sans doute, que ces étymologies ne brillent point par le mérite de la nouveauté, et je me hâte de me ranger à leur opinion; je voudrais même qu'ils en disent autant de tout cet ouvrage, qui n'ambitionne que le simple rôle de vulgarisateur au profit de tous d'idées agitées depuis longtemps dans la classe privilégiée des érudits, et que nul n'a encore voulu ou osé produire.

Certes, je ne crée ni les rapprochements de noms, ni les rapprochements de faits historiques, ni les identités de civilisations, ni les similitudes de langage, qui me font retrouver en Orient et dans l'Inde le berceau de notre race. Je me borne à être logique, à ne jamais vouloir considérer le fait dans son isolement, pour l'expliquer par lui-même ou par le hasard, et à montrer que, si l'homme descend de l'homme, le corollaire fatal de cette vérité est de faire procéder les nations d'autres nations plus anciennes.

Il n'y a là, je le répète, aucun système nouveau ; il n'y a que la logique de la raison appliquée à la logique de l'histoire.

Je ne saurais trop insister sur ceci, pour qu'on s'en persuade bien : chacun admet l'imitation par les modernes des anciens, que l'on considère comme ayant allumé le primitif flambeau de la civilisation. Eh bien! il faudra tôt ou tard en prendre son parti, et reconnaître que l'antiquité a copié l'Inde plus servilement qu'elle n'a été elle-même copiée par nous.

Il faudra en prendre son parti, et diminuer sensiblement l'admiration sans égale qu'on professe depuis plusieurs siècles pour ces hommes qu'on vous présente sans cesse comme des modèles, qui n'ont eu que des imitateurs et ne connurent pas de devanciers. Sans doute, ils firent briller d'un vif éclat les lumières primordiales qu'ils avaient reçues de l'Orient, mais ces lumières ne doivent point servir à voiler les vieilles civilisations d'où elles étaient descendues.

Il y a un siècle à peine que l'Inde s'est révélée à nous. Bien petit est le nombre de ceux qui ont eu le courage d'aller fouiller sur son sol les monuments, les manuscrits, toutes les innombrables richesses des premiers âges. On compte les patients qui ont voué leur vie à l'étude du sanscrit, et tenté d'en populariser le goût en Europe.....

La moisson a dépassé toute attente..... Mais que ne reste-t-il pas à découvrir, à révéler encore!..... On a retrouvé la langue primitive, celle peut-être que le premier homme commença à balbutier; quelques fragments de livres traduits sont venus nous apprendre que l'unité de Dieu, l'immortalité de l'âme, toutes les croyances morales et philosophiques, n'étaient pas nées d'hier seulement; le voile d'obscurité des temps passés commence à se déchirer..... En avant donc! toujours tout droit; et les chercheurs parviendront à faire si bien le jour qu'il ne sera plus possible de le nier.

Mais pour cela, il faut marcher comme à la conquête des sciences exactes, fermer la porte au rêve, à l'idéalisme, au mystère; ne recevoir comme axiome que Dieu et la raison, et croire fermement que les civilisations qui nous ont précédées sur la terre ne se sont pas éteintes, sans léguer à celles qui leur ont succédé l'influence de leurs idées et de leurs exemples.

Chaque fois que je rencontre ce sujet, je m'y arrête pour le creuser plus avant, sans nul souci des reproches, des redites et de longueurs que ces hors-d'œuvre pourront m'attirer.

Je ne veux point me présenter sans défense à la critique de l'ignorance et de l'esprit de parti, et je tiens à accentuer une bonne foi inattaquable, en développant les opinions rationalistes qui ont présidé à ces travaux.

Écrivant pour les partisans décidés du libre arbitre et de la raison, je viens leur dire hautement :

Croyez-vous aux mystères d'Isis en Égypte, d'Éleusis en Grèce, de Vesta à Rome? Croyez-vous aux buissons ardents et aux missions des envoyés célestes qui n'osent plus tenter de se produire, quelque besoin que nous en ayons peut-être?

Croyez-vous qu'à aucune époque du passé, on ait ressuscité les morts, rendu l'ouïe aux sourds, redressé les boiteux?

Croyez-vous aux Rakchasas et aux Pisatchas, à Belzébuth et à tous les diables de la mythologie?

Croyez-vous aux devas, aux anges et aux saints?

Si, oui, ne feuilletez pas ce livre, il ne s'adresse pas à vous. Je vous combats, et votre rôle est de m'attaquer, car vous êtes un parti ;

Si non, eh bien, écoutez et soutenez-moi, je ne m'adresse qu'à votre raison, et votre raison seule doit me comprendre.

Pensez-vous donc que j'eusse fait cet ouvrage, si l'époque que je rêve était née, si je ne voyais d'un côté le fanatisme s'écrier : *Credo quia absurdum, je crois, parce que cela est absurde* ; et de l'autre les partisans les plus dévoués de la libre pensée, influencés par des souvenirs et des superstitions séculaires, tout en disant : je ne puis croire, ajouter immédiatement : « Cependant, nous aimerions assez renverser avec des preuves. »

Nous en sommes encore là.

Il faut s'escrimer contre l'absurde pour lui prouver qu'il n'existe pas.

Je disais un jour à un rationaliste, au début de mes recherches :

— Je suis persuadé que Moïse a dû tirer sa Bible des livres sacrés des Égyptiens, qui eux-mêmes les tenaient de l'Inde.

— Il faudrait des preuves, me répondit-il.

— Mais, continuais-je, ne savez-vous pas qu'il a été initié par les prêtres à la cour du Pharaon? N'est-il pas logique, dès lors, de croire qu'il s'est servi des connaissances qu'il avait acquises, quand il a voulu donner des institutions aux Hébreux?

— Il faudrait des preuves.

— Le considérez-vous donc comme un envoyé de Dieu?

— Non, mais des preuves ne nuiraient pas.

— Comment! votre intelligence ne voit pas dans ce fait que Moïse a étudié en Égypte pendant plus de trente ans, ignorant même son origine hébraïque, une preuve frappante en faveur de l'opinion que je viens d'émettre ! Laissons donc cette succession de siècles qui peut nous obscurcir le jugement.

Pensez-vous que, si un Européen était appelé à donner des lois et un culte à une des tribus sauvages du centre de l'Afrique, il lui viendrait à l'esprit d'inventer ce culte et ces lois, au lieu de se servir des connaissances acquises dans sa patrie, tout en les modifiant et en les adaptant à la taille du peuple qu'il voudrait régénérer?

— Cette opinion serait certes peu logique.

— Eh bien! alors...

— Votre raisonnement est juste ; mais, croyez-moi, notre vieille Europe aime ses fétiches; si vous touchez à

Moïse, donnez des preuves, des preuves encore, des preuves toujours.

Et voilà pourquoi, au lieu de comparer simplement l'œuvre de Manou et des Vedas avec l'œuvre de Moïse ;

L'œuvre de Christna et celle du Christ ;

Et de dire : Ceci vient de cela, j'ai voulu, pour étayer cette opinion, montrer que l'antiquité toute entière avait pris naissance en Orient et dans l'Inde, de façon à ne laisser à mes adversaires que la ressource de tout nier, ce qui revient à tout admettre.

Ainsi, comme nous venons de le voir, le nom que toutes les nations ont décerné à l'Être suprême vient de l'expression sanscrite Zeus.

Iezeus, autre expression sanscrite, qui signifie la pure essence divine, a été très-certainement la racine, le radical créateur d'une foule d'autres noms de l'antiquité portés soit par des dieux, soit par des hommes célèbres. Tels que Isis, déesse égyptienne ; Iosué, en hébreu Iosuah, le successeur de Moïse ; Iosias, roi des Hébreux, et Ieseus ou Jésus, en hébreu Ieosuah.

Le nom de Jésus, ou Ieseus, ou Ieosuah, fort commun chez les Hébreux, fut, dans l'Inde ancienne, le surnom, l'épithète consacrée, décernée à toutes les incarnations, de même que tous les législateurs s'approprièrent le nom de Manou.

Aujourd'hui les brahmes, officiant dans les pagodes et dans les temples, n'accordent ce titre de Ieseus, ou la pure essence, ou l'émanation divine, qu'à Christna, qui est seul reconnu comme le Verbe, le véritable incarné, par les Vischnouvistes et les libres penseurs du brahmanisme.

Constatons simplement ces rapprochements étymologiques dont on peut comprendre toute l'importance ; ils nous seront plus tard d'un précieux secours.

La critique passionnée, nous n'en doutons point, fera tous ses efforts pour démontrer la fausseté de l'opinion qui assigne une origine commune à ces différents noms, elle ne parviendra point à supprimer leurs frappantes ressemblances. Et cela nous suffit.

Rejetera qui voudra ces ressemblances sur le hasard, ce grand soutien des arguments aux abois, nous aurons sûrement pour nous les esprits sérieux et indépendants.

CHAPITRE III

LES PARIAS D'ÉGYPTE ET MOÏSE

Nous voici arrivés au point capital de notre œuvre ; sur ce terrain brûlant, où nous allons courageusement attaquer toutes les superstitions, toutes les absurdités que le judaïsme a léguées à nos sociétés modernes, nous apporterons un esprit de critique impartial et ferme, dégagé de tous systèmes et de toute croyance imposée, et n'ayant de respect que pour la vérité.

Les choses dont nous repousserons les impossibilités dans le présent, nous en repousserons les impossibilités dans le passé.

Toutes les fois que le merveilleux sera en lutte avec la raison, nous lui demanderons ses preuves, au même titre que ses partisans les exigent eux-mêmes de la raison.

Qnand nous rencontrerons l'absurde, nous lui dirons simplement : Tu es absurde, et nous passerons.

L'homme n'a changé ni dans sa forme corporelle, ni dans ses facultés, et s'il admet comme vrai dans les temps anciens et fabuleux ce qui le ferait sourire de pitié aujourd'hui, c'est qu'il n'a pas le courage d'une opinion franche et raisonnée, et qu'il ne sait se défaire du bagage de fables dont on s'est plu à lui obscurcir l'intelligence dès le berceau.

Nous comprenons parfaitement pourquoi les intolérances modernes se réunissent pour lancer toutes leurs foudres sur la raison, et anathématiser ou excommunier ses conquêtes. C'est que du jour où le libre arbitre deviendrait la seule loi reconnue par toutes les consciences, leur règne finirait par l'impossibilité où elles se trouveraient d'expliquer les contes, les légendes et les pratiques mystérieuses qui font leur force.

Les peuples modernes qui sont devenus colonisateurs ne se sont pas, sur la terre nouvelle à laquelle ils venaient apporter la force et la vie, entourés de fables ridicules. Nul homme ne s'est levé pour leur dire : — Je suis un envoyé de Dieu, et je viens vous apporter la parole qui m'a été révélée.

Allez donc demander aux Australiens et à la libre Amérique comment ils eussent reçu Boudha ou Manou, Zoroastre ou Moïse.

Si c'est grâce au développement de l'intelligence et du libre examen que de pareils faits n'ont pu se produire chez ces peuples nouveaux, ne sommes-nous pas en droit de dire que c'est grâce à l'ignorance des masses, à l'esclavage et aux divisions de caste, qu'ils ont pu se produire chez les peuples anciens?

Cette vérité est tellement vulgaire qu'on sent en l'avançant qu'elle n'a pas besoin de preuves.

Puissent nos frères qui sont allés par-delà l'Océan, sur une terre vierge de toutes les obscurités du passé, de tout despotisme sacerdotal, nous aider par leur exemple à affranchir bientôt l'autorité civile de l'influence religieuse, et cela dans toutes les constitutions de l'Europe.

Le progrès ne peut être qu'à ce prix, et il est impossible de rêver encore une alliance qui n'a su, jusqu'à ce jour, qu'enchaîner la pensée, asservir les nations et courber les rois sous sa tutelle.

C'est ce que nous avons vu par l'esquisse rapide des civilisations antiques étouffées sous le brahmanisme, qui de l'Inde les étreignit toutes; c'est ce que nous verrons plus particulièrement encore par l'étude de toutes les idées religieuses qui, empruntées par la Judée à l'Égypte et à l'Inde, ont joué dans les temps modernes le rôle anti-civilisateur que nous connaissons.

Ainsi que nous l'avons démontré, l'Égypte reçut de l'Inde, par Manès ou Manou, ses institutions sociales et ses lois, qui eurent pour résultat la division du peuple en quatre castes et placèrent au premier rang les prêtres, au second les rois, puis les commerçants et les artisans, et au dernier échelon social, le prolétaire, le serviteur, presque l'esclave.

Ces institutions et un même droit pénal produisirent, comme dans l'Inde, à l'aide du rejet de la caste prononcé contre les coupables, une classe mêlée, rebut de toutes les autres, qui, déclarée à jamais impure et proscrite, ne put parvenir à effacer la tache indélébile que la loi lui avait imprimé au front.

Ces *rejetés de la caste*, ces parias de l'Égypte, soulevés par Moïse, qui leur fit entrevoir la liberté, donnèrent naissance aux Hébreux, à cette nation appelée pompeusement le peuple de Dieu.

Il est impossible de se former une autre opinion sur la régénération de cette race asservie, lorsqu'on étudie, soit dans leur ensemble, soit dans leurs détails, toutes les sociétés de cette époque.

Si l'Inde eut ses parias, la Grèce eut ses ilotes.

Si l'Égypte eut ses déclassés, Rome eut sa caste servile, à qui elle refusa longtemps le titre de citoyen.

Il fut complétement dans l'esprit des peuples anciens de se créer des esclaves, soit par la conquête, soit par la dégradation des criminels, que l'on rejetait du sein de la société jusque dans la personne de leurs descendants. Et, si nous faisons descendre les Hébreux des Égyptiens chassés de leurs castes, c'est qu'en fouillant les traditions historiques les plus reculées, il n'apparaît pas qu'ils aient pu être réduits en servitude par les vicissitudes de la guerre, et que, comme peuple, ils ne datent que de Moïse.

Au surplus, il faut choisir entre cette origine rationnelle, conforme à l'état social des civilisations anciennes, et celle que Moïse donne lui-même à son peuple dans les deux premiers livres de la Bible, la Genèse et l'Exode.

Voyons donc ce que dut être ce législateur; de cette étude naîtront des preuves aussi saisissantes qu'il soit possible d'en donner, à près de quatre mille ans de distance, sur une époque que les fables et les légendes de toute nature n'ont pas peu contribué à envelopper de nuages et d'obscurité.

D'après la version que Moïse donne sur sa naissance, les Hébreux s'étant multipliés au point de former une nation dans la nation, et de donner des craintes sérieuses au Pharaon qui régnait alors, ce dernier chercha à les faire périr par tous les moyens qui étaient en son pouvoir, ordonnant notamment le massacre de tous les enfants mâles qui viendraient à naître; une pauvre femme, ne pouvant se résoudre à voir tuer son enfant sous ses yeux, préféra l'exposer sur le Nil dans un panier de jonc enduit de bitume.

La fille de Pharaon, qui était descendue sur les rives du Nil pour se baigner avec ses suivantes, aperçut l'enfant et, touchée de compassion, lui sauva la vie, et l'ayant fait emporter dans son palais, elle l'adopta pour son fils.

Cet enfant fut Moïse.

Élevé jusqu'à l'âge de quarante ans à la cour des rois d'Égypte sans qu'on lui ait révélé l'humilité de son origine, il fut, un beau jour, contraint de s'enfuir dans le désert pour avoir tué un Égyptien qui maltraitait un Hébreu.

Et ce fut là que Dieu vint lui révéler la mission qu'il voulait lui confier.

Je demande à l'esprit même le plus prévenu, s'il n'est pas naturel, logique, de penser que Moïse, élevé par les prêtres, fut initié par eux au culte pur et aux sciences réservés aux hautes classes, et que c'est de là que lui vient la lumière.

Et plus tard, lorsque chassé du palais de Pharaon, soit parce que la tache de sa naissance, cachée par la princesse qui l'avait sauvé, s'était dévoilée, soit parce qu'il avait tué un Égyptien, comme il nous l'apprend, ne comprend-on pas que le ressentiment et le désir de la vengeance ont dû le pousser à chercher les moyens d'émanciper la race dont il était descendu?

C'est alors que, profitant d'une de ces famines terribles qui ravagent l'Égypte lorsque les inondations du Nil qui fécondent cette terre viennent à manquer, ou bien d'un de ces fléaux dévastateurs qui ne sont point rares dans ces contrées, comme la peste ou le typhus, il se présenta devant le prince régnant comme un envoyé céleste, et, attribuant ces maux à la colère divine, il parvint à lui arracher la permission de soustraire les Hébreux à leur malheureux sort.

J'inclinerais plutôt à croire cependant que le soulèvement et la fuite des Hébreux furent dus à une révolution, préparée de longue date par Moïse et son frère Aaron, qui le secondait dans ses projets, et dont les Égyptiens ne s'aperçurent que quand il ne fut plus temps de la réprimer.

Quant à la destruction du Pharaon et de son armée entière par les flots de la mer Rouge, je la relègue, avec le passage par les fuyards de cette même mer à pied sec, dans le domaine de la fantaisie et du miracle apocryphe.

On conçoit que Moïse, qui écrivit toutes ces choses après coup, de même qu'il se donnait comme un envoyé de Dieu, ait voulu les entourer d'une auréole mystérieuse, bien propre, du reste, à favoriser l'accomplissement de sa mission.

C'était par le surnaturel et le prodige que tous ses devanciers s'étaient fait accepter des masses incultes et superstitieuses, et, en homme habile qu'il était, il voulait donner une sanction divine à son pouvoir, pour qu'il fût moins sujet à être discuté.

Certes, ce ne dut pas être facile que de conduire à travers le désert, à la recherche d'une terre fertile qui pût les recevoir et les nourrir, ces hordes indisciplinées qui, la veille esclaves, libres le lendemain, ne devaient accepter que difficilement tout frein nouveau qu'on tenterait de leur imposer.

Le désert était immense; où aller, nùl ne le savait, et Moïse pas plus que les autres; il fallait cependant assigner un but à cette course au hasard et apaiser les murmures qui, de jour en jour, devenaient plus menaçants. — Nous allons à la conquête de la terre promise, s'écria Moïse. Et ils continuèrent à marcher.....

Les jours, les mois, les années s'écoulaient, et la troupe errante ne parvenait pas à franchir les sables; tantôt on allait droit devant soi, foulant le sol avec fureur, avec rage, tantôt on revenait sur ses pas; la lassitude s'emparait des proscrits, et l'on regrettait la terre d'Égypte, et l'on blasphémait contre ce Dieu dont Moïse s'était fait l'interprète..... Alors on se souvenait du bœuf Apis, qu'on avait vu autrefois promené par les prêtres, avec des danses et des chants; on en construisait un, en or ou en airain, avec les bracelets des femmes et les boucliers des hommes, et on l'adorait, le priant de mettre un terme aux souffrances qu'on n'avait plus le courage d'endurer.....

Et Moïse était invisible, seul dans sa tente, peut-être désespérait-il lui aussi.....

Tout à coup, au déclin du jour, le ciel se chargeait de

nuages, les éclairs sillonnaient l'espace et le tonnerre faisait entendre sa voix.....

C'était le moment d'agir, la foule écoutait avec terreur les manifestations de ces phénomènes physiques qu'elle ne pouvait comprendre..... Aussitôt le chef paraissait, sa figure était inspirée ; avant même qu'il parlât, le respect et la soumission étaient revenus ; il brisait les idoles et d'une voix vibrante annonçait que la colère céleste, pour les punir de leurs murmures et de leur peu de foi, les condamnait à errer encore avant d'atteindre la contrée, but de leurs recherches... Et on marchait toujours... C'était du temps de gagné.

Ils arrivèrent enfin au sommet d'une montagne de laquelle ils aperçurent de vastes plaines couvertes de moissons verdoyantes... Il était temps; usé par la lutte et les fatigues, arrivé au terme de son existence, Moïse ne put que s'écrier : — La voilà, cette terre vers laquelle le Seigneur m'avait ordonné de vous conduire. Il étendit les bras comme pour en prendre possession, et il mourut, laissant à son frère et aux fidèles qu'il avait formés le soin d'achever son ouvrage.

Pendant ses longues pérégrinations, il avait écrit un livre de la loi, dans lequel, donnant un passé à ce peuple né d'hier et s'inspirant des traditions et des livres sacrés qu'il avait étudiés en Égypte, il rappelle les légendes indoues sur Dieu et la création, institue les prêtres ou lévites, prescrit les sacrifices et leur mode, et jette dans quelques lois civiles et religieuses les bases de la société nouvelle que ses successeurs allaient fonder.

C'est ainsi que, dénué de fables et de prodiges, rejetant surtout le rôle indigne d'elle que Moïse fait jouer à la divinité pour la réussite de ses projets, j'admets la tradition historique de la fuite des Hébreux et de leur arrivée sur la terre qu'ils devaient conquérir.

N'est ce pas là, du reste, la légende bien simple qui pourrait s'appliquer à toutes les émigrations antiques, au berceau de toutes les anciennes civilisations?

Partout vous trouvez un législateur, un homme qui se dit l'envoyé de Dieu, et qui parvient à réunir et à dominer la masse, par le double prestige de son génie et de l'origine qu'il s'attribue. C'est ainsi que Manou, Manès, Boudha et Zoroastre sont parvenus à s'imposer et à faire croire à leurs missions.

Me dira-t-on que je substitue la fable à la fable? Non, car je ne fais que prendre les points les plus saillants de l'histoire primitive des Hébreux, qui seuls me paraissent devoir être considérés comme authentiques, repoussant seulement le mystérieux et le révélé, comme je le repousse dans l'Inde, comme je le repousse en Égypte, en Perse, en Grèce et à Rome, ne me reconnaissant nullement le droit d'admettre les légendes poétiques et sacrées des uns, et de rejeter celles des autres.

Ce qui fait la force de mon raisonnement, ce que nul ne pourra détruire, c'est cette unité, cette identité de rôle de tous les fondateurs de nations, puisant leur ascendant dans l'idée religieuse, qui est celle, il faut le reconnaître, qui a le plus de prise sur les intelligences naïves des peuples primitifs. Tous attribuent à Dieu leur livre de la loi; tous règlent la vie religieuse au même titre que la vie civile; tous divisent le peuple en castes et proclament la supériorité du prêtre; tous, enfin, après s'être annoncés comme une incarnation ou simplement un envoyé de Dieu, tiennent à entourer leur mort de mystère, ainsi que leur naissance.

L'Inde ignore quelle fut la fin de Manou.

La Chine, le Thibet et le Japon font remonter Boudha aux cieux.

Zoroastre a été enlevé par un rayon de soleil.

Et Moïse, emporté par un ange dans la vallée de Moab, disparaît aux yeux de son peuple, sans que celui-ci puisse savoir quel coin de terre recèle ses dépouilles; et la croyance s'accrédite qu'il est retourné vers Dieu qui l'avait envoyé.

Voilà tout ce que la saine raison peut admettre sur Moïse. J'ai dit que le rôle attribué à Dieu par ce législateur était indigne de la majesté et de la grandeur de l'Être suprême; il suffit de lire les titres des différents chapitres de la Bible sur ce sujet pour être persuadé de cette vérité. (Édition du P. de Carrières, de la compagnie de Jésus.)

Exode. — Chapitre VII. § 1. — Moïse est établi le Dieu de Pharaon. Il va trouver ce prince. La verge d'Aaron est changée devant lui en un serpent qui dévore celle des magiciens.

§ 2. — Le cœur de Pharaon s'étant endurci contre le miracle de la verge changée en serpent, Dieu fait changer en sang toutes les eaux de l'Égypte. Les magiciens de Pharaon imitent ce prodige, et son cœur demeure endurci.

Chapitre VIII. § 1. — Dieu envoie Moïse vers Pharaon. Ce prince demeure dans son endurcissement. L'Égypte est frappée de la seconde plaie, qui est celle des grenouilles.

§ 2. — Pharaon, endurci contre la seconde plaie, est frappé de la troisième plaie, qui est celle des moucherons, et de la quatrième, qui est celle des grosses mouches.

§ 3. — Pharaon, pour être délivré de ces plaies, promet de laisser aller le peuple d'Israël; mais il change de sentiment et s'endurcit de nouveau.

Chapitre IX. § 1. — Cinquième plaie. Dieu frappe de peste toutes les bêtes des Égyptiens et épargne celles des Israélites.

§ 2. — Sixième plaie. Dieu fait jeter de la cendre en l'air, et il s'en forme des ulcères dans les hommes et les animaux par toute l'Égypte.

§ 3. — Septième plaie. La grêle et le tonnerre. Dieu en avertit Pharaon afin qu'il l'évite; mais son cœur s'endurcit de plus en plus.

§ 4. — Pharaon, effrayé de cette plaie, promet de laisser aller les Israélites; mais, s'en voyant délivré, il s'endurcit de plus en plus.

Chapitre X. § 1. — Dieu frappe l'Égypte de la huitième plaie, qui est celle des sauterelles; elles dévorent tout ce que la grêle avait épargné en Égypte.

§ 2. — Le cœur de Pharaon s'étant endurci contre ces plaies, Dieu envoie la neuvième, qui est celle des ténèbres, qui couvrent toute l'Égypte. Elles portent d'abord Pharaon à consentir au départ des Israélites, mais il se rétracte bientôt et s'endurcit de nouveau.

Chapitre XI. — Prédiction de la dixième et dernière plaie dont Dieu devait frapper l'Égypte. Ordre aux Israélites d'emprunter des vases d'or et d'argent des Égyptiens.

Chapitre XII. — § 1. — Le Seigneur ordonne aux Israélites de célébrer la première pâques; il prescrit les cérémonies qu'on doit y observer.

§ 2. — Le Seigneur permet de tuer tous les premiers nés des Égyptiens et d'épargner les Israélites. Il ordonne de célébrer éternellement la mémoire de ce jour par une fête solennelle.

§ 3. — Ordre aux Israélites d'immoler l'agneau pascal, de mettre son sang sur les portes de leurs maisons (pour que l'ange exterminateur, qu allait accomplir son œuvre de mort, ne confonde pas les maisons des Hébreux avec celles des Égyptiens).

§ 4. — Le Seigneur frappe tous les premiers nés de l'Égypte. Pharaon, effrayé, presse les Israélites de quitter son pays. Ils empruntent des vases d'or et des habits des Égyptiens, et partent en grande hâte au nombre de six cent mille hommes, suivis d'une multitude infinie de petit peuple.....

Arrêtons-nous là! Le cœur se soulève de dégoût et d'indignation à la vue de pareilles turpitudes, de pareilles superstitions.

Certes, si je ne m'étais dès longtemps séparé de toute admiration de parti pris, de toute croyance étroite, la lecture de ces absurdités suffirait à elle seule à m'amener au culte de la raison pure, qui me donne sur la divinité des notions si simples et à la fois si sublimes.

Voyez-vous ce Dieu manifestant sa puissance par des invasions de grenouilles et de moucherons, puis frappant un peuple entier par l'envoi de la peste et d'affreux ulcères, et en dernier lieu par le massacre de tous les premiers nés de chaque famille!

Quelle gradation du risible... à l'horrible!

Ah! vous pouvez fouiller dans toutes les mythologies antiques, sonder les mystères de tous les Olympes, retourner les traditions obscures de tous les peuples, je vous mets au défi de rien trouver d'aussi triste, d'aussi profondément démoralisateur. Et, j'ose le dire franchement, si j'avais à choisir entre le Dieu de Moïse et le bœuf Apis, c'est ce dernier que je préférerais.

Quand il a bien décimé l'Égypte par toutes sortes de fléaux, Jéhovah couronne son œuvre par une épouvantable boucherie d'enfants..... Mais ce n'est pas assez encore, il ordonne à son peuple de garder un souvenir éternel de ce haut fait, et d'en fêter l'anniversaire par des cérémonies et des chants.

Et l'esprit moderne se repaît encore de telles atrocités! J'entends déjà messieurs de Rome me traiter d'insensé et de blasphémateur!

Qui donc est l'insensé? qui donc est le blasphémateur?

Est-ce celui qui fait à Dieu une litière de sang?

Est-ce celui qui refuse de voir un bourreau dans l'éternelle puissance, l'éternelle sagesse, l'éternelle bonté?

Il a fallu que cet esclave fanatique, élevé par charité à la cour des Pharaons, fût bien persuadé de l'avilissement et de la stupidité du peuple qu'il avait soulevé, pour qu'il ait osé, en écrivant après coup l'histoire de cette révolution, l'entourer de ces ridicules horreurs.

Ceci est bien à Moïse, et il ne l'a copié nulle part. Quand nous démontrerons plus tard que les traditions bibliques ne sont que la copie altérée et mal faite des livres sacrés des Indous, nous aurons occasion de voir que ces peuples, loin de faire de Dieu un épouvantail, se plaisent à regarder comme le plus bel attribut de sa puissance la mansuétude et le pardon.

Ce fut bien un peuple de parias que Moïse entraîna dans le désert!

La veille encore, courbé sous de durs travaux et abruti par la servitude, il ne voyait dans les dieux d'Égypte que de sombres génies du mal, dont la douleur et les cris des victimes faisaient la joie, entretenu dans ces idées par les hautes castes qui le dominaient. Le peuple hébreu devint libre sans comprendre sa liberté. Aussi Moïse, pour mieux le dompter, dut-il faire de son livre un amalgame étrange de pures doctrines et de honteuses superstitions, flottant entre le souvenir affaibli des Vedas, qu'il avait entrevus dans ses études avec les prêtres, et les traditions du culte vulgaire des Égyptiens.

Il avait à diriger une nation toujours prête à revenir à ses anciennes croyances, au bœuf Apis et au veau d'or ; il dut faire la part du feu, et pour faire admettre le Dieu unique qu'il proclamait, il ne put se soustraire à la nécessité de lui faire jouer un rôle identique à celui des dieux du passé.

Ne fallait-il pas, du reste, faire croire au prodige et inspirer la terreur, pour pousser en avant ce servile troupeau que rien dans le passé ne ralliait comme nation, si ce n'est le souvenir des souffrances communes?

Moïse avait déjà pu juger de la difficulté de sa tâche, lorsqu'un jour, au pays des Pharaons, voyant deux Hébreux qui se querellaient, il dit à celui qui outrageait l'autre :

— Pourquoi frappez-vous ainsi votre frère?

Et qu'il lui fut répondu :

— Qui vous a établi sur nous pour prince et pour juge? Est-ce que vous voulez me tuer comme vous tuâtes hier un Égyptien?

A partir de ce moment, il comprit sans doute que la révolution qu'il méditait ne serait que la partie la plus facile de sa tâche, et qu'il aurait à endurer de rudes épreuves avant de parvenir à faire un tout de ce mélange de déclassés, d'esclaves et de vagabonds.

C'est ainsi seulement que je puis comprendre la création de ce Jéhovah destructeur, qui ne se manifeste que par la menace et la vengeance, frein salutaire imposé à la licence et au murmure des mécontents.

Mais si je le comprends comme moyen au début d'une nation qui tire son origine d'une révolution servile, je ne le comprends plus et ne puis l'admettre comme croyance de l'avenir, le reléguant avec tous les autres mythes, avec tous les autres épouvantails dont se sont servis tous les fondateurs des sociétés antiques.

Qu'on ne nous parle donc plus du peuple de Dieu !

En entourant leur origine fabuleuse de meurtres et de rapines, car toujours, suivant l'ordre de Dieu, ils ravirent aux Égyptiens le plus qu'ils purent de vases d'or et de vêtements, les Hébreux ne peuvent me faire changer l'opinion que j'ai émise sur eux, qu'ils ne furent que des parias révoltés. En outre des arguments que j'ai développés, j'en trouve un dans la Bible elle-même, que je puis appeler irréfutable, à moins que, dans ces études sur le passé, le vrai ne s'admette constamment que par l'absurde.

Suivant la Chronologie judaïque, c'est en l'an 2298 que Jacob alla s'établir en Égypte avec toute sa famille, composée de soixante-dix personnes, fils, petits-fils et arrière-petits-fils.

Or, toujours d'après la même autorité, c'est en 2513, c'est-à-dire deux cent quinze ans après, que les Hébreux quittent l'Égypte au nombre de six cent mille hommes, *sans compter les femmes et les enfants*, ce qui devait constituer pour le moins une nation de plus de deux millions d'âmes.

Est-il possible d'oser soutenir un seul instant qu'en une période de temps aussi restreinte, et malgré les durs labeurs auxquels elle fut assujettie, la descendance de Jacob ait pu se multiplier dans cette proportion, et ne serait-ce pas aller contre le bon sens que de chercher à expliquer la véracité de cette légende ?

L'histoire des patriarches et de Joseph sont ou des fictions inventées par Moïse, ou, ce que je préfère croire, de vieilles traditions égyptiennes que ce législateur a recueillies, et dont il s'est servi pour prouver que la mission providentielle des Hébreux venait de loin, et que leurs ancêtres avaient déjà été les élus du Seigneur.

Je le demande avec la plus entière bonne foi, est-ce qu'il n'est pas digne d'un critique historique intelligent et libre de rejeter cet amas de prodiges et de superstitions monstrueuses qui encombrent l'origine de la nation hébraïque, et de vouloir la soumettre au moins aux lois vulgaires du sens commun?

Nous avons rejeté les mythologies grecque et romaine avec dédain!

Pourquoi donc admettre avec respect la mythologie judaïque?

Est-ce que les miracles de Jéhovah doivent avoir plus d'empire sur nous que ceux de Jupiter?

Est-ce que la Souveraine Sagesse, le Dieu que la conscience nous révèle, peut se retrouver dans l'un ou l'autre de ces êtres irascibles, sanguinaires, prêts à la vengeance, créés par la crédulité des peuples?

Et puis quel est ce rôle d'orgueil et d'impudence unique dans l'histoire?

Une nation se dit la seule protégée par l'Être suprême, et elle ne sait donner à ses voisins que les plus odieux exemples de duplicité et de cruauté, et c'est au nom de Dieu qu'elle massacre les habitants des terres qui sont à sa convenance et sur lesquelles elle veut s'établir!

Esclave de la veille va-t-elle au moins abolir l'esclavage dans la société nouvelle qu'elle fonde? Non, et c'est encore par les ordres de la divinité qu'elle réduira en servitude les populations qu'elle aura vaincues.

Je ne connais pas dans le passé un peuple dont l'hypocrisie ait été plus constante et qui ait mieux su sanctifier les moyens par le but.

Que cela ne nous étonne pas. A la tête de cette théocratie, établie par Moïse sur le modèle de l'Égypte, s'est trouvé le prêtre, le lévite, et il n'a pas failli à son rôle antique de démoralisation et d'asservissement. Cet héritier du brahmanisme indou a continué, comme en Égypte et en Perse, comme dans toutes les sociétés primitives, à faire de l'Être suprême l'instrument de ses passions despotiques, à exploiter l'idée religieuse pour courber les crédules sous la capricieuse influence de sa caste.

Quand nous aurons prouvé par l'étude, dans tous ses détails, de cette société hébraïque qu'elle ne fut, elle aussi, qu'une copie de celle de Manou, ne sera-t-il pas évident que Moïse n'aura été que le continuateur de ce législateur par l'Égyptien Menès, et que sa Genèse lui aura été léguée par l'Inde ancienne au même titre que ses institutions civiles?

Nous pouvons dire que cette opinion, grâce aux recherches déjà faites sur les autres peuples du monde ancien, n'est plus un paradoxe, ce n'est que la continuation rationnelle et logique de ce grand mouvement d'influence porté aux quatre coins du globe par les émigrations venues des plateaux de l'Himalaya, influence à laquelle il est naturel de penser que les Israélites issus de l'Égypte ne purent se soustraire.

Nous allons faire une vérité de ceci en rapprochant l'œuvre du législateur hébraïque de celle du législateur indou, et le terrain ainsi complétement déblayé, nous pourrons aborder sans crainte les origines du monde d'après les Vedas et les traditions écrites des Indous, que la Bible n'a fait que reproduire avec de bien légères modifications.

Un mot encore.

En face de ces opinions que la raison et les recherches sur les sociétés de l'ancien monde m'inspirent, il ne me paraît point dénué d'intérêt de placer les appréciations des sectaires de la compagnie de Jésus sur ces tissus de cruauté et d'impostures. On verra que jamais l'esprit de parti n'est descendu jusqu'à d'aussi misérables arguties.

Je lis, dans l'avertissement placé en tête du livre de l'Exode par le P. de Carrières :

« Ainsi les chrétiens apprennent de ce grand apôtre (saint Paul) à adorer la profondeur des jugements de Dieu dans l'endurcissement où il a abandonné Pharaon, et à admirer sa sagesse infinie, qui a su faire servir à sa propre gloire et à la manifestation de sa puissance la dureté de ce prince et l'opiniâtreté avec laquelle il a osé lui résister.

« Le même apôtre leur apprend encore à regarder le passage de la mer Rouge comme l'image de leur baptême; la manne qui tombait du ciel, comme la figure de l'Eucharistie; la pierre d'où sortait l'eau qui suivait les Israélites dans le désert, comme la figure de Jésus-Christ qui nourrit les chrétiens durant cette vie, et qui les suit par sa grâce et par son esprit jusqu'à ce qu'ils soient entrés dans la vraie terre promise; le mont Sinaï, comme l'image de la Jérusalem d'ici-bas; la loi, comme un pédagogue qui ne pouvait donner la vraie justice, mais qui conduisait à Jésus-Christ, par lequel on devait la recevoir; la gloire dont le visage de Moïse éclatait, comme l'image de celle de l'Évangile; le voile dont il se couvrait, comme la figure de l'aveuglement des Juifs; le Tabernacle, comme l'image du sanctuaire céleste; le sang des victimes, comme la figure de celui de Jésus-Christ. »

Ainsi c'est toujours pour la plus grande gloire de Dieu, suivant nos lévites modernes, que l'Égypte a été décimée par toutes sortes de fléaux, la peste et les massacres d'enfants. . . . .

Sans doute ce fut également pour la manifestation de la puissance céleste que les bûchers et les hécatombes ensanglantèrent le moyen âge. Et les victimes de la Saint-Barthélemy ainsi que les Vaudois ne furent qu'une figure des Égyptiens endurcis. . . . .

Quelles aberrations! quel pervertissement de l'intelligence et de la morale!

Il est profondément attristant de songer que nous sommes encore obligés de compter aujourd'hui avec de pareilles superstitions, et que quatre à cinq mille ans de ruines n'ont pu conduire les peuples dans la voie de la libre pensée et de l'indépendance religieuse.

Sachons donc signaler courageusement leurs origines et leur arracher le masque dont elles se couvrent pour montrer à tous qu'elles sont uniquement l'œuvre de la faiblesse et des passions humaines.

CHAPITRE IV

MOÏSE FONDE LA SOCIÉTÉ HÉBRAÏQUE SUR LE MODÈLE DE CELLES DE L'ÉGYPTE ET DE L'INDE

En jetant la base des institutions politiques et religieuses qu'il voulut donner à son peuple, Moïse ne s'est point soustrait à l'influence que nous avons signalée et qui a dominé le monde ancien ; l'eût-il essayé qu'il n'y fût point complétement parvenu.

Dès qu'il eut entraîné dans le désert cette masse de décastés qui, selon l'expression même de la Bible, avait été suivie d'une *foule immense de petit peuple*, il fallut la discipliner, la ployer à des habitudes régulières, lui donner des lois. L'idée des divisions de castes était trop dans les mœurs pour qu'il fût possible de l'abandonner, aussi présida-t-elle à la constitution du nouveau gouvernement, qui ne fut autre chose que la représentation exacte du brahmanisme indou.

Au lieu de quatre castes, il y en eut douze, dont la première fut, comme toujours, celle des prêtres, chargée de toutes les fonctions civiles et religieuses de la nation, dispensatrice de la parole de Dieu, gardienne des temples, seule préposée aux sacrifices, seule juge des péchés de conscience et des fautes commises contre la société.

Cette théocratie eut pour chef suprême un grand-prêtre, autorité mystérieuse et puissante que nul ne put discuter, dont la parole faisait loi dans le spirituel comme dans le temporel, et qui ne pouvait être atteint que par le jugement de Dieu.

C'est l'idéal que rêve aujourd'hui l'ultramontanisme, l'autorité qu'il voudrait établir au profit des papes, en réduisant les sociétés modernes à n'être plus que des corps dont toute pensée et toute volonté aurait à Rome sa règle, sa souveraine inspiration.

Dira-t-on que les tribus hébraïques ne furent point des castes, et que ces divisions naturelles vinrent de l'origine attribuée à chacune d'elles, de leur descendance des fils de Jacob?

Cette filiation n'est pour moi qu'une fiction ingénieuse de Moïse pour faire admettre comme créées par Dieu lui-même ces divisions qu'il établissait, et contre lesquelles le peuple eût sans aucun doute murmuré. N'était-il pas, du reste, nécessaire de présenter ainsi ces imitations d'un passé qui venait rappeler aux Hébreux leurs souffrances sous le despotisme égyptien, pour que, malgré cela, nul homme ne fût tenté de changer de tribu?

Comme c'est bien toujours le même mobile qui fait agir le législateur israélite, à peine libre il s'entoure d'initiés, les associe à son ambition, à ses projets, il les consacre prêtres, les met sous la protection divine pour que le peuple ne fût point tenté de contester la légitimité de leur pouvoir.

Ces tribus ou castes qui existèrent, avec une prohibition d'en sortir semblable à celles de l'Égypte et de l'Inde, ne furent sans aucun doute conservées par Moïse que pour établir à tout jamais la suprématie du lévite. et pour que la famille de ce dernier se conservât pure de tout mélange avec les autres membres de la nation.

A une époque où tous les peuples avaient adopté ce principe du gouvernement par le prêtre, quoi de plus simple que de reconnaître que Moïse s'était borné à copier, en la modifiant, la constitution que les émigrations et les colonisations indoues avaient mise en honneur en Égypte et dans l'Asie entière?

Pas n'est besoin d'expliquer tout cela par une mission divine et par la croyance aux fables et aux prodiges dont le libérateur des Hébreux s'est servi pour diriger avec moins de peine la troupe turbulente et sans cohésion qu'il avait sous ses ordres. Les murmures, les refus d'obéissance, les soulèvements furent si nombreux, que l'on se demande comment il eût pu accomplir sa tâche, s'il n'eût eu l'habileté d'inventer ce Dieu sans cesse sur la brèche, faisant massacrer les blasphémateurs et les révoltés, et terrifiant la foule par l'atrocité de ses vengeances. N'est-ce pas au nom de Jéhovah que vingt-trois mille Israélites furent massacrés par les membres de la tribu de Lévi, c'est-à-dire par les prêtres, après les superstitions du veau d'or? Quelle qu'eût été l'énergie de Moïse, et en admettant ces épouvantables scènes de carnage, il eût fini par être tué lui-même, s'il n'eût divisé le peuple en classes différentes, et surtout fanatisé cette classe de prêtres qui furent ses sectateurs et ses soutiens les plus ardents. Je ne puis voir, pour ma part, aucune différence entre le brahmanisme et le lévitisme, et tout concourt à nous démontrer qu'ils sont descendus l'un de l'autre.

En rapprochant par les mœurs ces deux civilisations, nous aurons occasion de démontrer bientôt que cette filiation n'est pas imaginaire et que tout ne se réduit pas seulement à des rapports de ressemblance dans les institutions.

On fait à Moïse l'honneur d'avoir établi le premier, d'une manière précise et sans obscurité, cette grande idée de l'unité de Dieu, que les nations contemporaines de celle qu'il fonda ne paraissent point, du moins dans les traditions historiques de cette époque, avoir comprise d'une manière aussi parfaite. Cette opinion est le résultat d'une erreur que nous aurons peu de peine à renverser, quoiqu'elle ait été consacrée par le temps et le dogme chrétien qui, en acceptant la succession hébraïque, dut naturellement la faire sienne et la propager avec ardeur.

Moïse, initié en Égypte par son éducation sacerdotale aux splendeurs du déisme indou, au lieu de donner aux Hébreux un culte basé sur les superstitions auxquelles les prêtres égyptiens avaient habitué les basses castes dans un but de domination facile à comprendre, leur révéla le premier des mystères de l'initiation, basé sur l'unité de Dieu, et les traditions de la création du monde, précieusement conservées par l'Inde et par l'Égypte pour les castes privilégiées des brahmes et des hiérophantes.

Mais il est une chose digne de remarque, c'est que, tout en livrant à la foule ces sublimes notions sur l'unité de l'Être suprême, il fut obligé de les altérer, n'osant point les présenter dans toute leur pureté à ce peuple né de l'esclavage, et qui n'avait pas encore conquis une intelligence assez rationnelle, assez libre du passé pour permettre qu'on dégageât pour lui l'idée de Dieu tout-puissant, créateur et bon, de toute idée accessoire de cruelles vengeances et de terribles châtiments.

C'est pour cela que Moïse n'osa faire planer son Jéhovah au-dessus des mondes avec cette figure sereine et calme des livres sacrés des Indous qui sied si bien à sa majesté divine.

Si, d'un côté, il eut le mérite d'oser, contrairement à tous ses devanciers, proclamer l'unité de Dieu à la face de la nation et de proscrire les superstitions que Manou et Manès trouvèrent bonnes pour la plèbe, de l'autre, faisant un pas en arrière, il fut forcé, pour asseoir sa puissance et les institutions qu'il fondait, de faire de ce Dieu un être despotique et cruel, propre à inspirer la terreur et à commander l'obéissance aveugle.

Le cortége de craintes, de terribles manifestations que d'autres avaient divisé à l'infini par la multiplicité des idoles, Moïse le fit découler d'une seule, et son culte ne fut ni moins sombre ni moins sanguinaire que celui des autres. N'est-ce pas Jéhovah qui ordonne tous les massacres de la Bible, toutes les hécatombes de nations idolâtres, et cela pour la glorification de son nom et faire une place au soleil aux anciens esclaves de l'Égypte?

Il faudrait avoir le respect de l'horrible bien chevillé dans l'âme et l'amour des luttes ineptes de l'intolérance fortement enraciné, pour voir en Moïse autre chose qu'un rude fondateur dont le fer et le feu furent le principal aide, et en Jéhovah autre chose qu'un épouvantail, qu'un moyen de domination mis au service d'une oligarchie sacerdotale.

En résumé, le gouvernement établi par Moïse fut théocratique sous l'impulsion souveraine des prêtres. Les divisions par tribus qu'il édicta furent des castes destinées à maintenir le peuple dans un état de stabilité propre à assurer le règne des institutions et du pouvoir nouveau. Et l'on peut dire alors que les Hébreux ne furent, ni par leurs croyances, ni par leur état social, une exception à la règle subie par tous les peuples de l'antiquité.

Il en est qui se retranchent derrière la sublimité du Décalogue pour faire aux Hébreux une auréole de moralité qu'ils refusent aux peuples contemporains.

Le Décalogue recommande d'honorer son père et sa mère, de ne point tuer, de ne point commettre d'adultère, de ne point voler, de ne point porter de faux témoignages contre son semblable et enfin de ne rien désirer de ce qui peut appartenir à autrui.

Ces principes ne datent point du mont Sinaï, ils sont antérieurs aux Hébreux et à toutes les civilisations qui les ont précédés; et lorsque Moïse vint les révéler au peuple sur la montagne, il y avait longtemps que la conscience les avait d'elle-même fait connaître à tout homme juste. Ce Décalogue, donné avec tant de pompe aux Hébreux au milieu des sons de la trompette et du tonnerre, me semble, du reste, une dérision bien amère... Il suffit de lire la Bible pour voir que peu de peuples furent plus corrompus, que peu usèrent de plus de duplicité dans leurs relations avec leurs voisins, que peu enfin eurent moins le respect de la chose d'autrui.

Ils pillent l'Égypte avant de la quitter, traversent le désert, continuent leurs brigandages, leurs vols à main armée sur chaque terre nouvelle qu'ils foulent, jusqu'à ce que, lassant la patience des peuples, ils soient vigoureusement châtiés et réduits de nouveau en servitude.

Moïse et ses successeurs eurent beau faire, les parias restèrent des parias, et il fut impossible de faire une nation sérieuse, attachée à la terre et adonnée au travail, de ces anciens esclaves des Pharaons. Nomades dès le début, ils restèrent nomades, malgré leur campement en Palestine, et les nations leurs voisines semblent s'être d'un commun accord réunies pour les fustiger et repousser leurs agressions sans cesse renaissantes, de même que plus tard l'Europe entière devait se coaliser et courir sus aux pirates musulmans qui, comme eux, avaient eu l'Arabie et la Palestine pour berceau.

Oh ! c'est une toute autre société que celle-ci que nous verrons s'épanouir dans l'Inde des Vedas, dans l'Inde des traditions primitives, des traditions sacrées, et si vous admirez les vérités vulgaires du Décalogue, quel sentiment s'emparera de vous à la vue de ces grands principes philosophiques et moraux que, plus tard, le novateur chrétien vint révéler au monde qui les avait oubliés.

Moïse les connut, les étudia sans doute dans sa jeunesse; sa tentative en faveur de l'unité de l'Être suprême, ainsi que sa Genèse, qui n'est qu'un écho de la Genèse indoue, semblerait nous le prouver. Et s'il a été au-dessous de sa tâche de régénération, s'il a copié le brahmanisme plutôt que le vedisme, peut-être doit-on l'attribuer à la situation morale avilie des Hébreux en Égypte, situation que l'indépendance ne parvint pas à changer, et qui peut-être força ce législateur à régner, ainsi que nous l'avons dit, par la superstition et la crainte des vengeances d'un Dieu sans pitié.

Avec un autre peuple entre les mains, peut-être fût-il parvenu à édifier en Judée une société comparable à celle des plus beaux temps de la Grèce.

Ainsi donc ce ne fut point l'homme peut-être qui manqua de génie, car il avait puisé aux vieilles sources, mais bien le peuple qui manqua d'intelligence pour le comprendre.

Cela est si vrai, je crois si fermement que la réforme de Moïse eût pu avoir un autre cachet avec un peuple moins abruti par la servitude, que l'on peut remarquer que le Dieu de la Genèse, le Dieu des premiers pas bibliques, ne ressemble pas au Jéhovah jaloux et altéré de sacrifices humains de l'Exode et des livres suivants.

On dirait que Moïse, à mesure que les cris et les soulèvements devenaient plus fréquents dans le désert, sentait le besoin d'assombrir de plus en plus la figure de la divinité, de lui faire lancer des oracles vengeurs pour ramener le calme au sein de cette foule agitée, sur laquelle le langage de la raison ne pouvait avoir de prise.

Que serait venu faire ici le Dieu des Vedas avec ses trésors inépuisables de bonté et de pardon?... ce ramassis d'esclaves et de vagabonds l'eût banni. Il lui fallut, pour le tenir, un Dieu à la main de fer, sachant châtier, mettre à mort, lancer le feu céleste et exterminer vingt ou trente mille hommes pour une imprécation, un blasphème, une prière au veau d'or...

Et voilà pourquoi Moïse abandonna les Vedas après la Genèse pour se jeter à plein corps dans le brahmanisme, c'est-à-dire dans la domination par le prêtre et pour le prêtre.

Il en est, sans doute, qui trouveront ces opinions bien étranges. Il est certain que l'éducation que nous recevons depuis dix-neuf siècles ne nous prédispose guère à penser librement et à entendre la parole libre!

Forcés que nous sommes, d'un côté, d'admettre certaines fictions religieuses, que l'on nous refuse le droit de discuter, et de l'autre de repousser, sans de meilleurs motifs, d'autres fictions religieuses qu'on n'a le droit de discuter que pour les nier, que peut-il sortir de pareilles habitudes?

Vérité ici, c'est-à-dire chez nous, erreur au delà, c'est-à-dire chez les autres... voilà la règle de tous les partis, le système de toutes les communions...

Oh! je comprends parfaitement que la voix d'un libre penseur, qui a le courage de venir dire : Toutes les superstitions comme tous les despotismes ont une origine commune; je viens vous le prouver et vous indiquer la source pour que vous la tarissiez, pour que vous puissiez faire l'avenir à l'aide des leçons du passé; je viens vous démontrer qu'il n'y a plus de transaction possible avec certaines choses en face des ruines qu'elles ont produites... je comprends parfaitement que cette voix puisse être honnie et conspuée, comme toutes celles dont elle suit la trace ferme et courageuse... et dont on a jeté l'œuvre aux gémonies, ne pouvant plus y jeter les corps.

CHAPITRE V

DE LA RÉPRESSION CHEZ LES HÉBREUX

Le système pénal inauguré par Moïse ne fut point la représentation exacte de celui de la terre d'Égypte ou de l'Inde; mais les différences que nous pouvons observer, loin de nuire à l'origine que nous avons assignée aux Israélites, deviennent des arguments d'autant plus frappants qu'elles ont leur source dans cette origine même.

Ainsi que ses prédécesseurs, Moïse admit comme moyen de répression et d'expiation :

La mort,

La bastonade,

L'amende,

Et la purification par les sacrifices.

Mais il repoussa tout rejet partiel et complet de la tribu ou de la caste, pénalité qui, nous l'avons vu, avait été adoptée par la Perse, la Grèce et Rome, et qui, par le droit de Justinien, passa plus tard dans les codes modernes sous le nom de mort civile.

Ce refus du judaïsme d'accorder droit de cité à l'interdiction de l'eau et du feu aux grands coupables, qui cependant fut si bien dans les mœurs de l'Orient, est une exception qui s'explique logiquement d'elle-même.

Il n'y a là ni progrès, ni pensée d'humanité, car il eût certes mieux valu rejeter de la tribu, au lieu de les massacrer, les vingt mille Israélites coupables seulement d'avoir folâtré avec les filles de Moab. Et il suffit de lire la Bible pour voir qu'elle est pleine d'hécatombes et de sacrifices humains, et que ce livre est écrit avec du sang.

On ne peut donc voir là un adoucissement apporté aux mœurs anciennes.

La pensée qui guida Moïse est trop simple pour n'être point vraie, et on peut dire qu'elle naquit forcément de la situation.

Si le peuple hébreu, ainsi que nous l'avons démontré, s'est formé par le rejet de la caste des Egyptiens coupables, s'il fut le paria de la société des Pharaons, ce devint une nécessité pour Moïse de ne pas créer de parias dans la société hébraïque.

D'abord il ne fallait pas laisser entrevoir au peuple nouveau qu'il pouvait, par quelque motif que ce soit, retourner à la situation misérable à laquelle il venait de se soustraire.

Puis il y avait une raison d'État, indubitablement entrevue par Moïse, et qui consistait à ne pas créer, par ce rejet de la tribu, une nation dans la nation, qui, s'accroîssant peu à peu, pouvait devenir avec le temps un danger social.

Les Égyptiens avaient essayé d'arrêter le développement des Israélites par des massacres et de durs travaux : il était d'une sage politique de prévoir que les mêmes causes pouvaient forcer un jour à les imiter par la crainte d'une révolution servile. Donc l'établissement de cette antique pénalité devant apporter infailliblement des ferments de décomposition menaçants pour l'avenir, Moïse préféra la remplacer, dans l'ordre religieux et civil, par le massacre en masse de tous les grands coupables. On se défaisait ainsi de ceux qui niaient Jéhovah, comme de ceux qui murmuraient contre l'autorité du législateur et des prêtres, ses successeurs.

Pour les fautes d'une moindre importance et ne touchant pas essentiellement à la constitution théocratique du gouvernement, la peine du talion fut établie :

« *Oculum pro oculo, dentem pro dente, manum pro manu, pedem pro pede.*
« *Adustionem pro adustione, vulnus pro vulnere, livorem pro livore.* »
— Œil pour œil, dent pour dent, main pour main et pied pour pied.
— Brûlure pour brûlure, plaie pour plaie, meurtrissure pour meurtrissure.

(*Exode*, chapitre IV, versets 24 et 25.)

Saluons cette première apparition du talion, de cette peine barbare dans les sociétés antiques!

Ce que ni l'Inde ni l'Égypte théocratiques ne surent inventer ; ce que Manou, Boudha, Zoroastre et Manès eussent repoussé avec horreur, il appartenait au judaïsme de Jéhovah de nous le donner.

Ceci ne fut point de l'imitation, et Moïse peut regarder le talion comme un fleuron original de sa couronne de législateur.

Ce mode de répression se retrouve, plus tard, au début de plusieurs autres nations; mais il resta dans la barbarie des mœurs et des coutumes primitives : aucun peuple n'osa suivre l'exemple d'Israël et le conserver dans son droit écrit.

Plus nous avancerons, et plus nous aurons l'occasion de constater que, si la Judée changea quelque chose à la civilisation léguée par l'Inde et l'Egypte, ce ne fut que pour faire un retour à la barbarie, à la cruauté des premiers âges, où l'homme nomade ne reconnaissait le droit que par la force.

— Cède-moi la terre, ou je te tue, dit Caïn à Abel.

— Obéissez, courbez-vous sous la parole de Dieu, ou la mort! dit Moïse aux Hébreux, et ces derniers à leur tour s'en furent droit aux peuples leurs voisins et leur dirent : — Cédez-moi vos richesses, vos filles vierges et vos maisons, ou vous serez détruits par le fer et le feu.

Je ne puis résister au désir de faire en quelques lignes le bilan de tous les massacres accomplis, de tout le sang versé d'après les ordres de Jéhovah, soit par Moïse et ses successeurs sur les Israélites eux-mêmes, soit par ces derniers sur les peuples qu'ils voulaient anéantir pour s'emparer de leurs dépouilles.

Ce ne sera point sortir de mon sujet. Outre qu'il y aura là un haut enseignement religieux et moral, j'en pourrai tirer aussi un victorieux argument contre ceux qui ne manqueront pas de nier l'authenticité des livres sacrés des Indous, pour pouvoir soutenir qu'ils ont copié la Bible.

Les sublimes traditions sur l'unité de Dieu, la trinité, la création, la faute originelle et la rédemption eurent pour résultat dans l'Inde une haute civilisation philosophique et morale.

La copie de ces traditions, qui n'étaient point nées sur le sol hébraïque, ne put régénérer un peuple qui, sorti du meurtre et des rapines, ne sut vivre que par les rapines et le meurtre.

Les premiers chapitres de la Genèse hébraïque ne sont point à leur place dans ce livre, qui n'est que le panégyrique audacieux de la violence et de la destruction. Il faut restituer cette Genèse aux Védas, à qui elle appartient.

Que toutes les superstitions du passé se soulèvent pour crier anathème!

Voilà mes opinions...

Et voici mes preuves...

CHAPITRE VI

LE BILAN DE LA BIBLE. — CHATIMENTS, MASSACRES, DESTRUCTIONS

Depuis que nous nous occupons de Moïse, nous n'avons point laissé passer une page sans montrer l'indignation qu'excitent en nous le sombre fanatisme et les cruelles doctrines de ce livre de la Bible, devant lequel s'agenouillent les masses, sans l'ouvrir et le comprendre, qui pour beaucoup est l'œuvre suprême de la loi, de la sagesse, mais qui n'est pour nous qu'un code de superstitions et de cruautés.

Voyons, dépouillez-vous de cette admiration banale qui n'est point de votre fait et que l'esprit de parti s'efforce de vous inculquer à genoux; descendez au dedans de vous-même; fiez-vous à cet intime bon sens qui est toute la force de la conscience; puis lisez et jugez.

— Jéhovah, pour faciliter la sortie des Hébreux d'Égypte, ne trouve pas de meilleur moyen que de mettre à mort tous les premiers nés des Égyptiens, c'est-à-dire de frapper des innocents.

— Les Hébreux, en s'enfuyant, soustraient tous les vases d'or et les riches habits qu'ils peuvent emporter.

— Jéhovah ordonne aux Hébreux de retourner sur leurs pas, afin que Pharaon, les voyant, se mette à leur poursuite et qu'il puisse l'anéantir avec toute son armée. (Vengeance inutile et cruelle, puisque les Hébreux sont hors de danger.)

— Les Israélites, mourant de faim dans le désert, Jéhovah leur envoie des cailles et de la manne.

— Après l'adoration du veau d'or, Jéhovah furieux veut détruire tous les Israélites; Moïse implore pour eux et le prie de se contenter de vingt-trois mille, qu'il fait égorger par les prêtres. Après ce fait d'armes, le Dieu consent à bénir les Hébreux. (Ce n'est que dans les théogonies des cannibales que l'on pourrait, je crois, rencontrer de telles atrocités.)

— Jéhovah annonce aux Hébreux que s'ils le forcent de nouveau à se manifester à eux, il les exterminera.

— Moïse demande à voir Jéhovah en face, ce dernier lui répond qu'il ne peut se montrer à lui que par derrière : « *Tollam que manum meam, et videbis posteriora mea.* » (Quelles tristes absurdités !)

— Nadab et Abiu sont punis de mort pour avoir offert un sacrifice avec du feu étranger.

— Quiconque tue un bœuf, ou une brebis, ou une chèvre, destinés à être consacrés au Seigneur, est puni de mort.

— Celui qui consacre ses enfants aux idoles est puni de mort.

— Les Israélites fatigués murmurent contre le Seigneur; il envoie un feu contre eux qui en dévore un grand nombre.

— Jéhovah envoie pour la seconde fois des cailles aux Israélites, mais il fait mourir tous ceux qui en mangent outre mesure.

— Marie, sœur d'Aaron, ayant murmuré contre Moïse, le Dieu la frappe de la lèpre.

— Les Hébreux ayant murmuré de nouveau, il les condamne à mourir dans le désert, depuis vingt ans et au dessus.

— Coré, Dathan et Abiron, et une partie du peuple, s'étant révoltés contre Moïse, ils furent dévorés par le feu que Jehovah fit sortir des entrailles de la terre.

— Nouveaux murmures du peuple; le même feu détruit *quatorze mille sept cents personnes.*

— Les Hébreux ayant encore blasphémé contre Jéhovah, il envoie contre eux un serpent de feu qui en fait mourir un grand nombre.

— Les Israélites, par ordre de Dieu, détruisent les Chananéens et les Amorréhens; ils taillent en pièces Og, roi de Basan, et tout son peuple, sans qu'un seul homme ait pu parvenir à s'échapper; ils s'établissent sur le sol conquis.

— Vingt-quatre mille Israélites sont massacrés par les prêtres pour avoir eu commerce avec les filles des Moabites.

— Jéhovah ordonne à Moïse de punir les Madianites; douze mille Israélites marchent contre eux. Tous les hommes sont passés au fil de l'épée, les rois sont tués et les femmes emmenées en captivité.

— Moïse se fâche de ce que toutes les femmes madianites ont été épargnées; il les fait tuer avec tous les enfants mâles, ordonnant de ne réserver que les vierges. « *Puellas autem, et omnes feminas virgines reservate vobis.* »

Qu'est-il besoin de continuer plus longtemps ces citations, et l'histoire tout entière de ces premiers temps des Hébreux pourrait-elle nous montrer autre chose que des ruines, des massacres et de honteuses superstitions?

Est-il un peuple qui ait eu de pareils débuts et qui ait osé les mettre sous la protection de l'Être suprême?

En admettant que tous ces massacres aient pu avoir lieu, on ne peut leur trouver d'autres raisons que le fanatisme de Moïse, faisant tuer par ses séides, par ses prêtres quiconque se permettait le moindre murmure contre son autorité et celle du Dieu qu'il imposait.

Peut-être aussi le désert ne pouvant procurer la nourriture suffisante du peuple entier, le dictateur se décidait-il à le décimer pour éviter des scènes de carnage plus violentes, que la faim n'eût pas manqué de susciter.

Quoi qu'il en soit, cette époque et ce peuple sont jugés pour nous, et il n'y a pas dans l'histoire du passé de plus grandes preuves du pervertissement et de la faiblesse de l'humanité que celles qui nous viennent de là.

Il en est qui voient dans tous ces massacres, ne respectant ni enfants ni femmes hors les vierges... une manifestation de la puissance de Dieu. Nous préférons y voir une manifestation de l'esprit du mal, régnant sans partage sur ces hordes barbares et indisciplinées qui, depuis leur départ d'Égypte, ne surent marquer leur passage que par le rapt, le pillage et l'assassinat, semblables aux nomades arabes, leurs bien proches parents, qui dévastent encore ces contrées.

Non, ce n'est point chez ce peuple que nous irons chercher les origines de nos croyances et de nos traditions religieuses et philosophiques, et ce n'est point de ce livre de la Bible que nous ferons sortir la foi nouvelle des nations modernes.

Le Christ est venu fouler aux pieds toutes ces superstitions. Juif, il renia les Juifs, car cet apôtre de l'égalité du bien pour le bien et de la foi en l'éternelle bonté de l'Être suprême ne pouvait rien avoir de commun avec la loi de vengeance de Jéhovah.

Moïse avait entrevu l'unité de Dieu et les primitives croyances sur la création par les traditions de l'Égyptien Manès. Dominateur d'un peuple, il employa sa science au profit de sa domination et de celle de ses initiés, et il marcha par le feu et le sabre, léguant ses doctrines et son rôle à Mahomet, qui plus tard devait fonder, en imitant ses exemples et copiant son livre de la loi.

Le Christ, dédaignant Moïse et Manès, et leur inspirateur Manou, et se reportant jusqu'aux admirables enseignements de Christna, que le brahmanisme et le pouvoir des prêtres avaient fait oublier, vint annoncer aux hommes la loi de charité et d'amour, qui avait été celle des anciennes populations de l'Orient.

Christna et le Christ, voilà les deux plus admirables figures de l'ancien monde et du nouveau, figures de régénération, de concorde, d'amour et de poésie, idéalisant le bien et le beau, et reflétant le ciel comme l'eau pure reflète le jour!

Christna fut étouffé par le brahmanisme.

Veillons à ce que le lévitisme n'étouffe point le Christ.

CHAPITRE VII

QUELQUES PREUVES PARTICULIÈRES DE L'INFLUENCE INDOUE PAR L'ÉGYPTE SUR LA SOCIÉTÉ HÉBRAÏQUE

Les mœurs et coutumes de la Judée rappellent tellement celles de l'Inde qu'elles suffiraient à elles seules pour soulever tous les doutes que l'on pourrait conserver sur la colonisation du monde ancien par des émigrations venues de l'Indoustan.

Nous avons vu les grands principes de cette vieille civilisation dominer la Perse, l'Égypte, la Grèce et Rome : la Judée va nous montrer la même influence jusque dans les moindres détails de son organisation sociale. Nous cueillerons au hasard et sans ordre parmi ces nombreux points de contact et ces ressemblances, si frappantes qu'il est impossible de ne pas affirmer plus vigoureusement encore cette unité d'origine de tous les peuples de l'antiquité, que nous avons, dès les premières pages de ce livre, posée presque comme un axiome.

Mariage des veuves chez les Hébreux et chez les Indous.

Nous lisons dans la Genèse Biblique :

« Juda fit épouser à Her, son fils aîné, une fille du nom de Thamar. Her, fils aîné de Juda, fut un très-méchant homme, et le Seigneur le frappa de mort.

« Juda dit donc à Onan, son second fils : Épousez Thamar, la femme de votre frère, et vivez avec elle, afin que *vous suscitiez des enfants à votre frère.*

« Or celui-ci, cohabitant avec la femme de son frère, et sachant que les enfants qui naîtraient d'elle ne seraient point à lui, mais seraient censés appartenir à son frère, *semen fundebat in terram.* »

Nous lisons encore au livre de Ruth :

« Booz dit : Je prends pour femme Ruth la Moabite, femme de Mahalon, afin de faire revivre le nom du défunt dans son héritage et que son nom ne s'éteigne pas dans sa famille, parmi ses frères et parmi son peuple. »

Maints autres passages de la Bible nous démontrent que ce fut une loi, pour le plus proche parent de tout homme mort sans postérité, d'épouser la veuve de ce dernier pour lui susciter des descendants. Les enfants qui venaient à naître étaient considérés comme les fils du défunt, et se partageaient son héritage.

D'où vint cette coutume, quelle fut la raison de cette obligation imposée par le législateur? Nous avons beau fouiller tous les livres de l'Ancien Testament, ils ne peuvent nous apporter aucune lumière sur ce sujet. La plupart des commentateurs, s'en rapportant aux motifs donnés par Booz de son mariage avec Ruth, croient que l'union d'une veuve avec le frère ou un parent de son mari décédé n'avait en effet d'autre but que celui de perpétuer la race de ce dernier.

Cette opinion ne saurait nous satisfaire.

L'intérêt particulier d'un homme qui n'existe plus était-il donc si grand qu'un frère, et à son défaut un parent, fussent obligés de se sacrifier pour continuer sa descendance?

Est-ce que ce frère ou ce parent ne devaient point tenir aussi à ne point mourir sans postérité? Pourquoi donc les forcer à un mariage qui, en continuant la famille d'un autre, devait tarir la source de la leur?

Cette coutume, dont le judaïsme ne peut nous donner l'explication, est le résultat d'une fiction qui tire son origine des croyances religieuses des Indous, apportées en Égypte par les émigrations; elle passa dans les mœurs et fut adoptée par les Hébreux, bien que la croyance qui lui avait donné naissance eût été abandonnée ou oubliée.

Chez les Indous, un père ne peut parvenir au séjour céleste que par les sacrifices expiatoires et les cérémonies funéraires que son fils accomplit sur sa tombe et qu'il doit renouveler à chaque anniversaire de sa mort. Ces sacrifices enlèvent les dernières souillures qui s'opposent à ce que l'âme puisse, par sa réunion au Grand-Tout, goûter la suprême félicité promise à l'homme juste.

Il est donc de toute nécéssité que chaque homme ait un fils qui puisse lui ouvrir les portes de l'immortel séjour de Brahma. C'est pour cela que la loi religieuse fait appel au dévouement du frère ou du plus proche parent du défunt, notant d'infamie celui qui se refuserait à l'accomplissement de ce devoir sacré.

Chez les Hébreux, tous les fils qui naissent de la veuve appartiennent au mari dont la mort l'a privée, ce qui est absurde, puisque, pour continuer la postérité d'un homme, on éteint la postérité d'un autre.

Chez les Indous, au contraire, le premier fils qui naît ainsi a pour père le premier mari de sa mère, il hérite de lui et doit accomplir les cérémonies mortuaires; mais tous les autres enfants qui peuvent voir le jour par la suite appartiennent au frère ou au parent qui a épousé la veuve, et, de cette façon, son dévouement n'est point la ruine de ses propres intérêts. Si, après avoir procréé un fils, il ne peut en obtenir d'autres, la loi lui permet d'en adopter un qui portera son nom et sacrifiera à ses funérailles.

La coutume hébraïque est un non-sens, puisqu'elle déclare enfants du défunt tous ceux qui viennent à naître de sa femme, sans s'inquiéter du père naturel, qu'elle prive ainsi de toute descendance.

La coutume indoue est rationnelle et logique, puisqu'elle sauvegarde les intérêts des deux, et de plus elle donne un motif à cet acte, qui serait incompréhensible sans la croyance religieuse, tandis que la Bible ne se croit pas tenue à des éclaircissements, que, du reste, elle eût peut-être été fort embarrassée de donner.

On voit clairement que ce n'est qu'une tradition indoue conservée, bien qu'on ait perdu de vue le but qui la légitimait et la rendait accceptable. Et Onan n'eût certainement point songé à prolonger la stérilité de Thamar, si la loi n'eût attribué à son frère que le premier-né des enfants qui pouvaient naître de ses œuvres.

Animaux impurs dont il est défendu de manger d'après la Bible.

Moïse défend de manger comme impurs tous les animaux ruminants qui n'ont point le sabot fendu et le porc, qui, bien qu'ayant le sabot fendu, ne rumine point.

Parmi les poissons, il tolère ceux qui ont écailles et nageoires, repoussant tous les autres comme impurs.

Entre les oiseaux, voici ceux que sa défense atteint :

L'aigle, le griffon et le faucon;

Le milan, le vautour et tous ceux de son espèce ;

Le corbeau et ceux qui lui ressemblent;

L'autruche, le hibou, le larus, l'épervier et tous ceux de même race;

Le chat-huant, le cormoran, l'ibis;

Le cygne, le butor, le porphyrion;

Le héron, la cigogne, la huppe et la chauve-souris;

Tout ce qui vole et marche en même temps sur quatre pieds.

Parmi les animaux qui remuent sur la terre sont impurs, et par conséquent prohibés :

La belette, la souris, le crocodile et tous ceux d'espèces semblables;

La musaraigne, le caméléon, le stellion, le lézard et la taupe.

Tout homme qui mange de ces animaux est déclaré impur comme eux.

Tout homme qui les touche lorsqu'ils sont morts est impur jusqu'à la chute du jour.

Tout vase qui les contient est impur et doit être brisé.

Animaux impurs dont il est défendu de manger, d'après Manou, et les prohibitions brahmaniques.

Tout dwidja (en sanscrit : homme pur, homme sanctifié, régénéré) doit s'abstenir des quadrupèdes au sabot non fendu, excepté cependant de ceux que permet la sainte Écriture.

Le porc *domestique* (par opposition au sanglier, qui est permis) est déclaré impur, quoique ayant le sabot fendu.

Tous les oiseaux carnivores sans exception, tels que le milan, le vautour et l'aigle, sont prohibés. Tous ceux également qui frappent avec le bec et déchirent avec leurs griffes.

La même défense atteint le moineau, qui est dit, chose bien remarquable, *protecteur des moissons*, car il détruit *les insectes nuisibles*.

Puis le cygne, le perroquet, la grue, le corbeau, le tittibha, oiseau à huppe, le datyouha ou pivert, et tous ceux *dont la langue attire les insectes*.

Tous les poissons, excepté ceux de l'espèce pâthîna et rohîta, c'est-à-dire, ayant comme eux, écailles et nageoires, ne peuvent entrer dans la nourriture de ceux qui suivent la règle proscrite.

Tous les animaux enfin qui rampent sur la terre ou la creusent de leurs griffes sont proscrits comme plus impurs encore que tous les autres.

Toute impureté occasionnée à l'homme par son contact vec un corps mort dure dix jours et dix nuits, ou quatre jours, ou un jour seulement, suivant la réputation de sagesse et de vertu dont il jouit.

Le vase de cuivre, d'argent ou d'or qui a contenu ou simplement touché les corps impurs, doit être purifié *selon le mode établi.*

Le vase de terre doit être brisé et enfoui profondément dans le sol, car rien ne peut le purifier.

Que dire en face de tels rapprochements?

Objectera-t-on que toutes ces prohibitions d'animaux ne sont que des règles d'hygiène, communes à tous les peuples de l'Orient? Cela n'empêchera point l'Inde d'avoir été l'initiatrice, d'avoir la première indiqué la voie.....

Il ne reste qu'un moyen de renverser tout cela, c'est de nier l'antiquité de l'Inde. Je m'attends bien à quelque chose de semblable de la part des souteneurs jurés de certaines castes; je les prierai alors d'aller plus loin, et de me démontrer que le sanscrit est né de l'hébreu..... Qui sait si je ne verrai pas cette plaisanterie se réaliser.

Épreuves des femmes soupçonnées d'adultère.

Nous lisons dans la Bible, livre des *Nombres* :

« Le mari mènera sa femme devant le prêtre et présentera pour elle en offrande la dixième partie d'une mesure de farine d'orge. Il ne repandra point l'huile par dessus, et il n'y mettra point d'encens, parce que c'est un sacrifice de jalousie et une oblation pour découvrir l'adultère.

« Et ayant pris (le prêtre) de l'eau sainte dans un vaisseau de terre, il y mettra un peu de terre du pavé du Tabernacle..... Et il dira à la femme : « Si un homme ne s'est point approché de vous....., ces eaux « amères, chargées de malédictions, ne vous nuiront point..... Mais si « vous vous êtes retirée de votre mari....., que votre ventre enfle et « crève, et que votre cuisse pourrisse. »

« Et il les lui donnera à boire..... »

Nous lisons dans Gauttama (Commentaires sur Manou) :

« Ce fut une coutume ancienne de conduire la femme accusée de s'être souillée, en recevant les embrassements d'un autre homme que de son mari, à la porte de la pagode, et de la livrer au brahme sacrificateur. C dernier jetait dans un vase d'eau puisée par un homme des classes mêlée (paria) une tige de cousa (herbe sacrée), avec un peu de terre ramassé dans le pas d'un animal immonde, et il donnait cette eau à boire à la femme en lui disant : « Si ta matrice n'a point reçu de semence étrangère « cette eau maudite sera pour toi aussi douce que l'aucrita (ambroisie) « si au contraire tu as reçu la tache impure, tu mourras....., et tu re- « naîtras dans le ventre d'un chacal; mais, avant, ton corps sera affligé « d'éléphantiasis et tombera en pourriture. » Aujourd'hui, la loi a substitué à ce mode religieux, etc..... »

Impureté de ceux qui touchent les morts, d'après la Bible (livre des Nombres) :

Celui qui touche le corps d'un homme mort est impur pendant sept jours; il doit, pour se purifier, recevoir l'aspersion de l'eau d'expiation.

Tous ceux qui entrent dans la tente d'un homme mort, et tous les vases qui s'y trouvent, sont impurs pendant sept jours.

Tout homme impur rend impur tout ce qu'il touche.

Impureté de ceux qui touchent les morts, d'après Manou et les traditions brahmaniques.

L'impureté occasionnée par l'attouchement du corps d'un mort a été déclarée par la loi durer dix jours (Manou, livre 5).

Les brahmes sont purifiés en trois jours.

Ceux qui entrent dans la maison d'un vaysias ou d'un soudras décédé sont impurs pendant dix jours.

Ceux qui entrent dans la maison d'un roi après sa mort sont souillés pendant trois jours.

L'impureté qu'occasionne le corps d'un brahme ne dure qu'un jour.

Lorsqu'un homme meurt, tous les vases contenus dans sa maison sont impurs. Les vases en métal se purifient par le feu, ceux en terre sont brisés et enfouis.

L'homme se purifie avec des ablutions d'eau lustrale.

Manou, qui relate quelques modes de purification en usage de son temps, sortant de ces pratiques superstitieuses, s'écrie, en s'élevant à une hauteur inconnue de la Bible :

« De toutes les choses qui purifient, la pureté dans l'acquisition des richesses est la meilleure ; celui qui conserve sa pureté en devenant riche est réellement pur, et non celui qui n'est purifié qu'avec la terre et l'eau.

« Les hommes instruits se purifient par le pardon des offenses, par des aumônes et par la prière.

« Le brahme se purifie par l'étude de la sainte Écriture. De même que les membres sont purifiés par l'eau, l'esprit l'est par la vérité.

« Les saines doctrines et les bonnes œuvres purifient l'âme. L'intelligence est purifiée par le savoir. »

On ne peut disconvenir que cette impureté dont les morts frappent tout ce qui les approche, tout ce qui entre et se trouve dans leurs maisons, même les êtres inanimés, ne soit encore un legs de l'Inde. Moïse a copié mot pour mot ces traditions antiques ; mais ce qu'il s'est bien gardé d'imiter en relevant ces coutumes, ce sont ces vues larges et ces grandes pensées que l'on rencontre à chaque pas dans Manou, toutes les fois qu'oubliant son rôle de complaisant des prêtres, il se faisait l'écho du premier Manou, qu'il abrégeait dans l'intérêt de ces derniers, et qu'il s'inspire du sublime enseignement des Vedas.

Ce ne sera point la dernière fois que la Bible aura le dessous, et il ne lui arrivera jamais de dépasser son modèle.

Pâle reflet de cette civilisation antique qui inspira l'ancien monde, on dirait qu'elle se fit une loi de ne l'imiter que dans les ridicules superstitions dont les brahmes entourèrent le peuple pour occuper sa vie, lui faire oublier le joug et la perte de sa liberté.

Sacrifices et cérémonies d'après le Lévitique et les coutumes indoues.

Les sacrifices et les cérémonies, tels que les institua Moïse, sont empruntés dans leurs moindres détails au culte vulgaire des Indous.

L'holocauste par excellence des sacrifices brahmaniques est le bœuf. La vénération dont jouit cet animal dans l'Inde vient de ce qu'il est l'offrande la plus agréable qu'on puisse faire à Dieu.

C'est un bœuf également que le Lévitique ordonne d'immoler à la porte du Tabernacle.

Dans les cérémonies de moindre importance, le prêtre brahme offre à l'autel des chevraux et des chèvres, en choisissant de préférence ceux à toison rousse, des brebis sans tache et n'ayant pas encore porté, ainsi que des gazelles noires, des biches à la robe mouchetée et des tourterelles.

Le Lévitique ordonne également le sacrifice des brebis et des chèvres sans tache et des colombes.

Chez les Indous, les oblations de fruits se font avec de la farine, du riz, de l'huile, du beurre clarifié et des graisses de toute nature.

Pour les mêmes oblations, les Hébreux emploient la farine, le pain et l'huile, et les prémices de tous les grains.

Chez les deux peuples, le sel doit accompagner toutes ces offrandes, et brahmes et lévites se partagent ce qui reste des sacrifices. Un feu perpétuel brûle sur l'autel dans la pagode indoue, alimenté par les deva-dassi ou prêtresses consacrées.

Le même feu brûle dans le Tabernacle judaïque, alimenté par les lévites, car Moïse n'admit pas les femmes dans le service de son Dieu.

Toutes les fautes enfin contre la loi religieuse, toutes

les impuretés, dans l'Inde comme en Judée, disparaissent par les sacrifices et les cérémonies de purification.

Je ne m'étendrai pas davantage sur ce sujet, ce que je viens de dire me paraît plus que suffisant pour faire l'évidence et prouver l'imitation.

Chose étonnante! pas plus que l'Égypte, qui le divinisa pour la plèbe ; pas plus que la Perse et la Grèce ancienne, qui en firent la base de leurs hécatombes, la Judée ne put se soustraire à ce culte général du bœuf, qui, nul ne pourra le constater, a pris naissance dans l'Inde. Aussi rencontre-t-on à chaque page, dans la Bible, des phrases dans le genre de celle-ci :

« Vous ne lierez point la bouche du bœuf qui foule le grain, et vous lui permettrez d'en manger.

« Vous ne labourerez point avec un bœuf et un âne attelés ensemble. »

Ces témoignages de respect, il faut bien le reconnaître, sont un restant des anciennes superstitions des basses classes égyptiennes, dont il fut impossible à Moïse de se débarrasser complétement.

Purification des femmes nouvellement accouchées, d'après le Lévitique et la coutume indoue.

Nous lisons dans le Lévitique :

« Si une femme, *suscepto semine*, enfante un mâle, elle sera impure pendant sept jours, de même que pendant sa période mensuelle.. . .

. . . .

« Si elle enfante une fille, elle sera impure pendant deux semaines..... et elle demeurera soixante jours pour être purifiée.

« Lorsque les jours de sa purification auront été accomplis, ou pour un fils ou pour une fille, elle portera en témoignage de cela, et pour être offert en holocauste, à l'entrée du Tabernacle, un agneau d'un an et le petit d'une colombe ou d'une tourterelle, que, pour l'expiation, elle remettra au prêtre. »

Nous lisons dans Manou :

« La naissance d'un enfant est une souillure pour ses parents, mais surtout pour la mère, qui est déclarée impure pendant autant de jours qu'il s'est écoulé de mois depuis la conception ; elle devra suivre le mode adopté pour la purification après les saisons naturelles. »

Nous lisons dans Colloûca (Commentaires) :

« Il était d'usage autrefois que la femme, après ses ablutions, terminât la cérémonie de la purification par l'offrande d'un jeune agneau qui n'avait pas encore été tondu, accompagné de miel, de riz et de beurre clarifié ; elles se bornent aujourd'hui, après les ablutions, à faire servir aux brahmes souniassys (hermites mendiants) dix manganys de riz et six copas de beurre clarifié. »

Prohibition de certaines coutumes du deuil, d'après la Bible.

Dans l'Inde, à la mort du père de famille, sa femme, ses enfants, ses esclaves, devaient se faire raser entièrement la tête et se pratiquer une légère incision au front en signe de deuil ; il est même des veuves, dans certaines castes élevées, qui enduisaient cette blessure d'une couleur délayée dans un corrosif quelconque, pour que cette marque ne pût s'effacer, se vouant ainsi à un deuil perpétuel.

Les Hébreux avaient, sans aucun doute, conservé ces coutumes puisées en Égypte ; car, dans le chapitre 14 du Deutéronome, il leur est défendu de se faire des incisions et de se tondre la tête pour pleurer les morts. Il est vrai de dire qu'un peu plus loin, par un retour sur cette défense, il leur est ordonné de se couper les cheveux au décès de leurs parents.

Sans doute, l'usage ayant continué malgré la loi, on préféra permettre ce qu'on ne pouvait empêcher.

Les brahmes ne doivent rien posséder en propre.

La mission du brahme, d'après la sainte Écriture et Manou, doit être d'enseigner la sainte Écriture, de présider aux sacrifices ; il ne peut rien distraire de son temps consacré au Seigneur pour cultiver la terre, soigner les bestiaux et recueillir les moissons. Ces travaux sont l'apanage de Vaysias, à qui le Seigneur les a confiés. Mais il n'est pas un champ dans l'Inde, une terre, un arbre ou un animal domestique qui ne doive concourir à satisfaire les besoins des élus du Seigneur.

« Donnez aux brahmes, dit le divin Brighou, les premières mesures de nelly (riz) que vous aurez cueillies, le premier veau, la première brebis, la première chèvre, qui naîtront chaque année dans vos étables. Donnez-leur également les premiers fruits des cocotiers, la première huile qui découle du pressoir, la première pièce d'étoffe que vous tisserez; sachez enfin que les prémices de tout ce qui vous appartient leur appartiennent, si vous voulez que le Seigneur vous conserve la possession de vos biens, et que la terre produise abondamment selon vos désirs. »

Prescriptions identiques chez les Hébreux.

Jéhovah, par la bouche de Moïse et d'Aaron, défend aux lévites d'avoir aucune part dans la terre des enfants d'Israël :

« Je vous ai donné, dit-il, tout ce qu'il y a de plus excellent dans l'huile, dans le vin et dans le blé, tout ce qu'on offre de prémices au Seigneur.

« Toutes les prémices des biens que la terre produit, et qui sont présentées au Seigneur, seront réservées pour votre usage; celui qui est pur en votre maison en mangera.

« Tout ce que les enfants d'Israël me donneront pour s'acquitter de leurs vœux sera à vous.

« Tout ce qui naît le premier de toute chose, soit des hommes, soit des bêtes, et qui est offert au Seigneur, vous appartiendra; en sorte néanmoins que vous recevrez le prix pour le premier né de l'homme, et que vous feriez racheter tous les animaux qui sont impurs.

« Mais vous ne ferez point racheter les premiers nés du bœuf, de la chèvre et de la brebis, parce qu'ils sont agréables au Seigneur. »

La seule différence entre les usages indous et hébraïques, est dans ce que le premier né de l'homme n'était pas offert aux brahmes, et qu'on ne pouvait pas leur donner les prémices des animaux impurs.

De tels rapports de similitude peuvent, je crois, se passer de commentaires, et l'on peut dire que l'influence de l'Inde s'accuse aussi bien dans les détails que dans l'ensemble des grands principes qu'elle a légués aux sociétés anciennes.

Impuretés et purifications chez les Hébreux, d'après le Lévitique.

Lorsqu'on lit, au chapitre 15 du Lévitique, les lois de purification pour les impuretés involontaires des hommes et des femmes, on est frappé d'un étonnement bien naturel, en voyant qu'elles ne font que reproduire les ordonnances sacrées qui règlent cette matière chez les Indous.

Prenons pour exemple les deux cas dont s'occupe le chapitre que nous venons de citer, pour les comparer à leurs similaires dans l'Inde.

Impuretés de l'homme.

« Parlez aux enfants d'Israël, et dites-leur que l'homme qui souffrira de son flux séminal, sera déclaré impur.

« Et on jugera qu'il souffre de cet accident lorsque, à chaque instant, il s'amassera une humeur fétide qui s'attachera à sa chair.

« Tous les lits où il dormira et tous les endroits où il se sera assis seront impurs.

« Si quelque homme touche à son lit, il lavera ses vêtements, et s'étant lui-même lavé dans l'eau, il demeurera impur jusqu'au soir.

« S'il s'assied où cet homme se sera assis, il lavera aussi ses vêtements, et s'étant lavé dans l'eau, il demeurera impur jusqu'au soir.

« Celui qui aura touché la chair de cet homme lavera ses vêtements, et s'étant lui-même lavé dans l'eau, il demeurera impur jusqu'au soir.

« Si cet homme jette sa salive sur celui qui est pur, celui-ci lavera ses vêtements, et s'étant levé dans l'eau, il demeurera impur jusqu'au soir.

« La selle sur laquelle il se sera assis sera impure. Et tout ce qui aura été sous celui qui souffre de cet accident sera impur jusqu'au soir. Celui qui portera quelqu'une de ces choses lavera ses vêtements, et après avoir été lui-même lavé avec l'eau, il sera impur jusqu'au soit.

« Que si un homme en cet état, avant que d'avoir lavé ses mains, en touche un autre, celui qui aura été touché lavera ses vêtements, et ayant été lavé dans l'eau, il sera impur jusqu'au soir.

« Quand un vaisseau aura été touché par cet homme, s'il est de terre, il sera brisé, s'il est de bois, il sera lavé dans l'eau.

« Si celui qui souffre cet accident est guéri, il comptera sept jours après en avoir été délivré; et ayant lavé ses habits et tout son corps dans des eaux vives, il sera pur.

« Le huitième, il prendra deux tourterelles ou deux jeunes colombes, et se présentant devant le Seigneur, à l'entrée du Tabernacle du témoignage, il les donnera au prêtre, qui en immolera un pour le péché et offrira l'autre en holocauste, et priera pour lui devant le Seigneur, afin qu'il soit débarrassé de cette impureté.

« L'homme qui se sera approché d'une femme (*vir de quo egreditur semen coitus*) se lavera tout le corps avec de l'eau et sera impur jusqu'au soir.

« La femme dont il se sera approchée se lavera avec de l'eau et sera impure également jusqu'au soir.

Impuretés de la femme.

« La femme dans son état mensuel (*quæ redeunte mense patitur fluxum sanguinis*) devra être séparée de toute chose pendant sept jours.

« Quiconque la touchera sera impur jusqu'au soir, et toutes les choses sur lesquelles elle aura dormi et où elle se sera assise, pendant les jours de sa séparation, seront souillées.

« Celui qui aura touché à son lit lavera ses vêtements, et après s'être lui-même plongé dans l'eau, il sera impur jusqu'au soir.

« Quiconque aura touché à toutes les choses sur lesquelles elle se sera assise, lavera ses vêtements, et s'étant lui-même plongé dans l'eau, il sera impur jusqu'au soir.

« Si un homme s'approche d'elle, lorsqu'elle sera dans cet état qui se renouvelle chaque mois, il sera impur pendant sept jours, et tous les lits sur lesquels il dormira seront souillés.

« La femme qui, hors le temps ordinaire, souffre plusieurs jours de cet accident, qui est ordinairement mensuel, ou chez laquelle cet accident ordinaire se continue, alors qu'il aurait dû cesser, demeurera impure comme elle est chaque mois et tant que durera cet accident.

« *Et pendant cette prolongation*..... tous les lits sur lesquels elle aura dormi et toutes les choses sur lesquelles elle se sera assise, seront impures. Quiconque également les aura touchées lavera ses vêtements, et après s'être lavé lui-même restera impur jusqu'au soir.

« Si cet accident s'arrête, et après que les effets ont cessé, la femme comptera sept jours avant de se purifier.

« Et au huitième, elle offrira pour elle au prêtre deux tourterelles ou deux jeunes colombes à l'entrée du Tabernacle du témoignage.

« Le prêtre en immolera une pour le péché et offrira l'autre en holocauste; et il priera devant le Seigneur pour elle et pour ce qu'elle a souffert d'impur.

« Vous apprendrez donc aux enfants d'Israël à se garder de toutes choses impures, afin qu'ils ne meurent point par ces souillures et ne polluent point mon Tabernacle, qui est au milieu d'eux.

« Telle est la loi qui regarde celui qui souffre d'un flux séminal ou qui se souille en s'approchant d'une femme.

« Telle est aussi la loi qui regarde la femme séparée de toute chose, par ses accidents de chaque mois, ou en laquelle ces accidents se continuent en dehors de la période ordinaire. Cela regarde également l'homme qui se sera approché d'elle dans cette situation.

Impuretés et purifications chez les Indous, d'après les Vedas et le commentateur Ramatsariar.

Le Veda, ou Écriture sainte, pose en principe que l'on doit purifier toutes les souillures du corps par des ablutions, au même titre qu'on purifie les souillures de l'âme par les bonnes œuvres et la prière.

Ramatsariar, dont nous allons citer le commentaire, est un sage de la plus haute antiquité, fort vénéré parmi les brahmes-théologiens du sud de l'Indoustan, et qui forme autorité dans tout ce qui regarde les purifications, les cérémonies et sacrifices du culte.

Voici comment il s'exprime sur le sujet qui nous intéresse :

« Il est un état, chez l'homme et chez la femme, qui leur défend de prendre part aux fêtes de famille et aux cérémonies dans le temple, car ils sont impurs, et l'ablution faite avec les eaux sacrées du Gange ne les purifie point avant que cet état n'ait cessé. »

Impuretés de l'homme.

« Tout homme qui aura contracté une maladie par l'usage ou l'abus des femmes sera impur pendant qu'il en souffrira, jusqu'à sa guérison, et dix jours et dix nuits encore au delà.

« Son haleine est impure, sa salive est impure, sa sueur est impure.

« Il ne peut manger ni avec sa femme, ni avec ses enfants, ni avec aucun autre de ses parents ou de sa caste; les mets deviennent impurs; impurs aussi seront pendant trois jours tous ceux qui mangeraient avec lui.

« Ses vêtements sont souillés et doivent être purifiés par l'eau lustrale, et tous ceux qui les touchent deviennent immédiatement impurs pendant trois jours.

Celui qui lui parle, en se tenant sous le vent, est impur, et se purifie par l'ablution du soir au soleil couchant.

« La natte de son lit est impure, et rien ne peut la purifier; elle doit être brûlée.

« Son lit est impur et doit être purifié par l'eau lustrale. Les vases dont il se sert pour boire, les plats de terre cuite sur lesquels il place son riz sont souillés; ils doivent être brisés et enfouis dans le sol.

« Si ces vases ou ces plats sont en cuivre ou en tout autre métal, ils peuvent être purifiés par l'eau lustrale ou par le feu.

« Toute femme qui consentira à se joindre à lui, connaissant l'état dans lequel il se trouve, sera impure pendant dix jours et dix nuits, et devra offrir le sacrifice de la purification après s'être lavée dans la piscine destinée aux souillures honteuses.

« Cet homme ainsi impur ne pourra accomplir les cérémonies funéraires pour l'anniversaire de la mort de ses parents; le sacrifice serait impur et repoussé par le Seigneur de toutes les créatures.

« Le cheval, le chameau, l'éléphant, sur lesquels il s'asseoira pour se faire porter en pélerinage, seront impurs et devront être lavés avec de l'eau, dans laquelle on aura fait dissoudre une tige de cousa.

« S'il accomplit le pélerinage du Gange, ses fautes ne lui seront point remises, parce qu'il l'aura fait étant impur.

« S'il emporte de l'eau du fleuve sacré, elle ne pourra servir à préparer l'eau lustrale, car elle deviendra impure comme lui.

« S'il frappe en cet état un homme de sa caste, il sera condamné au double de l'amende ordinaire, et celui qui sera frappé deviendra impur jusqu'au coucher du soleil.

« Quand il sera guéri, il se lavera dans la piscine des souillures honteuses, puis fera ses ablutions avec l'eau lustrale, puis consacrera toute une journée à prier, car il n'a pu le faire efficacement jusqu'à ce jour.

« Il fera d'abondantes aumônes aux sauniassys.

« Il se rendra alors à la porte de la pagode, où il déposera des offrandes de riz, de miel et de beurre clarifié, avec un jeune agneau qui n'a pas encore été tondu. S'il est pauvre et ne peut offrir un agneau, il donnera une couple de colombes à la robe sans tache et qui n'auront pas encore gazouillé la chanson de l'amour et tressé leur nid. Alors il sera purifié, et pourra se réjouir avec sa femme et ses enfants. »

Impureté de la femme.

« Le divin Manou a dit : « Seize jours complets, avec quatre jours distincts, interdits par les gens de bien, forment ce qu'on appelle la saison naturelle de la femme, pendant laquelle son mari peut venir à elle avec amour, séduit par l'attrait de la volupté. De ces seize jours, les quatre premiers étant déjà défendus, ainsi que le onzième et le treizième, les dix autres sont approuvés. »

« Le Veda a dit : « Le mari doit respecter sa femme en la saison naturelle, comme on respecte la fleur du bananier, qui annonce la fécondité et la moisson prochaine. »

« Le onzième et le treizième jours sont frappés d'interdiction par des motifs d'abstinence. Les quatre premiers jours seuls sont regardés comme engendrant la souillure et la honte pour tous ceux qui ne les respectent pas.

« Pendant ces quatre jours, la femme est impure ; qu'elle se réfugie au fond de sa maison et se cache loin de son mari, de ses enfants, de ses serviteurs.

« Son haleine est impure, sa salive est impure, sa sueur est impure.

« Tout ce qu'elle touche devient impur à l'instant même, et le lait se caille dans le vase qu'elle tient entre ses mains.

« La natte de son lit est souillée; elle doit être brûlée et le lit purifié par l'eau lustrale.

« Toutes les choses sur lesquelles elle se sera reposée seront impures, tous ceux qui les toucheront deviendront impurs et devront se purifier par l'ablution du soir.

« Qu'elle ne prononce pas le nom de son mari, ni celui de son père, ni celui de sa mère, en cet état, car elle est impure et les souillerait.

« Qu'elle ne se frotte point de safran.

« Qu'elle ne se pare point de fleurs.

« Qu'elle ne se fasse point tresser la chevelure par ses femmes; en cet état, elle ne doit point chercher à plaire.

« Qu'elle quitte ses bijoux, ils deviendraient impurs et il faudrait les purifier par le feu.

« Elle ne doit manger ni avec son mari, ni avec ses enfants, ni avec ses femmes, encore bien que ces dernières soient de la même caste qu'elle.

« Qu'elle se garde bien de faire des offrandes et d'assister aux cérémonies funéraires, ses offrandes seraient impures et les cérémonies seraient souillées.

« Si cette impureté de quatre jours, établie par le divin Manou, se prolonge de deux, de quatre ou de six jours, la purification ne pourra avoir lieu pendant ce laps de temps ; ainsi le prescrit la loi.

« Lorsque tous signes extérieurs auront cessé, et après deux ablutions, celle du matin et celle du soir, qui sont dites ablution du soleil levant, ablution du soleil couchant, qu'elle achève de se purifier par l'eau lustrale.

« Qu'elle se rende alors à la porte de la pagode et y dépose des offrandes de riz, de miel et de beurre clarifié; qu'elle offre également un jeune agneau sans tache, et qui n'a pas encore été tondu, ou si elle ne le peut, une couple de colombes qui n'ont pas encore gazouillé la chanson de l'amour ni tressé leur nid.

« Et, ayant fait cela, elle sera purifiée et pourra reprendre ses occupations dans sa maison.

« Et elle pourra rappeler auprès d'elle son mari qui l'avait fuie, en exécution de cette parole de l'Écriture : « Celui qui, pendant les nuits in-
« terdites, s'abstient du commerce conjugal, se conserve aussi pur qu'un dwidja ou un brahmatchar (élève de la sainte Écriture, étudiant en
« théologie). »

Il faudrait être un partisan bien acharné de la révélation, en présence d'aussi frappantes ressemblances entre la société judaïque et la société indoue, pour voir en Moïse autre chose qu'un législateur qui, ayant à donner des lois à un peuple issu de la classe servile, de cette classe qui n'était astreinte à d'autres règles que celles de la souffrance et du travail, s'est borné à recopier Manès et les institutions égyptiennes, dont l'origine orientale est incontestable.

Ne savons-nous pas, au surplus, que tous les peuples de l'Asie furent soumis à de pareilles coutumes, encore en honneur aujourd'hui chez la plupart d'entre eux. Sous ces chaudes latitudes, la religion prit sous sa sauvegarde les soins hygiéniques de propreté du corps, seuls moyens de combattre les dangereuses épidémies qui désolent périodiquement ces contrées, et de prévenir la lèpre, cette hideuse maladie que l'Europe ne connaît plus, mais qui règne encore en Orient avec autant de force que dans les temps anciens.

De Manou à Mahomet, ces lois sanitaires furent les mêmes; le climat en révélait la nécessité, et je n'eusse certainement point pris la peine de démontrer que Moïse n'avait été qu'un copiste de coutumes plus anciennes que lui, mais qu'il était naturel d'adopter, s'il n'était des gens qui, dans leur enthousiasme sincère ou de convention, s'obstinent à voir le doigt de Dieu et la révélation partout.

Moïse fait immoler un bœuf sur l'autel, à l'exemple des brahmes, des hiérophantes égyptiens, des mages de la Perse, des prêtres de l'ancienne Grèce; au lieu de voir là une imitation bien naturelle d'usages aussi vieux que le monde, les jésuites Ménochius et de Carrières y trouvent l'emblème, la figure de l'Eucharistie.

Moïse ordonne des ablutions exigées par le climat, il s'inspire des règlements édictés par Manès et Manou; au lieu de reconnaître qu'il n'a fait que suivre la coutume générale de l'Orient, les mêmes jésuites voient dans ces ablutions imposées aux Hébreux l'image de la pureté de la foi nouvelle, qui doit plus tard régénérer le monde chrétien.

C'est toujours le même système de commentaires; on ne veut pas admettre que l'acte le plus insignifiant ne soit né sur le mont Sinaï et ne soit d'inspiration divine. Mais aussi, pour soutenir cette opinion, à quelles tristes arguties n'est-on pas obligé de descendre !

Pourquoi nous étonner? Ne savons-nous pas dès longtemps qu'il n'y a pour certaines castes ni vérités historiques, ni bon sens, ni raison en dehors d'elles et de leurs adeptes?

Est-ce que les brahmes, les mages, les lévites et les hiérophantes, en se prétendant les élus de Dieu, les seuls dispensateurs de la vérité et du bien, consentirent à se laisser discuter un seul instant? Est-ce qu'ils ne proscrivirent pas leurs ennemis? Est-ce qu'ils ne firent pas trembler les rois qui voulurent se soustraire à leur influence? Est-ce qu'ils ne régnèrent pas par la torture et le bûcher? . . . .

Pourquoi, encore une fois, nous étonner si la tradition se continue, si l'héritage a trouvé des héritiers, et si le lévitisme moderne emploie toutes ses forces et fait donner toutes ses réserves pour une bataille suprême, dans le but avoué de proscrire la raison et la liberté, et de rajeunir ce vieux despotisme sacerdotal, qui a déjà couvert le monde de ruines et de martyrs?

Défense de manger du sang des animaux et du sang des bêtes mortes, d'après la Bible.

Nous lisons dans le Lévitique :

« Si un homme, quel qu'il soit, ou de la maison d'Israël ou des étrangers qui sont venus demeurer parmi eux, mange du sang, j'arrêterai sur lui l'œil de ma colère et je le perdrai du milieu de son peuple.

« Parce que la vie de la chair est dans le sang, et que je vous l'ai donné afin qu'il vous serve sur l'autel pour l'expiation de vos âmes et que l'âme soit expiée par le sang.

« C'est pourquoi j'ai dit aux enfants d'Israël que nul d'entre vous, ni même des étrangers qui sont venus demeurer parmi vous, ne mange du sang.

« Si quelque homme d'entre les enfants d'Israël ou des étrangers qui habitent avec vous prend à la chasse quelqu'une des bêtes, ou au filet quelqu'un des oiseaux qu'il est permis de manger, qu'il en répande le sang et qu'il le couvre de terre.

« Car la vie de toute chair est dans le sang ; c'est pourquoi j'ai dit aux enfants d'Israël : « Vous ne mangerez point du sang de toute chair, « parce que la vie de la chair est dans le sang, et quiconque en man- « gera sera puni de mort. »

Défenses relatives aux bêtes mortes.

« Si quelqu'un, ou du peuple d'Israël ou des étrangers, mange une bête qui sera morte d'elle-même ou qui aura été tuée par une autre bête, il lavera ses vêtements et se lavera lui-même dans l'eau; il sera impur jusqu'au soir et il deviendra pur par cette oblation.

« Mais s'il ne lave point ses vêtements et son corps, il conservera sa souillure. »

Défense de manger du sang des animaux et de la chair des bêtes mortes, d'après les institutions brahmaniques.

Nous lisons dans Ramatsariar :

« L'homme qui mange le sang d'un animal non proscrit par le Veda, c'est-à-dire dont on peut se nourrir, est dit fils d'un pisotchas (sorte de démon vampire) et périra, car nul ne doit se nourrir de sang.

« Celui qui mange le sang d'un animal proscrit par le Veda, c'est-à-dire dont on ne peut se nourrir, meurt de la lèpre, et son âme doit revivre dans le corps d'un chacal immonde.

« Le sang, c'est la vie, c'est la divine liqueur qui arrose et féconde la matière dont est formé le corps, comme les cent bras du Gange arrosent et fécondent la terre sacrée; et de même qu'il serait insensé d'essayer de tarir la source du fleuve immense, de même il ne faut point tarir les sources de la vie inutilement, ni les profaner en s'en nourrissant.

« C'est par le sang que le fluide pur (agasa) émané du grand tout, et qui est l'âme, vient s'unir au corps. C'est par le sang que le fœtus tient à la mère; c'est par le sang que nous tenons à Dieu.

« On ne mange pas la séve des arbres, qui est leur sang et qui produit le fruit. De même il ne faut pas manger le sang des animaux, qui est leur sève.

« Le sang renferme les secrets mystérieux de l'existence; nul être créé ne peut exister sans lui. C'est profaner la grande œuvre du Créateur que de manger du sang.

« Que celui qui s'en sera nourri craigne de ne pouvoir quitter, dans les migrations successives, le corps de l'animal immonde où son âme doit renaître.

« Le brahme sacrificateur égorge le bœuf, l'agneau ou la chèvre, avant de les offrir à l'autel; que ceci vous soit un exemple.

« Quand vous désirez vous nourrir avec la chair des animaux purs et qui ne sont point prohibés, soit des ruminants à la corne fendue, soit d'autres pris à la chasse, volatiles ou quadrupèdes, faites un trou dans la terre et bouchez-le après y avoir répandu le sang de l'animal que vous voulez manger.

« Outre les peines en l'autre monde, l'éléphantiasis, la lèpre et les maladies les plus honteuses attendent en celui-ci quiconque transgressera ces défenses. »

Prohibitions relatives aux bêtes mortes.

« Tout animal qui meurt de lui-même, ou par accident, est impur, encore bien qu'il ne soit pas de ceux qui sont défendus par la sainte Écriture, parce que son sang est encore dans son corps et que nul ne l'a répandu en terre.

« Celui qui mange de cet animal mange son sang avec sa chair, ce qui est défendu, et il devient impur comme la bête dont il s'est nourri.

« Si la plupart des gens des *classes mêlées* meurent par la lèpre et par des maladies honteuses, qui font de leur corps la proie des vers, même avant qu'ils aient cessé de vivre, c'est qu'ils mangent de toutes les bêtes mortes qu'ils rencontrent.

« Celui qui en aura mangé devra se rendre auprès de la piscine des souillures honteuses, et après y avoir lavé ses vêtements, il plongera son corps dans l'eau et fera trois ablutions prolongées, et il restera impur jusqu'au second soleil levant.

En défendant de se nourrir de sang, Moïse ne donne d'autre motif à cette prohibition que celui contenu en cette parole : « Parce que la vie de la chair est dans le sang, » et, comme toujours, il ne fait suivre sa pensée d'aucun éclaircissement.

Comme on voit bien qu'il s'adressait à un peuple qui avait besoin d'être plutôt dominé qu'éclairé, et qui acceptait les défenses sans en rechercher la raison.

Dans l'Inde, au contraire, la même prohibition sent le besoin de se développer, de s'adresser à l'intelligence, de lui faire comprendre pourquoi elle a été édictée, et alors les considérations dont elle s'entoure s'élèvent à une hauteur que la Bible n'a pas entrevue, parce qu'elle n'a été qu'un souvenir affaibli. . . . .

« Le sang, c'est la vie, c'est la divine liqueur qui arrose et féconde la matière dont est formé le corps, comme les cent bras du Gange arrosent et fécondent la terre sacrée.

« C'est par le sang que le fluide pur (*agasa*) émané du Grand-Tout, et qui est l'âme, vient s'unir au corps. » . .

Le savant peut se moquer de cette définition du Veda, le penseur en admire l'emblème. . . . .

Et Moïse ne fit certainement qu'abréger ses souvenirs quand il écrivit cette simple explication de la règle qu'il imposait : « Parce que la vie de la chair est dans le sang. »

Ces étranges rapprochements ne prouvent-ils pas d'une manière irréfutable que la Bible n'est qu'un écho des institutions de l'Orient? Je ne sais si je m'abuse, mais il me semble que, pour tout esprit sérieux, il n'y a là que la réalisation d'une idée qui se présente naturellement à la simple lecture des œuvres laissées par Moïse.

Dans les cinq livres attribués à ce législateur, on trouve à chaque pas des détails de mœurs, des coutumes, des cérémonies, des modes de sacrifices, des lois, qui, donnés sans la moindre explication, ne peuvent trouver leur raison d'être que dans l'imitation des civilisations anciennes, et plus nous avancerons dans ces études comparatives, plus nous nous persuaderons que Moïse n'a fait qu'abréger, à l'usage des Hébreux, les institutions des Égyptiens, que ces derniers avaient reçues de l'Inde.

Défense aux Israélites de tuer leurs bœufs, leurs brebis ou leurs chèvres dans un autre endroit que devant le tabernacle.

Le Lévitique s'exprime ainsi :

« Le Seigneur parla encore à Moïse et lui dit :

« Dites à Aaron, à ses fils et à tous les enfants d'Israël : Voici ce que le Seigneur a ordonné, voici ce qu'il a dit :

« Tout homme de la maison d'Israël qui aura tué un bœuf, une brebis ou une chèvre dans le camp ou hors du camp, au lieu de les immoler devant le Tabernacle pour les offrir au Seigneur, sera coupable de meurtre et périra au milieu du peuple, comme s'il avait versé le sang d'un de ses semblables.

« C'est pourquoi les enfants d'Israël doivent présenter au prêtre les animaux qu'ils veulent immoler, au lieu de les égorger dans les champs, afin qu'ils soient sanctifiés par le Seigneur, à qui on les aura offerts, comme des sacrifices pacifiques, devant le Tabernacle du témoignage.

« Le prêtre répandra le sang sur l'autel, à l'entrée du Tabernacle du témoignage, et il fera brûler la graisse comme une odeur agréable au Seigneur.

« Et ainsi ils n'immoleront plus à l'avenir leurs animaux aux démons, auxquels ils se sont autrefois abandonnés, et cette loi sera éternelle pour eux et pour leur postérité.

« Vous leur direz encore : Si un homme de la maison d'Israël ou de ceux qui sont venus de dehors, et qui sont étrangers parmi vous, tue quelque animal sans l'amener à l'entrée du Tabernacle du témoignage, afin qu'il soit sanctifié par le Seigneur, il périra au milieu de son peuple. »

Avant de rechercher le sens symbolique de cette curieuse injonction de ne tuer des animaux, bœuf, agneau ou chèvre que devant la porte du tabernacle et par la main du prêtre, voyons quelles furent les ordonnances réglant les mêmes coutumes chez les Indous.

Nous lisons dans Manou, livre V :

« L'Être qui existe par sa propre volonté a créé lui-même les animaux pour le sacrifice, et le sacrifice est la cause de l'accroissement de cet univers ; c'est pourquoi le meurtre commis pour le sacrifice n'est point un meurtre.

« Autant l'animal avait de poils sur le corps, autant de fois celui qui l'égorge d'une manière illicite périra de mort violente à chacune des naissances qui suivront.

« Celui qui ne mange la chair d'un animal qu'il a acheté ou qu'il a reçu d'un autre qu'après l'avoir offerte à Dieu, ne se rend pas coupable. Car manger de la viande, après l'accomplissement du sacrifice, a été déclaré la règle divine.

« Un brahme ne doit jamais manger la chair des animaux qui n'ont pas été consacrés par des prières, mais qu'il en mange, se conformant à la règle éternelle, lorsqu'ils ont été consacrés par les paroles sacrées.

« Celui qui, même tous les jours, se nourrit de la chair des animaux qu'il est permis de manger, ne commet point de faute, car Brahma a créé certains êtres animés pour être mangés et les autres pour les manger.

« Que le dwidja qui connaît la loi n'ait jamais la pensée de tuer un animal sans en faire l'offrande; qu'il ne mange jamais de viande sans se conformer à cette règle, à moins de nécessité urgente.

« Celui qui, uniquement pour son plaisir, tue d'innocents animaux, ne voit pas son bonheur s'accroître, soit pendant sa vie, soit après sa mort.

« Mais l'anachorète retiré dans les forêts ne doit commettre aucun meurtre sur les animaux sans la sanction du Veda, même en cas de détresse. »

Extrait du Sama-Veda :

« On doit respecter les animaux, car leur imperfection est une œuvre de la sagesse supérieure qui domine les mondes, et il faut respecter cette sagesse, même dans ses œuvres les plus infimes.

« Vous ne tuerez donc point les animaux, qui, comme vous, sont de création divine, sans motifs ou pour le plaisir.

« Vous ne les tourmenterez point.

« Vous ne les ferez point souffrir.

« Vous ne les accablerez pas de travaux.

« Vous ne les abandonnerez point dans leur vieillesse, en souvenir des services qu'ils vous ont rendus.

« L'homme ne peut tuer les animaux que pour sa nourriture, en évitant avec soin ceux qui sont défendus comme impurs.

« Même en les immolant pour sa nourriture, il commet une faute, dont il sera sévèrement puni s'il n'observe la règle prescrite.

« Qu'il conduise devant le temple l'animal dont il désire manger, et le prêtre l'immolera en l'offrant au Seigneur, et il répandra le sang de la victime sur l'autel.

« Car le sang, c'est la vie, et toute vie qui s'éteint doit retourner à Dieu.

« Celui qui mange de la chair sans se conformer aux prescriptions de la sainte Écriture, mourra d'une manière ignominieuse, car il a tué sans sanctifier son meurtre, car il a versé le sang sans l'offrir au maître de toutes choses. »

Sur le même sujet, Ramatsariar (commentaires) :

« Celui qui veut observer la loi prescrite ne mangera de la chair des animaux qu'après les avoir fait offrir à Dieu par le brahme sacrificateur, qui en répandra le sang sur l'autel, car le sang doit être offert au Créateur pour sanctifier la mort.

« Quiconque mangera de la chair sans le sacrifice sera maudit en ce monde et dans l'autre, car le divin Manou a dit : « Il me dévorera dans « l'autre monde celui dont je mange la chair ici-bas. »

Il résulte de ce passage du Lévitique, que nous avons cité plus haut, que Moïse défendit aux Hébreux d'immoler des animaux ailleurs que devant la porte du tabernacle, et cela sous peine de mort.

Mais, comme toujours, le législateur dédaigne d'exposer ses motifs, de faire connaître le but de sa défense.

Pourquoi, suivant l'expression même de la Bible, prohiber le meurtre de tout animal *in castris vel extra castra*, dans le camp ou en dehors du camp.

La strophe 7 du chapitre XVII du Lévitique, qui traite cette matière, contient bien un semblant d'explication dans ces paroles : « *Et nequaquam ultra immolabunt hostias suas dæmonibus*... Et ils n'offriront plus à l'avenir leurs *immolations* aux faux dieux. »

Mais que prouve ce passage? Il indique simplement qu'autrefois les Israélites immolaient leurs animaux devant les statues des dieux que Jéhova avait renversés, et que les mêmes coutumes étaient conservées au profit du culte nouveau.

Ce que nous voudrions trouver dans l'œuvre de Moïse, c'est l'idée qui a pu donner naissance à cette prohibition d'immoler en tout autre lieu que devant la porte du tabernacle, *ut sanctificentur Domino*, afin que les animaux tués soient sanctifiés par le Seigneur.

Pourquoi enfin cette sanctification du sang versé!

Il faut toujours en revenir là!

Moïse n'a fait qu'abréger les ordonnances anciennes de l'Égypte et de l'Inde, et, abréviateur inintelligent, en retenant la coutume, il lui arrive toujours d'oublier l'idée qui lui a donné naissance.

Reportons-nous aux passages de Manou et du Veda que nous avons transcrits sur le même sujet, et alors il nous est possible de dissiper l'obscurité du texte biblique, de l'expliquer logiquement, tout en déduisant de cela la conséquence naturelle que ce texte n'est, comme tous les autres, que le resultat d'une copie mal faite.

Toutes les nations anciennes, et principalement les Indous, eurent un respect profond pour l'œuvre mystérieuse de la création divine, et leurs constantes préoccupations furent de n'y point porter atteinte ; de là leur sainte horreur pour le sang et le meurtre des animaux. Placés entre cette crainte de toucher à l'œuvre de Dieu et les nécessités de la vie matérielle, qui les forçaient à se nourrir de chair, ils imaginent cette fiction religieuse qui consiste à immoler l'animal destiné à leur subsistance devant le temple de la divinité, et à légitimer ainsi le sang versé en l'offrant au Créateur.

Car, suivant l'expression du Veda :

« Le sang, c'est la vie, et toute vie qui s'éteint doit retourner à Dieu...

De là l'anathème jeté par Manou et l'Écriture sainte à tout brahme, à tout dwidja, à tout homme pur de manger de la chair d'un animal qui n'aurait pas été préalablement sacrifié à Dieu.

De là encore cette parole de la Bible :

« Tout homme de la maison d'Israël qui aura tué un bœuf, ou une brebis, ou une chèvre dans le camp ou hors du camp, et qui ne les aura pas présentés à l'entrée du tabernacle pour être offerts au Seigneur, sera coupable de meurtre... »

C'est de l'Inde, n'en doutons point, que l'Orient tout entier reçut cette coutume d'offrir à la divinité le sang des animaux pour les sanctifier avant de s'en nourrir.

Plus tard l'idée première s'affaiblit, elle se symbolisa, on cessa de sacrifier au Créateur chaque animal que l'on tuait. A cette cérémonie de tous les jours on substitua des fêtes périodiques, pendant lesquelles le peuple apporta des animaux de toute espèce, que le prêtre sacrifia sur l'autel dans un but de pacification générale.

L'Inde seule resta fidèle à ses antiques usages, et, même encore aujourd'hui, les brahmes et les membres des hautes castes ne mangent de la chair que quand elle a été consacrée dans le temple.

Voilà comment toutes les civilisations anciennes procèdent les unes des autres, et comment, en les comparant dans les plus minces détails de leur vie, de leurs coutumes usuelles, on parvient à retrouver cette communauté d'origine qui, loin d'être le fruit d'une idée paradoxale, est le résultat fatal et logique des lois qui président au développement de l'espèce humaine.

L'opinion catholique, qui persiste à voir dans les anciens usages hébraïques une figure de l'Église nouvelle, explique ce chapitre du Lévitique d'une toute autre maniere.

Suivant elle, ces prohibitions ont été simplement établies par Dieu pour empêcher les Juifs d'offrir des sacrifices ailleurs qu'au tabernacle.

Je ferai d'abord remarquer que la Bible se sert de cette expression : *Homo quilibet de domo Israël*, c'est-à-dire tout homme en Israël qui aura tué un animal ailleurs que devant la porte du tabernacle.

. . . .

S'il se fût agi d'un sacrifice à la divinité, le prêtre seul eût eu le droit de l'offrir, tandis que, dans l'espèce qui nous occupe, tout Hébreux a le droit de tuer devant le tabernacle, pourvu qu'il sanctifie son acte en remettant le sang de la victime au prêtre, qui le répand sur l'autel en signe d'expiation.

C'est donc bien des animaux destinés à la nourriture qu'il s'agit, et non de ceux destinés aux cérémonies purement religieuses.

Ante ostium tabernaculi testimonii immolent eas hostias pacificas.

Ils immoleront ces victimes pacifiques devant l'entrée du tabernacle.

Voilà ce qui est ordonné aux Hébreux :

Fundetque sacerdos sanguinem super altare Domini.

Le prêtre en répandra le sang sur l'autel du Seigneur.

Voilà le rôle du lévite.

Je le répète, s'il se fût agi d'un sacrifice symbolique à la divinité, le prêtre seul eût eu le droit d'immoler la victime, et cela, non à la porte du tabernacle, mais dans le fond même du temple, où nul autre que lui ne pouvait entrer.

Au surplus, il faut faire subir au texte de singulières torsions pour arriver à rendre possible cette explication que nous combattons.

Voici la traduction de ce passage par le père de Carrière, dans l'édition approuvée de la Bible que nous avons sous les yeux.

Texte du Lévitique :

Homo qui libet de domo Israel, si occiderit bovem, aut ovem, sive capram, in castris vel extra castra;

Et non obtulerit ad ostium Tabernaculi oblationem Domino, sanguinis reus erit : quasi si sanguinem fuderit, sic peribit de medio populi sui.

Ideo sacerdoti offerre debent filii Israel hostias suas quas occident in agro, ut sanctificentur Domino.....

Traduction littérale :

Tout homme de la maison d'Israël qui aura tué un bœuf, une brebis ou une chèvre, dans le camp ou hors du camp,

Et qui ne l'aura pas offert au Seigneur, devant la porte du Tabernacle, sera coupable d'avoir versé le sang; et comme s'il avait versé le sang, il périra au milieu de son peuple.

C'est pourquoi les enfants d'Israël doivent offrir au prêtre les victimes qu'ils ont tuées dans les champs, pour qu'elles soient sanctifiées par le Seigneur.

Traduction du père de Carrières, de la compagnie de Jésus :

Tout homme de la maison d'Israël *ou des prosélytes établis parmi eux qui, voulant offrir un sacrifice au Seigneur*, aura tué *dans ce dessein* un bœuf ou une brebis ou une chèvre dans le camp ou hors du camp.

Et qui ne l'aura pas présenté à l'entrée du Tabernacle pour être offert au Seigneur, sera coupable de meurtre, et il périra au milieu de son peuple, comme s'il avait répandu le sang d'un homme.

C'est pourquoi les enfants d'Israël doivent présenter aux prêtres *les hosties qu'ils veulent offrir au Seigneur, afin qu'ils les immolent devant le Tabernacle*, au lieu de les égorger dans les champs.....

Tous les passages soulignés n'existent pas dans le texte : cette loyauté de traduction peut se passer de commentaires. Remarquons toutefois que ce sont précisément ces interpolations peu scrupuleuses qui servent de base à cette opinion, que le Lévitique a entendu dans ce chapitre parler des animaux offets purement en sacrifice à Jéhova, et non de ceux destinés à la nourriture du peuple.

Au surplus, le Lévitique, au chapitre VII, semble vider lui-même cette question, quand il ordonne d'offrir au Seigneur le sang et la graisse de tous les animaux tués indistinctement, sous peine de mort, et de donner au prêtre la poitrine et l'épaule droite de chaque victime immolée.

Il ne s'agit donc bien ici que des animaux destinés à la nourriture : cela ne saurait supporter l'ombre d'un doute. Il est incontestable également qu'on est obligé de remonter à l'extrême Orient pour trouver une explication de ces coutumes, que la Bible est impuissante à nous donner.

Impureté occasionnée par les morts, et soins de pureté, d'après le Lévitique.

Lévitique, chapitre XXI :

Le Seigneur dit aussi à Moïse : Parlez aux prêtres, enfants d'Aaron, et dites-leur que le prêtre, lors des cérémonies funéraires pour la mort d'un de ses concitoyens ne fasse rien qui le rende impur ;

« A moins que ce ne soit pour les cérémonies de ceux qui lui sont unis le plus étroitement par le sang et qui sont ses plus proches, c'est-à-dire son père et sa mère, son fils et sa fille, et son frère.

« Et sa sœur vierge, qui n'a pas encore été mariée. Mais il ne fera rien de ce qui peut le rendre impur, à la mort même du prince de son peuple.

« En ces occasions, les prêtres ne raseront point leur tête, ni leur barbe ; ils ne feront point d'incision dans leur corps.

« Ils se conserveront sains pour Dieu, et ils ne souilleront point son nom, car ils présentent l'encens du Seigneur et ils offrent les pains de leur Dieu ; c'est pour cela qu'ils doivent rester purs. »

Lévitique, chapitre XXII :

« Le Seigneur parla encore à Moïse et lui dit :

« Parlez à Aaron et à ses fils, afin qu'ils prennent garde, quand ils ne sont pas purs, de toucher aux oblations sacrées des enfants d'Israël, pour ne pas souiller ce qu'ils m'offrent et ce qui m'est consacré, car je suis le Seigneur.

« Dites-leur pour eux et pour leur postérité : Tout homme de votre race qui, étant devenu impur, s'approchera des choses qui lui auront été consacrées et que les enfants d'Israël auront offertes au Seigneur, périra devant le Seigneur.

« Tout homme de la race d'Aaron qui sera lépreux ou qui souffrira ce qui ne doit arriver que dans l'usage du mariage, ne mangera point des choses qui m'ont été sanctifiées jusqu'à ce qu'il soit guéri. Celui qui touchera un homme devenu impur pour avoir touché à un mort ou à un homme qui souffrira ce qui ne doit arriver que dans l'usage du mariage :

« Ou qui touchera ce qui rampe sur la terre, et généralement tout ce qui est impur, et que l'on ne peut toucher sans être souillé, sera impur jusqu'au soir ; il ne mangera point des choses qui ont été sanctifiées avant de s'être lavé le corps dans l'eau.

« Quand le soleil sera couché, alors, étant purifié, il mangera des choses sanctifiées, car c'est la seule nourriture qui lui soit permise.

« Ils ne mangeront point d'une bête qui est morte d'elle-même, ou qui aura été prise par une autre bête, et ils ne se souilleront point par ces viandes.

« Qu'ils gardent mes préceptes, afin qu'ils ne tombent point dans la souillure, et qu'ils ne meurent point dans le sanctuaire après qu'ils l'auront souillé, car je suis le Seigneur qui les sanctifie. »

Si la Bible n'était pas un livre qu'on s'habitue à lire, sans s'inquiéter la plupart du temps d'en comprendre le sens, il y a longtemps qu'on serait persuadé qu'elle n'est qu'un mélange des anciens mystères, dont les initiés avaient seuls la clef, et des superstitions les plus vulgaires de l'Égypte, et il y a longtemps que la lumière serait faite sur ce point.

Ces deux passages que nous venons de citer nécessitent quelques développements avant de les faire suivre des ordonnances indoues dont ils découlent.

Le chapitre XXI ordonne aux prêtres de ne point se mêler aux cérémonies mortuaires, car ils deviendraient impurs.

Il leur est permis seulement de présider aux funérailles de leurs proches, en s'abstenant toutefois de tout ce qui pourrait les rendre impurs.

Il n'y a même pas exception à cette règle générale pour la mort du prince du peuple.

Le chapitre XXII défend aux prêtres de toucher aux choses saintes lorsqu'ils sont impurs, c'est-à-dire lépreux, affectés de certaines maladies, ou ayant été souillés par un mort ou un homme qui a touché un mort, ou enfin quand ils auront touché ce qui rampe sur la terre, *et généralement tout ce qui est impur*, suivant l'expression même du Lévitique.

Et c'est là ce qu'on voudrait vous faire admettre comme un résultat de la révélation divine.

Le prêtre est souillé parce qu'il accompagne son semblable à sa dernière demeure.

Le prêtre est souillé par le contact d'un mort ou de tout homme qui a touché un mort.

Le prêtre est souillé parce qu'une maladie indépendante de sa volonté est venue l'affliger.

Le prêtre est souillé pour avoir touché des animaux rampants.

Quel singulier ramassis de superstitions ridicules, et comme nous hausserions les épaules de pitié si nous rencontrions pareilles choses dans la théologie de quelque peuplade barbare de l'Océanie !

Quoi! ce serait de la bouche d'un Dieu que ces paroles seraient tombées! l'Être suprême ne se serait manifesté aux hommes que pour les astreindre à d'aussi singulières pratiques!...

Je comprends jusqu'à un certain point que tout cela ait été bon pour ce peuple d'Israël, abruti par la servitude, et qui ne s'est signalé dans sa liberté que par le meurtre et le brigandage; mais qu'on vienne aujourd'hui nous faire ployer le genou devant ces fétiches... ce serait, je ne crains pas de le dire, à désespérer à tout jamais du bon sens de la raison humaine.

Il n'est rien de plus facile, heureusement, que de montrer à cette révélation qu'elle n'a rien révélé, de démontrer que Moïse n'a su faire autre chose que continuer les traditions de l'Orient et de constituer les lévites sur le modèle des hiérophantes et des brahmes.

Il est à remarquer que dans la Bible du législateur hébraïque, c'est-à-dire dans les cinq livres qui lui sont attribués, il est fort peu question des souillures par la faute, ou, si vous aimez mieux, par le péché... Toute souillure vient d'un contact impur.

Ne touchez pas un mort... Une bête qui rampe... Un homme malade. Vous péririez devant le Seigneur : *Peribit coram Domino.*

Ce système d'impuretés qui cessent par les ablutions, *cum laverit carnem suam aqua,* est tout simplement celui que l'hygiène a inspiré à tous les peuples de la Haute Asie, à tous les peuples de l'Orient; et le Jéhova de Moïse n'en est pas plus le révélateur que Mahomet, qui, lui aussi, plaça les ablutions, si nécessaires dans ces climats, sous la tutelle religieuse.

Mais les législateurs antiques ont senti le besoin de forcer ainsi à la propreté les indolentes populations de ces brûlantes contrées, et Moïse, qui attribue ces prescriptions à Dieu lui-même, est le seul qui n'en laisse pas deviner les motifs, ce qui les rend profondément absurdes.

On pourrait même dire beaucoup plus de la prohibition suivante :

« *Et ad omnem mortuum non ingreditur omnino; super patre quoque suo et matre non contaminabitur.*

« Et il n'approchera jamais d'aucun mort, quel qu'il puisse être, même de son père ou de sa mère, car il serait souillé! »

Je sais bien qu'on me dira que je ne comprends point la Bible, qu'il y a dans tout cela un sens figuré que je ne saisis point, parce que mes yeux ne sont point éclairés par la lumière de la foi, que ces coutumes ne sont que des images, que cette pureté exigée des anciens lévites n'est que la figure de la pureté que doivent avoir les prêtres de l'Église nouvelle.

Je connais toutes les opinions du père de Carrières ou autres et de leurs adeptes, mais je connais aussi leur manière de traduire... et de torturer les textes, maintenant qu'ils n'osent plus torturer les hérétiques.

Il serait vraiment par trop curieux qu'on puisse venir nous faire croire que toutes les coutumes, tous les usages, tous les actes de la vie d'un peuple ont été inspirés par Dieu comme un emblème, une figure, une prédiction d'une religion qu'il avait l'intention de fonder plus tard...

Eh! non, messieurs, nous n'accepterons point vos idées. Dieu n'est point pour nous cet ouvrier mal habile qui s'y prend à deux fois pour compléter son œuvre, et quand il nous a créés dans ce but mystérieux que nous ne connaîtrons que dans l'autre vie, il nous a donné, en laissant tomber sur nous une étincelle de sa majesté divine, la plus sublime des croyances, et la conscience de tous en garde pieusement le souvenir.

Laissez donc la révélation hébraïque, que la raison n'admettra jamais, et croyez que la sublime et touchante morale du Christ n'a pas besoin d'avoir pour devancières toutes les superstitions que les initiés des temps anciens laissaient en pâture à la plèbe.

Impureté occasionnée par les morts d'après Manou, les Vedas et le commentateur Ramatsariar.

Manou, livre V :

« L'impureté occasionnée par un corps mort a été déclarée par la loi durer dix jours pour ceux qui président aux funérailles, jusqu'au moment où les os sont recueillis (on sait que les Indous brûlent leurs morts).

« La souillure causée par un mort est commune à tous les parents.

« En un jour et une nuit ajoutés à trois fois trois nuits, les proches parents du mort qui ont touché son cadavre sont purifiés ; trois jours seulement sont nécessaires pour les parents éloignés.

« L'élève qui accomplit la cérémonie des funérailles de son directeur spirituel n'est purifié qu'au bout de dix nuits ; il est mis sur le même rang que les parents qui portent le corps.

« Pour les enfants mâles (de la caste des prêtres) qui meurent avant d'avoir été tonsurés, la purification est d'une nuit. Mais, lorsqu'ils ont reçu la tonsure, une purification de trois nuits est requise.

« Un enfant mort avant l'âge de deux ans, sans être tonsuré, doit être transporté par ses parents dans la terre bénite, et sans qu'on le brûle pour recueillir ses os.... .. Et ses parents sont soumis à une purification de trois jours.

« Un dwidja, si son compagnon de noviciat vient à mourir, est impur pendant un jour.....

« Les parents maternels des jeunes filles fiancées, mais non mariées encore, qui viennent à mourir, sont purifiés en trois jours. Les parents paternels sont purifiés de la même manière........ Qu'ils se baignent pendant trois jours.

« Lorsqu'un brahme savant dans la sainte Écriture est décédé, tout homme qui l'approche est souillé pendant trois nuits seulement.

« Lorsqu'un roi meurt, tout ce qui l'approche est souillé tant que dure la lueur du soleil, s'il est mort de jour, et tant que dure la lueur des étoiles, s'il est mort de nuit. »

Telles sont en substance les règles générales d'impureté pour ceux qui touchent les morts ; voyons maintenant en quoi consiste l'impureté du prêtre, et de quelle manière il doit se purifier du contact des morts.

Extrait du Veda (préceptes) :

« Le brahme qui a reçu l'investiture sacrée, et qui par cela est destiné à offrir les sacrifices et à expliquer la sainte Écriture, doit s'abstenir de tout contact avec les morts, car les morts procurent l'impureté, et le prêtre officiant doit être toujours pur.

« La vue seule d'un homme impur le souille, et il doit, après avoir fait les ablutions prescrites, réciter à voix basse les oraisons qui effacent les souillures.

« Mais le brahme qui accomplit les cérémonies funéraires à la mort de son père et de sa mère n'est point souillé, car le Seigneur de toutes choses a dit : « Celui qui honore son père et sa mère en cette vie, et sa« crifie à leur mort, qui est leur naissance en Dieu, ne peut jamais être « impur. »

« S'il préside aux funérailles de ses frères ou de ses sœurs, qu'il n'a pas encore pourvues d'un mari, il sera impur jusqu'à la fin de la cérémonie, et il se purifiera par la prière et les ablutions jusqu'au second coucher de soleil.

« Qu'il n'entre jamais dans le temple étant impur pour y offrir le sacrifice du sorwamedha ou de l'aswanuda : le sacrifice qu'il offrirait serait impur.

« Qu'il assiste aux funérailles royales, qu'il les sanctifie par ses prières, mais qu'il se garde de toucher le corps. »

Abandonnant alors ces règles d'impureté du corps, qui lui paraissent secondaires, le Veda poursuit, en s'élevant à une hauteur que la Bible ne sut jamais atteindre :

« Le vrai sage deux fois régénéré, et qui vit dans la perpétuelle contemplation de Dieu, n'est souillé par rien en ce monde.

« La vertu est toujours pure, et il est la vertu.

« La charité est toujours pure, et il est la charité.

« La prière est toujours pure, et il est la prière.

« Le bien est toujours pur, et il est le bien.

« L'essence divine est toujours pure, et il est une portion de l'essence divine.

« Le rayon de soleil est toujours pur, et son âme est comme un rayon de soleil, qui vivifie tout ce qui l'entoure.

« Sa mort même ne causera d'impureté à personne, car la mort est pour le sage deux fois régénéré une seconde naissance dans le sein de Brahma. »

Ramahsariar (commentaires sur le Veda) :

« Le corps devient impur par l'impur contact des morts et de toutes les choses que la loi a déclarées impures.

« L'âme devient impure par le vice.

« Ces lois d'impuretés du corps ont été établies par celui qui existe par son seul pouvoir, afin que l'homme entretienne la vie du corps et lui donne la santé et la force par l'eau, qui est le souverain purificateur.....

« Quant aux impuretés de l'âme, elles se purifient par l'étude de la sainte Écriture, les sacrifices expiatoires et la prière, etc......

« Et comme l'a dit le divin Manou : « Un brahme devient pur en se « détachant de toutes les affections mondaines. »

Défense aux lévites de boire des liqueurs fermentées avant d'entrer dans le tabernacle.

Lévitique, chapitre x :

« Le Seigneur dit aussi à Aaron :

« Vous ne boirez point, vous et vos enfants, de vin, ni rien de ce qui peut enivrer, quand vous entrerez dans le Tabernacle du témoignage, de peur que vous ne soyez punis de mort; ce précepte est éternel et sera suivi par toutes les générations qui vous suivront :

« Afin que vous ayez la science de discerner ce qui est saint ou profane, ce qui est pur ou impur :

« Et que vous appreniez aux fils d'Israël les lois que le Seigneur leur a données par la bouche de Moïse. »

Défense aux brahmes de boire des liqueurs fermentées avant de pénétrer dans le temple.

Extrait du Veda (au livre des préceptes, Brahmanas) :

« Que le brahme officiant, avant d'affronter la majesté du maître de l'univers pour lui offrir dans le temple le sacrifice de l'expiation, s'abstienne de toutes liqueurs spiritueuses et des plaisirs de l'amour.

« Les liqueurs spiritueuses engendrent l'ivresse, l'oubli des devoirs; elles profanent la prière.

« Les divins préceptes de l'Écriture sainte ne peuvent sortir d'une bouche empestée par l'ivresse.

« L'ivresse est le pire de tous les vices, car il souille la raison, qui est un rayon de Brahma lui-même.

« Les plaisirs de l'amour permis aux hommes, tolérés aux dwidja, sont défendus aux prêtres quand ils se préparent à la contemplation du dominateur des cieux et des mondes.......

« .... Le brahme ne peut s'approcher de l'autel du sacrifice qu'avec *une âme pure dans un corps pur.* »

On trouvera peut-être que ce dernier passage n'est pas d'une grande importance en présence de ce fait que toutes les religions de l'Orient se sont réunies pour proscrire les boissons fermentées.

L'antiquité de l'Inde est là pour démontrer que la législation religieuse de ce pays est la première en date qui ait défendu aux prêtres l'usage des liqueurs spiritueuses, et surtout prohibé les plaisirs de l'amour lorsque ces derniers se préparent à offrir le sacrifice.

Cette dernière défense n'a pas été relevée par la Bible qui, du reste, ne s'est guère inquiétée des questions de mœurs que pour donner des leçons d'immoralité.

Quoi qu'il en soit, cette citation du Véda démontre une fois de plus combien l'Écriture hébraïque est au-dessous des Écritures sacrées des Indous, sous le rapport de la grandeur dans les idées et de la dignité.

Mariage des prêtres. — Défauts qui excluent du sacerdoce.

Lévitique, chapitre XXI :

« Le prêtre prendra pour femme une vierge.

« Il n'épousera point une veuve, ou une femme qui ait été répudiée ou qui ait été déshonorée, ou une infâme, mais il prendra une fille de sa tribu.

« Il ne mêlera point le sang de sa race avec une personne du commun du peuple, parce que je suis le Seigneur qui le sanctifie.

« Le Seigneur dit encore à Moïse :

« Dites encore à Aaron : Si un homme d'entre les familles de votre race a une tache sur le corps, il n'offrira point le sacrifice à son Dieu.

« Et il n'approchera point du ministère de son autel s'il est aveugle, s'il est boiteux, s'il a le nez ou trop petit, ou trop grand, ou tortu.

« S'il a le pied ou la main estropiés.

« S'il est bossu, s'il est chassieux, s'il a une taie sur l'œil, s'il a une gale qui ne le quitte point, ou une grotelle répandue sur le corps, ou une hernie.

« Tout homme de la race du prêtre Aaron qui aura quelque tache ne s'approchera point pour offrir des victimes au Seigneur ou des pains consacrés.

« Néanmoins, il pourra manger des pains qui sont offerts dans le sanctuaire.

« Mais de telle sorte, qu'il n'entrera point au dedans du voile et qu'il n'approchera point de l'autel, parce qu'il a une tache et qu'il ne doit point souiller mon sanctuaire. Je suis le Seigneur qui les sanctifie....

Mariage des prêtres d'après les Vedas et les institutions brahmaniques.

Extrait du Veda (préceptes).

« Que le brahme épouse une jeune brahmine vierge et sans tache, lorsqu'il aura accompli le temps de son noviciat et reçu l'investiture sacrée.

« Qu'il ne recherche pas une veuve, une fille malade ou de mauvaises mœurs, ou toute autre appartenant à une famille qui n'étudie point l'Écriture sainte.

« La femme qu'il choisira devra être agréable et bien faite ; que sa marche soit pudique et timide, son visage doux et souriant, sa bouche pure de tout baiser ; que sa voix soit mélodieuse et caressante comme celle du datyhoua ; que ses yeux respirent l'innocence dans l'amour. Car c'est ainsi que la femme remplit la maison de joie et de bonheur et qu'elle attire la prospérité.

« Qu'il se garde de toute femme de race impure ou vulgaire : il serait souillé par son contact, et ainsi il serait la cause de la dégradation de sa famille.

« La femme dont les paroles, les pensées et le corps sont purs, est un baume céleste.

« Bien heureux sera celui dont le choix sera ratifié par tous les gens de bien. »

Manou, livre III, id.

« Il est enjoint au dwidja de se choisir une femme de sa classe.....

« Qu'il prenne une vierge bien faite, dont le nom soit agréable, qui ait la démarche gracieuse du cygne ou du jeune éléphant, dont le corps soit revêtu d'un léger duvet, dont les cheveux soient fins, les dents petites et les membres d'une douceur charmante.

« Qu'il évite celle dont la famille néglige les sacrements, ne produit pas d'enfants mâles ou n'étudie pas la sainte Écriture..., ou celle dont les parents sont affligés de maladies honteuses.....

Ramatsariar (commentaires), id.

« Le brahme qui épouse une femme qui n'est point vierge, qui est veuve, qui a été répudiée par son mari ou qui n'est point connue comme une femme vertueuse, ne peut être admis à offrir le sacrifice, car il est impur, et rien ne peut laver sa souillure.

« Il n'est rapporté, dit le divin Manou, ni par l'histoire, ni par la tradition, qu'un brahme, même par force, ait épousé une fille de basse classe.

« Que le brahme épouse une brahmine, dit le Veda.

« Donc il est écrit que le brahme ne peut rechercher une femme de basse extraction ou de la classe servile.

« Le divin Manou dit encore :

« Le brahme qui partage la couche d'une femme soudra sera rejeté du séjour céleste.

« Aucune purification n'est prescrite par la loi pour celui dont les lèvres sont souillées par celles d'une femme soudra, et qui a respiré son haleine impure.......

Défauts qui excluent les prêtres des sacrifices à la divinité d'après les institutions brahmaniques.

Ramatsariar (Commentaires) :

« Le brahme atteint de maladies honteuses, comme la lèpre, l'éléphantiasis ou la gale, ne peut entrer dans le temple pour offrir le sacrifice, car il est impur, et Dieu ne recevrait point son offrande.

« Cette impureté durera tout le temps de la maladie, et dix jours au delà, et il se purifiera par des ablutions dans l'étang sacré du temple, et par trois fois s'aspergera d'eau lustrale.

« Si la maladie ne se peut guérir, il sera exclu pour toujours des sacrifices, mais il aura sa part dans les offrandes de riz, de miel, de beurre clarifié, de grains et d'animaux égorgés pour le sacrifice ; car le divin Manou a dit qu'il serait frappé de mort dans toutes ses naissances successives, le brahme qui userait d'une nourriture non consacrée. »

Ainsi, comme on peut le voir, les livres sacrés et les théologiens de l'Inde n'éloignent du temple et des sacrifices que le brahme affecté de maladies contagieuses, et cela seulement pendant la durée de ces maladies.

Après avoir copié ce principe, la Bible l'exagère dans ses applications, et, comme toujours, avec une étroitesse d'idées voisine du ridicule.

Comment trouvez-vous ce Jéhovah de Moïse qui chasse de son temple tous ceux *qui ont une taie sur l'œil* ou qui ont le malheur de naître avec *un nez ou trop grand, ou trop petit, ou tortu.*

Les lumières de la foi doivent sans doute avoir le secret de ces choses aussi tristes que curieuses, et qui témoignent si profondément de l'étroitesse d'idées et du peu d'élévation d'esprit de leur auteur.

Baser des vices rédhibitoires religieux sur une affection de l'œil ou la forme du nez!...

C'était bien la peine de renier les superstitions d'Égypte et de faire exterminer les sectateurs de Moloch!

Il est temps, croyons-nous, d'en finir avec ces comparaisons de coutumes indoues et hébraïques; ce n'est pas que le terrain nous manque et que les textes nous fassent défaut, mais il nous paraît superflu d'en encombrer ce volume aux dépens des autres matières qu'il doit encore traiter.

Aussi bien la preuve de la thèse que nous soutenons, à savoir : Que la société judaïque ne fut par l'Égypte qu'une émanation indoue, comme, du reste, toutes les autres civilisations de l'antiquité, nous paraît-elle assez suffisamment faite pour qu'il nous soit permis d'aborder la partie la plus intéressante de notre tâche.

Ne serait-ce pas nier l'évidence, après des rapprochements aussi concluants, après les études générales de la première partie de cette œuvre, que de repousser l'influence des sociétés primitives de l'Orient sur l'antiquité tout entière, pour attribuer ces ressemblances à un hasard inintelligent.

Il ne reste à nos adversaires possibles que deux moyens pour essayer de renverser ces faits et les conclusions qui en découlent.

Le premier consistera à soutenir que l'influence attribuée par nous à l'Inde sur les peuples anciens peut tout aussi bien venir de Moïse et de la révélation biblique.

Le second consistera à mettre en doute l'authenticité des livres sacrés des Indous, ou tout au moins à leur assigner une origine postérieure à celle de Moïse.

Ces deux objections, que, du reste, j'ai déjà entendu se produire, ne sont graves qu'en apparence; mais il est juste de compter avec elles, et bien que les premières pages de cet ouvrage n'aient été écrites que pour les combattre, il reste à démontrer qu'elles ne sont que le résultat d'un anachronisme historique et philosophique.

Cette question, une fois vidée, allégera d'autant les sublimes traditions de la Genèse indoue, que nous allons aborder, et que nous tenons par dessus tout à affaiblir le moins possible par des discussions qui ne manqueraient pas d'en diminuer l'intérêt.

CHAPITRE VIII

IMPOSSIBILITÉ DE L'INFLUENCE BIBLIQUE SUR LE MONDE ANCIEN

Quelques écrivains catholiques, dans un enthousiasme que je comprends, ont voulu faire de Moïse l'initiateur des peuples anciens.

On pourrait, je crois, sans grand danger, ne pas faire à cette opinion l'honneur d'une discussion ; les hommes sérieux et nourris de l'antiquité seront de cet avis. Cependant, un semblant d'objection peut naître de cette prétention.

Voyons donc ce qu'elle vaut.

Je comprends qu'une grande nation, l'empire romain, par exemple, puisse faire accepter son influence aux peuples qu'elle soumet à ses lois par la conquête.

Je comprends qu'un petit peuple, les Athéniens, par exemple, arrive, par le développement extraordinaire de son génie artistique, de son génie littéraire, philosophique et moral, à servir de modèle à ses successeurs dans cette grande voie du progrès qui sillonne le monde et ne connaît pas de nationalités. En effet, on n'effacera pas de la scène du monde civilisé les siècles de Périclès et d'Auguste.

La Judée peut-elle revendiquer un pareil passé?

Où sont ses grandes conquêtes portant au loin l'influence de son nom?

Où sont ses monuments artistiques, philosophiques et littéraires?

Nés de l'esclavage, descendants des parias de l'Égypte, les Hébreux errent pendant longtemps dans le désert; repoussés de tous côtés par les peuplades limitrophes qui ne voulaient ni s'allier avec eux, ni leur permettre le passage sur leurs terres, ils se précipitent un beau jour, comme une horde de sauvages affamés, sur les petites tribus de la Palestine, brûlant, saccageant, massacrant, qui les Amalecites, qui les Chananéens, qui les Madianites, qui les Amorrhéens, etc....

Voilà leurs conquêtes!

Jamais ramassis de brigands obscurs, d'envahisseurs nomades, ne laissèrent derrière eux tant de ruines noyées dans le sang. Il est vrai que ces attaques violentes et ces pillages s'accomplirent au nom de Jéhovah, ce qui, pour beaucoup de gens, est encore aujourd'hui une excuse suffisante.....

En effet, ce Dieu de paix et d'amour ne trouvait jamais ses adorateurs assez féroces,... son bain rouge assez profond. Avait-on épargné quelques malheureuses mères et leurs petits enfants, sa colère faisait tressaillir la nue; il éclatait en menaces épouvantables contre les Hébreux qui n'exécutaient pas entièrement ses ordres,... et vite qu'on égorge toutes ces vieilles femmes et ces enfants, qui ne sont bons à rien : ne conservez que les vierges.

Est-ce assez moral, est-ce assez curieux d'impudeur?

Je me suis toujours demandé pourquoi les partisans de

la révélation repoussaient le Coran; ils trouveraient là, cependant, des leçons d'humanité que l'épouvantail hébraïque s'est bien gardé de leur donner.

Heureusement que ces scènes de carnage, que toutes ces turpitudes ne dépassèrent pas le cercle restreint de la Judée, et que les anciens maîtres de l'Égypte, ainsi que les Assyriens et les Babyloniens, se dérangèrent de temps en temps pour venir mettre à la raison ces forcenés, qui ne purent jamais vivre en paix, ni abandonner le goût du pillage et des rapines.

Ce n'est donc point par de tels exemples que ce petit pays, perdu au milieu des nations de l'antiquité et englobé plus tard dans la conquête romaine, a pu exercer son influence.

Si nous nous retournons du côté du progrès dans la littérature, dans la philosophie, dans les arts et les sciences, nous sommes obligé d'avouer, et nous bénirions celui qui nous démontrerait notre erreur, que nous ne trouvons que la nuit la plus obscure et la plus profonde ignorance.

Il n'est pas un peuple au monde qui ait si peu fait, si peu produit, si peu pensé.....

Nous avons cet art colossal de l'Égypte qui fait rêver par le gigantesque de ses proportions, s'il ne force pas l'admiration par la beauté et la sublimité de ses œuvres, comme l'art arthénien.

Nous avons l'art indou, père de celui de l'Orient tout entier, qui se distingue égalcment par la grandeur et la majesté.

Les fouilles modernes ont retrouvé les sculptures enfouies de Babylone et de Ninive.

Où sont les legs artistiques de la Judée?

Oh! je connais la réponse.

Les Hébreux n'eurent pas d'art. Lisez la Bible et les descriptions du temple dédié à Jehovah.

Les Hébreux n'eurent pas de poésie, pas de littérature. Lisez la Bible.

Les Hébreux n'eurent pas de sciences morales et philosophiques. Lisez la Bible.

C'est toujours la Bible, la Bible encore... Tout est dans ce livre.

Hé bien! là, franchement, cela ne peut me contenter, et, s'il faut vous le dire, la page la plus insignifiante de Platon ou de Vyasa, la tragédie la plus simple de Sophocle ou d'Euripide, une scène de Sacountala, un bras tombé d'une statue de Phydias, ou une sculpture de Dahouta feraient bien mieux mon affaire.....

Vous ne voyez donc pas que ce peuple d'Israël, abêti par la servitude et qui avait gardé ses traditions errantes du désert, opprimé par un lévitisme aussi inepte que despotique, constamment du reste emmené en esclavage par les nations ses voisines, n'eut ni l'idée, ni le temps d'acquérir le goût des grandes choses. Aussi, quand on parle de civilisation hébraïque, prononce-t-on un mot vide de sens.

En quoi la Judée ressemble-t-elle à l'Égypte, à la Perse, à l'Inde, pour qu'on puisse y retrouver son influence. Elle ne se rapproche de ces contrées que par les superstitions que ces dernières n'avaient admises que pour la plèbe.

Les hautes classes, en Égypte et dans tout l'Orient, se livraient à l'étude des sciences, à la recherche des vérités immortelles qui ont été déposées en germe dans la conscience de l'homme. Elles croyaient à l'unité d'un Dieu tout-puissant, protecteur, suprême générateur du bien, image de la puissance et de la bonté, laissant aux esclaves et aux artisans les sacrifices d'animaux, les offrandes de graines et de pain, qui forment tout le bagage de la théologie judaïque.

Il est trop évident que les Hébreux ne firent que continuer leur tradition de servage, et il serait par trop ridicule de faire naître chez eux le souffle initiateur des temps anciens.

Est-ce que les sociétés égyptiennes et indoues n'existaient pas de toute pièce au moment où ces esclaves s'enfuirent ou furent chassés dans le désert.

Il y avait longtemps que l'Inde des Vedas avait dit son dernier mot : sa splendeur pâlissait pour faire place à la décadence.

L'Égypte s'apprêtait à secouer le joug sacerdotal pour se jeter dans les bras des rois, si déjà elle ne l'avait fait.

Comment la Judée aurait-elle pu léguer des coutumes, des mœurs, des croyances qu'elle adoptait précisément à l'époque où ces coutumes, ces mœurs et ces croyances se transformaient, se modifiaient chez les autres peuples qui, primitivement, les avaient possédées ?

Est-ce que les Hébreux ne furent pas dans le monde ancien les derniers représentants du régime théocratique pur ? Est-ce qu'ils ne furent pas les derniers à conserver ces castes de prêtres et de lévites qui, sur le modèle des hiérophantes d'Égypte, dominèrent le peuple par les mystères et les superstitions les plus grossières, et ne se gênèrent point pour déposer les rois qui ne se firent pas les esclaves de leurs volontés ?

Les Israélites furent le peuple le plus méprisé de l'antiquité ; aucune des nations voisines n'avait oublié son origine servile. Aussi, quand elles voulaient des esclaves, savaient-elles se les procurer par une excursion sur les terres de la Judée.

Nous avons suffisamment répété que la Bible n'est pas un livre original ; il suffit de la lire attentivement pour s'en convaincre ; aucune des coutumes qu'elle impose ne lui appartient ; elles se retrouvent toutes dans les civilisations plus anciennes de l'Égypte et de l'Orient.

Dira-t-on que c'est ce livre qui a apporté dans le monde

les sacrifices d'animaux, l'holocauste du bœuf, par exemple? Ce serait mentir à l'histoire ou oublier que l'Égypte, la Perse et l'Inde accomplissaient ces sacrifices bien longtemps avant que Moïse les ait ordonnés.

Le système des purifications par les ablutions est aussi vieux que le monde chez les peuples asiatiques, et là encore l'innovation est impossible.

Bien plus, la Bible fut si bien un abrégé des anciens livres sacrés, entrevus par Moïse à la cour des Pharaons, qu'à chaque instant elle copie des passages inexplicables en eux-mêmes et qui se rapportent à des livres entiers de Manou ou des Védas, qu'elle a oublié de transcrire.

Ainsi vous trouvez constamment cette prohibition :

« Les prêtres ne toucheront ni aux morts, ni aux animaux rampants, ni à tout ce qui a été déclaré impur, car ils deviendraient impurs eux-mêmes. »

Où est le chapitre spécial des choses impures, de tout ce qu'il est défendu de toucher sous peine de souillure?

Il n'existe pas dans la Bible. Elle parle bien çà et là de quelques impuretés de l'homme, de la femme et de certains animaux, mais tout cela est noyé, à droite et à gauche, dans un fouillis de répétitions oiseuses qui ne permet jamais de dégager la pensée, cause de la loi.

Dans les livres sacrés des Indous, au contraire, on trouve une nomenclature complète et spéciale de tous les cas d'impuretés et de tous les objets qui les occasionnent, avec la manière de se purifier, ainsi que de nombreuses explications de l'esprit qui a présidé à ces ordonnances.

Qui donc doit procéder l'un de l'autre?

Est-ce la doctrine détaillée, rationnelle de l'Inde sur ces matières? Sont-ce, au contraire, ces fragments de la Bible écrits à la hâte, sans ordre, sans méthode et qui ne peuvent s'expliquer qu'en remontant aux sociétés plus anciennes qui nous en donnent la clef.

Cela ne souffre pas l'examen.

Dira-t-on que la Bible a apporté aux peuples cette grande idée de l'unité de Dieu que nul, jusqu'à elle, n'avait su dégager de la superstition et des mystères?

A cela nous répondrons que Moïse n'a fait que défigurer l'idée première qu'il avait puisée dans la théogonie égyptienne, et que son Jéhovah, irascible, sanguinaire et destructeur de nations, loin d'être un progrès, n'est que le pervertissement de la croyance primitive.

Ce n'est pas ainsi, nous le verrons bientôt, que l'Inde comprit le souverain maître de toutes choses.

Je fais beaucoup plus de cas du Jupiter grec que du Dieu de Moïse, et s'il nous donne quelques exemples qui n'appartiennent pas à la morale la plus recherchée, au moins ne fait-il pas baigner les pieds de son autel dans des flots de sang humain.

Dira-t-on encore que Moïse nous a conservé les traditions de la création de l'homme et du déluge?

Nous prouverons qu'il n'a fait que les obscurcir de fables ridicules, ce qu'il n'a pas manqué de faire, du reste, pour toutes les choses auxquelles il a touché.

Comment trouve-t-on ce conte des *Mille et une Nuits* qui attribue au rapt d'une pomme la sortie de nos premiers parents du Paradis terrestre et tous les maux qui, depuis, affligent l'humanité?

Il faut peu de chose, avouons-le, pour contenter la sagesse humaine. Je m'étonne cependant qu'avec la foi en pareilles choses on ose plaindre les populations ignorantes qui ont conservé la croyance aux sorciers.

Allons, c'est trop nous arrêter sur un pareil sujet, et peut-être n'eussions-nous pas dû accorder tant d'importance à cette objection qui, sans aucun doute, ne pourra trouver de souteneurs que chez les gens qui ont inscrit sur leur drapeau cette devise que nous avons déjà rencontrée sur notre chemin :

Credo quia absurdum.

CHAPITRE IX

AUTHENTICITÉ DES LIVRES SACRÉS DES INDOUS

Prouvez-nous l'authenticité des livres sacrés de l'Inde si vous voulez que nous puissions admettre votre système, dira-t-on de toutes parts?

Les uns prononceront cette parole avec la plus entière bonne foi, d'autres s'en serviront comme d'un piége.

Je m'explique.

Si un écrivain européen se chargeait d'expliquer Moïse et la Bible, le Christ et sa mission, ainsi que les écrits des évangélistes, aux Chinois ou aux Japonais, les forts en logique parmi ces peuples ne manqueraient pas de lui dire : Tout cela est fort bon, mais prouvez-nous l'authenticité de tous ces gens-là et de leurs ouvrages, car nous sommes forcés d'avouer que nous n'en avons jamais entendu parler. S'il s'agissait de Boudha ou de Com-fu-tsé, ce serait bien différent.

Que ferait notre compatriote?

Pour ne prendre qu'un exemple, infailliblement il s'exprimerait ainsi :

« Vous ne connaissez point le livre des Évangiles, savants Japonais et illustres Chinois, sachez donc que rien, cependant, n'est plus facile que de vous prouver l'authenticité de cet ouvrage. »

Quatre auteurs différents y mirent la main.

Le premier, qui est saint Jean, écrivit...

— Halte-là, feraient les interrupteurs ; prouvez-nous d'abord l'existence de cet homme, puis vous reviendrez à son livre.

— C'est trop juste. Saint Jean fut un pêcheur choisi par le Christ...

— Encore un nom! Si vous prouvez Jean par le Christ, prouvez d'abord ce Christ, nous ne le connaissons pas non plus.

— Je me rends à votre raisonnement, Chinois magnanimes. Écoutez donc : La trente et unième année du règne d'Auguste, un enfant, dont la naisance avait été prédite par...

— Mais c'est toujours la même chose, s'écrieraient immédiatement les Japonais. Qu'est donc cet Auguste dont vous nous parlez?

— Vous y tenez, va pour Auguste... Ce prince, fils adoptif et successeur de César...

— Oh! pour le coup, diraient les Chinois à leur tour, vous avez la manie des noms... Ne pourriez-vous nous prouver la véracité de votre livre et son existence historique sans tous ces messieurs dont nous entendons parler pour la première fois?

— Hélas, non! répondrait notre infortuné compatriote, et je vois bien que pour arriver à la preuve que vous me demandez, je serais obligé de vous faire un historique complet des anciennes civilisations de l'Occident, et encore, avec votre manie de m'arrêter à chaque pas et à chaque nom, arriverais-je infailliblement à des points obscurs que je ne pourrais expliquer, à des noms de héros, de législateurs et de rois dont je ne trouverai point les précurseurs.

Que feraient alors les Chinois et les Japonais?

Ceux qui seraient de bonne foi diraient : C'est vrai!

Ceux qui auraient tendu le piége se retourneraient vers les assistants en leur disant :

« Cet homme se moque de nous et c'est le mensonge qui parle par sa bouche. »

Qu'on ne s'attende donc point à ce que je vienne dire : Ce fut le Richi Bhrigou, dont l'origine se perd dans les temps les plus reculés de l'Orient, qui, le premier, recueillit les lois éparses de Manou qui déjà, depuis des siècles, étaient en honneur sur la terre de l'Inde. Après lui, Narada qui vivait avant le déluge, etc....

Ou bien encore :

Les Vedas, d'après les brahmes, furent révélés dans le crida-youga (premier âge), c'est-à-dire dans les premiers temps de la création. Le premier commentaire de ces livres religieux remonte au saint roi Bhâgiratha, contemporain de Bhrigou, etc....

Ce serait donner dans le piége que je viens de signaler et on ne manquerait pas de s'écrier avec joie dans certains camps :

« Hé! vous nous la bâillez belle avec votre Bhrigou, votre Narada et votre saint roi Bhâgiratha ! Que peuvent bien être tous ces hommes que vous invoquez comme des autorités? »

Et le tour serait joué.

Et comme je ne pourrais pas, en réponse, faire en deux articles de journaux un cours d'histoire de toutes les civilisations anciennes (ce qui demanderait la vie de plusieurs générations), pour réduire à néant les arguments de mes adversaires, on rejetterait le livre sans vouloir avouer que ce n'est point de ma faute si tant de gens vivent dans une si curieuse ignorance des antiques sociétés qui nous ont précédés de plusieurs milliers d'années sur la terre, sans vouloir avouer que ce n'est point de ma faute si on enseigne le grec et le latin, sans remonter à la langue mère, qui est le sanscrit; si on enseigne l'histoire ancienne sans remonter à l'histoire mère, qui est celle de l'extrême Orient.

Les preuves générales, les preuves les plus frappantes de l'authenticité des livres sacrés des Indous, je les ai données dans la première partie de cet ouvrage; les études auxquelles je me suis livré n'ont pas eu d'autre but. Je les ai données également dans mes recherches sur les sociétés hébraïques et indoues, et dans les comparaisons qui les ont suivies.

Je les ai données encore par le sanscrit, langue dans laquelle ces ouvrages sont écrits, et qui ne se parlait plus et et ne s'écrivait plus plusieurs siècles déjà avant Moïse.

Au surplus, quand vous retrouvez sur une terre et chez un peuple les lois, les coutumes, les mœurs, les idées religieuses, les traditions poétiques de l'antiquité tout entière, n'êtes-vous pas fondé à soutenir que l'antiquité a puisé là?

Aucun peuple de cette dernière époque ne fut l'image complète de celui de l'Inde, et par conséquent aucun ne put revendiquer l'ensemble de ces coutumes que vous trouvez toutes éparses ici et là, à droite et à gauche, en Perse, en Égypte, en Judée, en Grèce et à Rome, coutumes que l'Inde seule possède dans leur intégrité et dans leur ensemble.

Et si à tout cela vient s'ajouter encore cette langue primitive, cette langue merveilleuse qui a formé non-seulement tous les idiomes de l'Orient, mais encore le grec, le latin, les langues slaves et germaniques, nous sommes en droit de dire : Voilà les preuves de l'authenticité que nous invoquons en faveur des livres sacrés des Indous. Trouvez-nous en donc de par le monde, et sur n'importe quel sujet, qui soient plus imposantes, plus sensibles, surtout après avoir bravé les révolutions de toute nature et l'outrage des siècles.

CHAPITRE X

SPIRITUALISME DE LA BIBLE

Ce chapitre sera court. Une simple réflexion le compose, mais de ces quelques lignes pourrait naître un volume.

J'ai vainement fouillé et retourné dans tous les sens cette œuvre de Moïse, à qui on ne ménage pas le sublime, et je n'y ai pas trouvé une pensée, un verset, un mot qui fasse la moindre allusion, même la plus éloignée, même la plus sous-entendue, à l'*immortalité de l'âme.*

Au milieu de cette orgie épouvantable de débauches et de massacres, par un cri qui s'éleve jusqu'aux cieux pour reposer le cœur; pas un élan d'espoir vers la vie future; rien que des sacrifices de bœufs,... de sombres superstitions,... et des ruisseaux de sang humain coulant au nom de Jéhovah!

CHAPITRE XI

MORALITÉ DE LA BIBLE

Une simple citation et ce sera tout.

Nombres, chapitre XXXI :

« Et Moïse se mit en colère contre les principaux officiers de l'armée, contre les tribuns et les centeniers qui venaient du combat.

« Et il leur dit : Pourquoi avez-vous sauvé les femmes et les enfants? . . . .

« Tuez donc tous les mâles d'entre les enfants mêmes et faites mourir les femmes qui ont déjà été mariées.

« Mais réservez pour vous toutes les petites filles et celles qui seront vierges. »

TROISIÈME PARTIE

GENÈSE INDOUE.

LA VIERGE DEVANAGUY ET IEZEUS CHRISTNA

CHAPITRE PREMIER

ZEUS ET BRAHMA. — CROYANCES RELIGIEUSES SUR L'EXISTENCE DES MONDES

Les premiers écrivains qui s'occupèrent des Indous et de leurs dogmes religieux, mal renseignés, ignorant la langue du pays, influencés par des idées préconçues, ne s'attachèrent qu'à relever des superstitions, des cérémonies qui leur parurent ridicules, sans réfléchir que les formes particulières d'un culte, indépendantes jusqu'à un certain point de l'idée religieuse, varient suivant l'imagination et le caractère des peuples.

Ils ne virent pas qu'ils se trouvaient sur une terre vieillie, dont la décadence remontait à plus de trois ou quatre mille ans, que les pures croyances des premiers âges avaient été remplacées par des mythes et d'innombrables légendes poétiques, et qu'il fallait pénétrer dans l'intérieur des temples, interroger la tradition et les brahmes savants, forcer le livre à vous dévoiler ses secrets, pour arriver à comprendre la splendeur du passé et les misères du présent.

Après eux, vinrent ces infatigables chercheurs, l'honneur de notre siècle, tels que Strange, Colbrooell, Weber, Schlegel, Burnouf, Desgranges et autres, qui exhumèrent aux yeux du monde émerveillé la langue primitive, de laquelle les idiomes anciens et modernes sont descendus.

On commença à entrevoir la vérité sur cet antique pays

qui fut le berceau de la race blanche, mais jusqu'à ce jour on s'est plutôt exercé à traduire des fragments des nombreuses œuvres philosophiques et des immenses poëmes que l'Inde nous a légués, qu'à condenser l'idée première qui a donné naissance à la science philosophique et aux mythes religieux de la poésie.

On a trop étudié le brahmanisme, c'est-à-dire l'époque de la décadence, et pas assez le védisme, c'est-à-dire la période des croyances primitives, qui s'étend de la création du monde et l'avénement du rédempteur Christna, jusqu'à la révolution sociale accomplie par les prêtres.

La pure religion indoue ne reconnaît, n'admet qu'un seul et unique Dieu.

Et le Véda le définit ainsi :

« Celui qui existe par lui-même et qui est dans tout, parce que tout est en lui. »

Manou, commentant le Véda, dit :

« Celui qui existe par lui-même, que l'esprit seul peut percevoir, qui échappe aux organes des sens, qui est sans parties visibles, éternel, l'âme de tous les êtres et que nul ne peut comprendre. »

Le Maha-Barada en donne aussi la définition suivante :

« Dieu est un, immuable, dénué de parties et de formes, infini, omniscient, omniprésent et omnipotent; c'est lui qui a fait sortir les cieux et les mondes de l'abîme du néant et les a lancés dans les espaces infinis ; il est le divin moteur, la grande essence originaire, la cause efficiente et matérielle de tout. »

Écoutons encore le Véda, qui, dans un élan poétique, s'écrie :

« Le Gange qui roule, c'est Dieu; la mer qui gronde, c'est lui; les vents qui soufflent, c'est lui ; la nue qui tonne, l'éclair qui brille, c'est lui. De même que de toute éternité le monde était dans l'esprit de Brahma, de même aujourd'hui tout ce qui existe est son image. »

Je ne crois pas que les siècles, et ce qu'on est convenu d'appeler le développement de l'esprit humain, aient rien ajouté à ces définitions.

Les théologiens indous distinguent Dieu dans deux situations différentes.

Dans la première il est Zeus, c'est-à-dire Dieu non agissant, non encore révélé.

C'est de lui que les Pouranas ont dit dans leur commentaire des livres sacrés :

« Esprit mystérieux, force immense, pouvoir insondable, comment se manifestait ton pouvoir, ta force, ta vie, avant la période de création ? Dormais-tu comme un soleil éteint au sein de la décomposition de la matière ? cette décomposition était-elle en toi, ou bien l'avais-tu ordonnée ? Étais-tu le chaos ? Étais-tu la vie renfermant en toi toutes les vies qui avaient fui la lutte des éléments destructeurs ? Si tu étais la vie, tu étais aussi la destruction, car la destruction vient du mouvement, et le mouvement n'existerait point sans toi.

« Avais-tu jeté les mondes qui s'agitent dans une fournaise ardente pour les régénérer, les faire renaître de la décomposition, comme l'arbre vieilli renaît de sa graine, qui produit un germe au sein de la pourriture ?

« Ton esprit était-il errant sur l'eau, puisqu'on t'appelle Narayana ? »

Ce nom de Narayana nous fournit l'occasion d'un bien singulier rapprochement avec une expression de la Bible, preuve de plus ajoutée à toutes les autres de l'origine indoue de ce livre.

Expliquons d'abord ce mot, mais laissons parler Manou (livre Ier) :

« Les eaux ont été appelées naras, parce qu'elles étaient la production de Nara (en sanscrit, esprit divin), ces eaux ayant été le premier lieu de mouvement (en sanscrit, ayana) de Nara. Il (Brahma) a été en conséquence appelé Narayana, celui qui se meut sur les eaux. »

Genèse de la Bible, chapitre 1er :

« *Terra autem erat inanis et vacua...*

« *Et spiritus Dei ferebatur super aquas.* »

« La terre était informe et nue...

« *Et l'esprit de Dieu était porté sur les eaux.*

Nara, l'esprit divin; *Ayana*, qui se meut (sur les eaux).

Spiritus Dei, l'esprit divin; *ferebatur super aquas*, était porté sur les eaux !

Est-ce assez clair, assez évident ? Peut-on mieux prendre la Bible en flagrant délit d'imitation ?

Il n'y a plus qu'un moyen de s'en tirer, c'est de nier le sanscrit, rien n'est impossible... Mais nous verrons bien !

Dans la seconde situation, Zeus devient Brahma, c'est-à-dire Dieu révélé et agissant, Dieu créateur.

Cédons encore la parole aux Pouranas :

« Lorsque Brahma passe de l'inaction à l'action, il ne vient point créer la nature, qui existait de tout temps dans son essence et ses attributs, dans son immortelle pensée, il vient la développer et faire cesser la dissolution.

« O Dieu, père créateur, quelle forme revêts-tu dans ton action; les actes de ta grandeur, de ta puissante volonté frappent les regards. L'Océan soulève ses flots furieux et s'apaise; le tonnerre éclate et se tait; le vent mugit et il passe; l'homme naît et meurt; partout on sent ta main qui commande et protége, mais on ne ne peut, ni la comprendre, ni la voir...

« ... Faut-il nier la cause première ? Qui donc a jamais nié sa pensée parce qu'il n'a pu la voir ? »

Je ne sais si messieurs de Rome trouveront tout cela suffisamment orthodoxe; pour moi, je me sens pénétré d'une admiration sans égale pour ces livres sacrés, qui me donnent de Dieu une idée si grandiose et si dépouillée de toutes les imperfections dont certains hommes l'ont accablé en d'autres contrées, en lui attribuant leurs élucubrations, et surtout en faisant de l'Être suprême le souteneur de leurs ambitions.

Suivant la croyance indoue, la matière est soumise aux mêmes lois d'existence et de décomposition que les plantes et les animaux; après la période de vie arrive la période de dissolution; tout se détruit, tout retombe dans le chaos; l'harmonie des mondes cesse; l'air, l'eau, la terre, la lumière, tout se mélange et s'éteint : c'est le Pralaya, ou destruction de tout ce qui existe; mais il est un germe qui se purifie par le repos, jusqu'au jour où Brahma vient de nouveau le développer, lui donner la vie, la force créatrice, et produire les mondes, qui recommencent peu à peu à se former, à grandir, à se mouvoir, pour arriver encore à une nouvelle décomposition, qui est suivie du même repos, puis de la même régénération.

Loi fatale de la matière, qui s'use par l'existence, vieillit et meurt, mais renaît fécondée par Dieu.

Chose étonnante! La révélation indoue, qui proclame la formation lente et graduelle des mondes, est de toutes les révélations la seule qui soit en complète harmonie d'idées avec la science moderne.

Si Moïse, dans sa fréquentation avec les prêtres égyptiens, a connu ces sublimes traditions, on doit croire qu'il les jugea trop élevées, trop au-dessus de l'intelligence du peuple d'esclaves qu'il avait à diriger pour qu'il ait daigné leur en faire part. Peut-être aussi, comme nous l'avons déjà dit, ne fut-il en Égypte qu'un initié d'un degré inférieur.

La Période d'action et de reconstitution des mondes dure, suivant le Véda, un jour entier de Brahma, et ce jour correspond à quatre millions trois cent vingt mille années humaines.

Le Pralaya, ou époque de dissolution, dure une nuit entière de Brahma, et cette nuit équivaut à un même nombre d'années humaines que le jour divin.

Ces opinions des livres sacrés, sur la destruction et la reconstitution des mondes, ont donné naissance à une foule de systèmes philosophiques que nous n'avons ni le temps; ni le désir d'étudier ici; bornons-nous à signaler les deux doctrines qui, de tous temps, divisèrent les écoles théologiques de l'Inde sur ce sujet.

Le premier soutient qu'une fois le germe de la matière fécondée par Brahma, les phénomènes de transformation s'opèrent, sans la participation directe de Dieu, suivant les lois immuables et éternelles qu'il a créées.

La matière, en s'élançant de son centre, de son foyer générateur, se fractionne et gravite dans l'espace; toutes les parcelles sont embrasées; la lumière naît, les fragments les plus petits se dessèchent, les vapeurs qui s'exhalent produisent l'atmosphère et l'eau, ces fragments deviennent des mondes habitables...

Peu à peu tous les autres foyers, toutes les autres parcelles, en raison de leur grosseur, s'éteindront à leur tour; mais, à mesure qu'ils deviendront habitables, la lumière et la chaleur diminueront, jusqu'à ce qu'ayant complétement disparues, la matière, privée de ses agents les plus actifs de vie et de reproduction, retombe dans le chaos, *dans la nuit de Brahma.*

Cette opinion, qui n'est point contredite par le Véda, est cependant attaquée par les orthodoxes, qui accordent une plus grande part à l'influence divine.

Ils reconnaissent parfaitement que c'est ainsi que la nature se développe, que les éléments se forment, que tous les phénomènes d'existence s'accomplissent, que c'est ainsi également que la matière et les mondes finissent et se perdent dans la nuit de Brahma. Mais, suivant eux, Dieu est la loi suprême de tous ces phénomènes, et il n'existe pas en dehors d'elle; il préside constamment à ces transformations, qui cesseraient subitement de poursuivre leur cours, s'il venait, ne fût-ce qu'un seul instant, à cesser sa direction, à retirer son appui.

Les prêtres brahmes ne peuvent recevoir l'onction, s'ils ne se déclarent préalablement partisans de ce dernier système, qui, on le conçoit, est beaucoup plus que le premier dans l'esprit religieux.

Le livre de Moïse, uniquement occupé du fait brutal, ne s'occupe pas de ces théories, qui forment la base de la théologie orientale. Les religions modernes les ont mises au nombre de leurs mystères.

CHAPITRE II

RÉVEIL DE BRAHMA. — CRÉATION DES DEVAS OU ANGES. — LEUR RÉVOLTE. — LES VAINCUS SONT PRÉCIPITÉS DANS LES ENFERS SOUS LE NOM DE RAKCHASOS OU DÉMONS.

Nous avons dit que c'était de l'Inde qu'étaient partis, par les émigrations, tous les mythes religieux qui ont formé la base de toutes les religions anciennes et modernes ; on ne lira certes pas sans intérêt cette légende des Védas, que le christianisme a adoptée telle quelle, sans indiquer la source où il l'avait puisée.

Comme la nuit de Brahma touchait à sa fin, avant de créer ce monde, de le couvrir de plantes et d'animaux, le Seigneur de toutes choses, ayant divisé les cieux en douze parties, résolut de les animer par des êtres procédant de lui, et à qui il pourrait confier quelques-uns de ses attributs et une portion de sa puissance.

« Et ayant dit : Je veux que les cieux se peuplent d'esprits inférieurs, qui témoigneront de ma gloire et m'obéiront, les devas jaillirent de sa pensée et vinrent se ranger autour de son trône. »

Comme ces esprits avaient été créés dans un ordre hiérarchique de puissance et de perfection, Dieu suivit la même règle dans la demeure qu'il assigna à chacun. Il plaça les plus parfaits d'entre les devas dans les cieux les plus rapprochés de lui, et les autres dans les cieux les plus éloignés.

Mais, à peine avait-il donné ses ordres, qu'une querelle violente s'éleva dans le ciel; les esprits inférieurs, qui avaient reçu pour habitation les cieux les plus éloignés, refusèrent de s'y rendre, et, ayant mis à leur tête Vasouki, qui le premier les avait excités à la révolte, ils s'élancèrent sur les devas mieux partagés, pour s'emparer de la place qui leur avait été assignée.

Ces derniers, s'étant rangés sous la bannière d'Indra, soutinrent bravement le choc, et le combat s'engagea en présence de Brahma, qui ne fit rien pour l'empêcher.

Vasouki ayant été terrassé par Indra, tous ses compagnons, effrayés, l'abandonnèrent, déclarant qu'ils étaient prêts à se soumettre à la volonté de Brahma; mais ce dernier, irrité par leur désobéissance, les chassa du ciel et, leur interdisant également la terre et les autres planètes, ne leur laissa que les enfers pour séjour. Et il les appela Rackchasas, c'est-à-dire les maudits.

C'est de là que sont nés tous ces démons qui, sous le nom de Rakchasas, de Nagas, de Sarpas, de Pisatchas et d'Assouras, défrayent la poétique orientale indoue, qui les représente comme venant sans cesse troubler les sacrifices et les dévotions des mortels, qui sont obligés d'appeler les devas ou anges, ainsi que de saints personnages, à leur secours.

De là également le mythe de l'archange Michel!

La première fois que je lus cette légende dans l'Inde, elle n'excita en moi aucun étonnement.

Il y avait longtemps que je trouvais indigne de l'Être suprême cette création de sortes de demi-dieux qui, à peine sortis du néant, se soulèvent contre l'autorité divine et se livrent, sous ses yeux, un combat suscité par l'orgueil et l'envie de l'égaler en puissance.

Avant de connaître l'Inde et ses mythes si précis, desquels sont descendus tous les autres, je savais déjà que toutes les mythologies antiques avaient admis cette révolte des premiers êtres créés contre le créateur, et que c'est ainsi qu'elles faisaient descendre l'esprit du mal sur la terre.

La lutte des Titans contre Jupiter, dans l'Olympe grec, n'a certainement pas d'autre but que celui d'expliquer la naissance du bien et du mal, et l'influence de ces deux principes sur la nature.

Seulement, la mythologie grecque, héritière de l'Inde par l'Asie, ignorant les croyances primitives et les Védas, fut une émanation des légendes poétiques qui divisèrent à l'infini le principe ancien, tandis que la croyance chrétienne sut retrouver en Égypte la tradition primitive, dégagée des exagérations créées par l'imagination orientale.

Même en négligeant l'Inde, on peut dire que la révélation hébraïque ou chrétienne *n'a rien révélé ;* qu'importe, en effet, que vous donniez aux révoltés contre Dieu le nom de Titans ou d'anges? cela ne peut donner lieu qu'à une discussion de mots ; le principe et l'idée sont les mêmes.

Les premiers hommes, en voyant surgir parmi eux le mal, triomphant malheureusement trop souvent du bien, devaient chercher à l'expliquer ainsi ; et, ne pouvant le faire naître de Dieu, qui idéalisait le bien, ils ne purent en trouver l'origine que dans une lutte, avec Dieu lui-même, de la première créature émanée de sa bonté.

Quoi qu'il en soit, c'est de l'Inde et non d'autre part qu'est venue cette antique tradition que l'on retrouve également dans les Nosks de Zoroastre, et qui ne paraît avoir été imaginée que comme une explication de ces deux principes du bien et du mal qui divisent le monde.

La libre pensée, en épurant et simplifiant sa croyance, doit repousser ce mythe comme contraire à la dignité de Dieu, à sa prescience et à son pouvoir souverain.

Plus nous nous dégagerons du rêve et de la poésie, et plus nous concevrons du Créateur une idée digne de lui.

Ne cherchons point l'origine du mal autre part que dans la faiblesse de la nature humaine ; c'est là que commence le mystère, c'est là que nous ne pouvons plus comprendre les motifs de l'Être suprême... Mais au lieu de les expliquer par des fables absurdes, ou de les nier par un excès contraire, abstenons-nous et ayons confiance dans l'inépuisable bonté de celui qui n'a pas cru devoir nous initier à ses desseins.

Si la lumière qu'il nous a donnée est faible, que la raison la suive sans crainte? Les demi-dieux, les révélateurs et les prophètes ne nous ont rien donné, rien appris, que cette lumière n'ait déjà donné et appris aux hommes avant eux. Et si nous leur devons quelque chose, ce sont les efforts, tentés par eux ou leurs successeurs, pour éteindre les saines doctrines du libre arbitre et de la conscience.

CHAPITRE III

TRINITÉ INDOUE. — SON RÔLE. — CRÉATION DE LA TERRE

Quand la durée du Pralaya (dissolution) prit fin, Brahma, selon l'expression de Manou, « *parut resplendissant de l'éclat le plus pur, et, déployant sa propre splendeur*, dissipa l'obscurité et développa la nature, ayant résolu dans sa pensée de faire émaner de sa substance toutes les créatures. »

Bagaveda-Gita :

« Lorsque la nuit profonde pendant laquelle le germe de toute chose se régénérait dans le sein de Brahma se dissipa, une lumière immense parcourut les espaces infinis, et l'Esprit céleste apparut dans toute la force de sa puissance et de sa majesté ; à sa vue le chaos se changea en une matrice féconde, d'où allaient sortir les mondes, les étoiles resplendissantes, les eaux, les plantes, les animaux et l'homme..... »

Au moment où le Zeus irrévélé, non agissant, devient Brahma, c'est-à-dire le Dieu agissant et créateur, trois personnes se révèlent en lui pour l'aider dans son œuvre, sans cependant porter atteinte à son unité.

Cette divine Trimourti (Trinité), disent les livres sacrés et les brahmes, est indivisible dans son essence et indivisible dans son action, mystère profond que l'homme ne pourra saisir que quand son âme sera admis à se réunir à la grande âme (brahmatma) dans le sein de la divinité.

Cette Trinité se compose de Brahma, Vischnou et Siva.

Brahma représente le principe créateur, et reçoit en sanscrit le nom de Père.

Vischnou représente le principe protecteur et conservateur; c'est le Fils de Dieu, le Verbe incarné dans la personne de Christna, qui est venu sur la terre, et, pasteur et prophète, sauver l'humanité, puis mourir, son œuvre accomplie, d'une mort violente et ignominieuse.

Siva enfin ou Nara, c'est-à-dire l'Esprit divin, est le principe qui préside à la destruction et à la reconstitution, image de la nature, qui renferme en elle les attributs de fécondité et de la vie, ceux de la décomposition et de la mort. C'est, en un mot, l'Esprit qui dirige cet éternel mouvement d'existence et de dissolution qui est la loi de tous les êtres.

A partir du premier acte de la création, le rôle de cette Trinité commence : Brahma crée, Vischnou protége et Siva transforme, et Dieu continue à se mouvoir dans ses triples attributions, jusqu'à une nouvelle dissolution de la nature, jusqu'au jour où tout cesse d'exister, où tout rentre dans le chaos.

Suivant la révélation védique, la matière est soumise à une loi unique, qui se retrouve la même dans tous les corps, dans toutes les plantes, dans tous les animaux.

Ainsi une semence est jetée dans la terre, un germe se développe : il naît une plante ou un arbre : cette plante ou cet arbre grandissent, vieillissent, meurent et retournent à la terre. Mais cette plante ou cet arbre ont produit des graines, qui à leur tour reproduisent le type premier qui a disparu. Il en est de même des animaux et de tout ce qui existe.

De même la matière naît d'un germe fécondé par l'Être suprême, se développe d'après des lois fatales, et finit comme la plante, l'arbre et l'animal, par la décomposition. Mais un germe reste, qui se régénère, se féconde à nouveau dans le sein de la grande âme de la suprême puissance, et de nouveau donne naissance à l'univers.

Pendant cette période la Trinité se perd dans l'unité; elle est comme si elle n'existait pas, puisqu'elle ne se révèle point par son action.

Ce qui me séduit dans cette croyance indoue, c'est qu'elle ramène tout à l'unité et en accepte toutes les conséquences logiques. Et comme cette grande loi de la matière est sublime dans sa simplicité !

On peut, je crois, fouiller tous les systèmes philosophiques et toutes les religions sans rencontrer des idées aussi rationnelles, aussi conformes aux règles de la nature et à la dignité de Dieu.

Voyons maintenant l'œuvre de cette Trinité sous la direction suprême de Brahma.

De la matière Dieu tira d'abord la lumière, l'air, les eaux, la terre.

Puis il exprima de l'âme suprême, la vie ou *manas* commune aux plantes, aux animaux et à l'homme, puis l'*ahancara*, c'est-à-dire la conscience, le moi, avec toutes ses facultés, et qui devait être l'apanage de l'homme seulement.

Puis, pour distinguer les actions qui allaient naître de la conscience, il établit le juste et l'injuste, et en donna la notion à ce flambeau, à ce moi, qui était destiné à guider les créatures raisonnables qu'il allait tirer de sa substance.

Après cela, Dieu créa les plantes, les arbres et les animaux, et quand, suivant l'expression des livres sacrés, la nature entière ne fut qu'un chant d'amour et de reconnaissance, Brahma forma l'homme et la femme du plus pur de lui-même; et ceci fait, il se reposa et s'admira dans son œuvre.

Le Manou, abrégé et transformé par les brahmes au profit du système nouveau qu'ils venaient établir, n'a pas la simplicité et la grandeur du Veda; sur ces matières cependant, on peut dire que les paroles suivantes sont un écho, quoique imparfait et infidèle, de la doctrine primitive.

« Lorsque Dieu s'éveille, aussitôt cet univers accomplit ses actes; lorsqu'il s'endort, l'esprit plongé dans un profond repos, alors le monde se dissout.

« Car, pendant son paisible sommeil, les êtres animés, pourvus des principes de l'action, quittent leurs fonctions, et le sentiment, c'est-à-dire la vie, tombe dans l'inertie.

« Et lorsqu'ils sont dissous en même temps dans l'âme suprême, alors cette âme de tous les êtres dort tranquillement dans la plus parfaite quiétude.

« Après s'être retirée dans l'obscurité primitive, elle y demeure longtemps avec les organes des sens, n'accomplit pas ses fonctions, et se dépouille de sa forme.

« Lorsque, réunissant de nouveau les principes élémentaires subtils, elle s'introduit dans la matière, alors elle reprend une forme nouvelle.

« C'est ainsi que, par un réveil ou par un repos alternatifs, l'Être suprême fait revivre ou mourir éternellement tout cet assemblage de créatures mobiles et immobiles. »

C'est en vertu de son rôle de protecteur que Vischnou revêt une forme visible, ou s'incarne, et vient sur la terre rappeler les hommes à la foi primitive, chaque fois qu'ils s'en éloignent.

Cette croyance indoue à l'incarnation divine a au moins, sur beaucoup d'autres, ce côté logique, de penser que Dieu se manifeste sur la terre chaque fois que la faiblesse et les erreurs de l'humanité rendent sa présence nécessaire.

La Trinité dans l'unité, repoussée par Moïse, a servie plus tard de base à la théologie chrétienne, qui incontestablement en puisa l'idée dans l'Inde. Des preuves suffisantes appuieront en son lieu la véracité de cette opinion.

CHAPITRE IV

NAISSANCE DE L'HOMME. — ADIMA (EN SANSCRIT LE PREMIER HOMME). — HÉVA (EN SANSCRIT CE QUI COMPLÈTE LA VIE). — L'ÎLE DE CEYLAN LEUR EST ASSIGNÉE COMME SÉJOUR. — FAUTE ORIGINELLE COMMISE PAR ADAM. — SA FEMME LE SUIT PAR AMOUR. — DÉSESPOIR D'ADIMA. — HÉVA LE CONSOLE ET INVOQUE LE SEIGNEUR. — PARDON DE BRAHMA. — PROMESSE D'UN RÉDEMPTEUR.

Promenez-vous dans la toute la pointe orientale de l'Inde et dans l'île de Ceylan, où la tradition s'est conservée dans toute sa pureté, interrogez l'Indou dans son humble paillotte, ou le brahme dans le temple, tous vous rediront cette légende de la création de l'homme, telle que nous allons la relater ici d'après le Véda. Dans le Bagaveda-Gita, Christna la rappelle en quelques paroles à son disciple et fidèle collaborateur Ardjouna, et à peu près dans les mêmes termes que les Livres sacrés.

Les passages entre guillemets sont de simples traductions du texte.

La terre était couverte de fleurs, les arbres ployaient sous les fruits, des milliers d'animaux prenaient leurs ébats dans les plaines et dans les airs, les éléphants blancs se promenaient paisiblement sous l'ombrage des forêts gigantesques, et Brahma comprit que le moment était venu de créer l'homme qui devait habiter ce séjour.

Il tira de la grande âme, de la pure essence, un germe

de vie, dont il anima deux corps qu'il fit mâle et femelle, c'est-à-dire propre à la reproduction, comme les plantes et les animaux, et il leur donna l'ahancara, c'est-à-dire la conscience et la parole, ce qui les rendit supérieurs à tout ce qui avait déjà été créé, mais inférieurs aux Devas et à Dieu.

Il distingua l'homme par la force, la taille et la majesté, et le nomma Adima (en sanscrit le premier homme).

La femme reçut en partage la grâce, la douceur et la beauté, et il la nomma Héva (en sanscrit ce qui complète la vie).

En effet, en donnant une compagne à Adima, le Seigneur complétait la vie qu'il venait de lui donner, et en posant ainsi les bases de l'humanité qui allait naître, il proclamait l'égalité de l'homme et de la femme sur la terre et dans le ciel.

Principe divin qui a été plus ou moins méconnu par les législations anciennes et modernes, et que l'Inde n'abandonna que par l'influence délétère des prêtres, lors de la révolution brahmanique.

Le Seigneur donna alors à Adima et à sa femme Héva l'antique Taprobane des anciens, l'île de Ceylan, pour habitation, île bien digne par son climat, ses produits et sa splendide végétation, d'être le paradis terrestre, le berceau du genre humain.

C'est encore aujourd'hui la plus belle perle de la mer des Indes.

« Allez, leur dit-il, unissez-vous, et produisez des êtres qui seront votre image vivante sur la terre, des siècles et des siècles après que vous serez revenus à moi. Moi, seigneur de tout ce qui existe, je vous ai créés pour m'adorer pendant toute votre vie, et ceux qui auront foi en moi partageront mon bonheur après la fin de toutes choses. Enseignez cela à vos enfants; qu'ils ne perdent jamais mon souvenir, car je serai avec eux tant qu'ils prononceront mon nom. »

Puis il défendit à Adima et à Héva de quitter Ceylan, et il continua en ces termes :

« Votre mission doit se borner à peupler cette île magnifique, où j'ai tout réuni pour votre plaisir et votre commodité, et à répandre mon culte dans le cœur de ceux qui vont naître. Le reste du globe est encore inhabitable ; si plus tard le nombre de vos enfants s'accroît tellement que ce séjour ne soit plus suffisant pour les contenir, qu'ils m'interrogent au milieu des sacrifices, et je ferai connaître ma volonté. »

Ceci dit, il disparut.

« Alors Adima se retournant vers sa jeune femme, il la regarda!... Son cœur bondit dans sa poitrine à la vue d'une aussi parfaite beauté... Elle se tenait debout devant lui, souriant dans sa virginale candeur, palpitante de désirs inconnus; ses grands cheveux se déroulaient en se tordant autour de son corps, enlaçant dans leurs spirales capricieuses et son pudique visage et ses seins nus que l'émotion commençait à soulever.

« Adima s'approcha d'elle, mais en tremblant. Au loin le soleil allait disparaître dans l'océan, les fleurs des bananiers se relevaient pour aspirer la rosée du soir; des milliers d'oiseaux au plumage varié murmuraient doucement au sommet des tamariniers et des palmistes; les lucioles phosphorescentes commençaient à voltiger dans les airs, et tous ces bruits de la nature montaient jusqu'à Brahma, qui se réjouissait dans sa demeure céleste

« Adima se hasarda alors à passer la main dans la chevelure parfumée de sa compagne ; il sentit comme un frisson parcourir le corps d'Héva, et ce frisson le gagna..... Il la saisit alors dans ses bras et lui donna le premier baiser, en prononçant tout bas ce nom d'Héva, qui venait de lui être donnée..... « Adima ! » murmura doucement la jeune femme en le recevant..... Et chancelante, éperdue, son beau corps se ploya sur les bras de son époux.....

« La nuit était venue, les oiseaux se taisaient dans les bois; le Seigneur était satisfait, car l'amour venait de naître, précédant l'union des sexes.

« Ainsi l'avait voulu Brahma, pour enseigner à ses créatures que l'union de l'homme et de la femme sans l'amour ne serait qu'une monstruosité contraire à la nature et à sa loi. »

« Adima et Héva vécurent pendant quelque temps dans un bonheur parfait; aucune souffrance ne venait troubler leur quiétude, ils n'avaient qu'à étendre la main pour cueillir aux arbres les fruits les plus savoureux; ils n'avaient qu'à se baisser pour ramasser le riz le plus fin et le plus beau.

« Mais un jour une vague inquiétude commença à s'emparer d'eux : jaloux de leur félicité et de l'œuvre de Brahma, le prince des Rakchasas, l'esprit du mal, leur souffle des désirs inconnus. — Promenons-nous dans l'île, dit Adima à sa compagne, et voyons si nous ne trouverions pas un lieu plus beau encore que celui-ci.

« Héva suivit son époux; ils marchèrent pendant des jours et des mois, s'arrêtant au bord des claires fontaines, sous les multipliants gigantesques qui leur cachaient la lumière du soleil..... Mais, à mesure qu'ils avançaient, la jeune femme se sentait saisie d'une terreur inexplicable, de craintes étranges. — Adima, disait-elle, n'allons pas plus loin ; il me semble que nous désobéissons au Seigneur. N'avons-nous pas déjà quitté le lieu qu'il nous a assigné comme demeure ?

« — N'aie point peur, répondit Adima, ce n'est point là cette terre horrible, inhabitable, dont il nous a parlé.

« Et ils marchaient toujours. . . . .

« Ils arrivèrent enfin à l'extrémité de l'île de Ceylan ; en face d'eux, ils virent un beau bras de mer peu large, et de l'autre côté une vaste terre qui paraissait s'étendre à l'infini ; un étroit sentier formé de rochers qui s'élevaient du sein des eaux unissait leur île à ce continent inconnu.

« Les deux voyageurs s'arrêtèrent émerveillés : la contrée qu'ils apercevaient était couverte de grands arbres; des oiseaux aux mille couleurs voltigeaient au milieu du feuillage. — Voilà de belles choses, dit Adima, et quels bons fruits ces arbres doivent porter ! allons les goûter, et si ce pays est préférable à celui-ci, nous y planterons notre tente.

« Héva, tremblante, supplia Adima de ne rien faire qui pût irriter le Seigneur contre eux. — Ne sommes-nous pas bien en ce lieu ? Nous avons de l'eau pure, des fruits délicieux, pourquoi chercher autre chose ?

« — Eh bien ! nous reviendrons, dit Adima. Quel mal peut-il y avoir à visiter ce pays inconnu qui s'offre à nos yeux ?

« Et il s'approcha des rochers. Héva le suivit en tremblant.

« Il prit alors sa femme sur ses épaules et se mit à traverser l'espace qui le séparait de l'objet de ses désirs.

« Dès qu'ils eurent touché la terre, un bruit épouvantable se fit entendre; arbres, fleurs, fruits, oiseaux, tout ce qu'ils apercevaient de l'autre bord disparut en un instant; les rochers sur lesquels ils étaient venus s'abîmèrent dans les flots; seuls quelques rocs aigus continuèrent à dominer la mer, comme pour indiquer le passage que la colère céleste venait de détruire. »

Ces rochers qui s'élèvent dans l'océan Indien, entre la pointe orientale de l'Inde et l'île de Ceylan, sont encore aujourd'hui connus dans le pays sous le nom de Palam Adima, c'est-à-dire Pont d'Adam.

Lorsque les Vapeurs qui se rendent en Chine et dans l'Inde ont dépassé les Maldives, le premier point de la côte indoue qu'ils aperçoivent est un sommet bleuâtre souvent couronné de nuages, et qui s'élève majestueusement du sein des eaux. C'est du pied de cette montagne que, suivant la tradition, le premier homme partit pour aller aborder sur la côte de la grande terre.

Depuis les temps les plus reculés cette montagne porte le nom de Pic d'Adam, et c'est encore sous ce nom que la science géographique moderne la désigne.

Fermons cette parenthèse pour continuer notre récit.

« La végétation qu'ils avaient aperçue de loin n'était qu'un mirage trompeur, suscité par le prince des Rackchasas pour les amener à la désobéissance.

« Adima se laissa tomber en pleurant sur le sable nu; mais Héva vint à lui et se jeta dans ses bras en lui disant : — Ne te désole point; prions plutôt l'Auteur de toutes choses de nous pardonner. »

Comme elle parlait ainsi, une voix se fit entendre dans la nue, qui laissa tomber ces mots :

« — Femme, tu n'as péché que par amour pour ton mari, que je t'avais commandé d'aimer, et tu as espéré en moi. Je te pardonne, et à lui aussi à cause de toi ! Mais vous ne rentrerez plus dans ce lieu de délices que j'avais créé pour votre bonheur. Par votre désobéissance à mes ordres, l'Esprit du mal vient d'envahir la terre..... Vos fils, réduits à souffrir et à travailler la terre par votre faute, deviendront mauvais et m'oublieront. Mais j'enverrai Vischnou, qui s'incarnera dans le sein d'une femme, et leur apportera à tous l'espoir de la récompense dans une autre vie, et le moyen, en me priant, d'adoucir leurs maux.

« Ils se levèrent consolés, mais désormais ils durent se soumettre à un dur labeur, pour obtenir leur nourriture de la terre. » (Ramatsariar, récits et commentaires sur les Védas.)

Quelle grandeur et quelle simplicité dans cette légende indoue, et en même temps quelle logique !

Le rédempteur Christna naîtra d'une femme pour récompenser Héva de n'avoir ni désespéré de Dieu, ni eu l'idée du premier péché, dont elle ne fut complice que par affection pour celui que le Créateur lui avait ordonné d'aimer.

Cela est beau et consolant!

Voilà la véritable Ève, et on conçoit qu'une de ses filles puisse être plus tard la mère d'un rédempteur.

Pourquoi le maladroit copiste de la Genèse hébraïque n'a-t-il point su transcrire cette version sans la tronquer?

Est-ce par oubli, est-ce avec intention que la femme a été chargée par Moïse de tout le poids de la faute originelle?

Nous n'hésitons pas à dire que c'est intentionnellement, et par une lâche déférence aux mœurs de son époque, que ce législateur a faussé l'ancienne tradition de l'Orient. Nous donnerons au chapitre suivant le motif de cette opinion.

Que dire de cette légende?

Quelque séduisante qu'elle paraisse, la raison doit la repousser aussi bien dans la religion indoue que dans l'idée chrétienne.

On ne peut prêter de telles faiblesses à Dieu, et croire que pour une simple désobéissance de nos premiers parents, il a pu condamner l'humanité entière, innocente, au mal et à la souffrance.

Cette tradition est née d'un besoin.

Les premiers hommes, en voyant leur faiblesse, leur nature composée d'instincts bons et mauvais, en face de toutes les douleurs qu'ils avaient à supporter, au lieu de maudire Dieu qui les avait créés, préférèrent rechercher dans une faute primitive la raison de leur situation misérable. De là cette faute originelle que l'on retrouve dans toutes les croyances des différents peuples du globe, et même chez les tribus sauvages de l'Afrique et de l'Océanie.

Peut-être aussi n'est-ce qu'un souvenir de la vie facile

et heureuse des anciens habitants du globe, à une époque où la terre, moins chargée d'hommes, donnait en abondance et sans travail toutes les choses nécessaires à la subsistance.

CHAPITRE V

OURQUOI MOÏSE ATTRIBUE-T-IL A L'INITIATIVE DE LA FEMME LA FAUTE ORIGINELLE ? — LA FEMME DES VÉDAS ET LA FEMME DE LA BIBLE.

L'Inde des Vedas eut pour la femme un véritable culte, ce dont on semble fort peu se douter en Europe, lorsqu'on accuse les contrées de l'extrême Orient d'avoir méconnu la dignité de la femme et de n'avoir su faire de cette dernière qu'un instrument de plaisir et d'obéissance passive.

Ce qui est vrai pour l'antiquité ne l'est pas quand il s'agit de l'Inde ancienne; et les sublimes efforts du Christ n'ont fait que rendre à la femme la situation sociale qu'elle avait déjà possédée aux premiers temps de l'humanité.

Il faut que l'on sache bien que ce fut l'influence sacerdotale et la décadence brahmanique qui, en changeant l'état primitif de l'Orient, rejeta la femme dans cet état d'asservissement qui n'a pas encore complétement disparu de nos mœurs.

Qu'on lise ces maximes, cueillies au hasard, dans les livres sacrés de l'Inde :

« L'homme est la force, la femme est la beauté ; il est la raison qui domine, mais elle est la sagesse qui tempère ;

l'un ne peut exister sans l'autre, et c'est pour cela que le Seigneur les a créés deux, pour un seul but.

« L'homme n'est complet que par la femme, et tout homme qui ne se marie pas dès l'âge de la virilité doit être noté d'infamie.

« Celui qui méprise une femme, méprise sa mère!

« Celui qui est maudit par une femme est maudit par Dieu.

« Les larmes des femmes attirent le feu céleste sur ceux qui les font couler.

« Malheur à qui se rit des souffrances des femmes! Dieu se rira de ses prières.

« Les chants des femmes sont doux à l'oreille du Seigneur; les hommes ne doivent point, s'ils veulent être écoutés, chanter les louanges de Dieu sans les femmes.

« Que le prêtre laisse la femme brûler les parfums sur l'autel, quand il sacrifie pour la création, pour les fruits, pour les maisons et pour les fleurs.

« Les femmes doivent être entourées de soins et comblées de présents par tous ceux qui désirent de longs jours.

« C'est à la prière d'une femme que le Créateur a pardonné aux hommes; maudit soit celui qui l'oublie!

« La femme vertueuse est exempte de toute purification, car elle n'est jamais souillée, même par les contacts les plus impurs.

« Celui qui oublie les souffrances de sa mère quand elle l'a enfanté, renaîtra dans le corps d'une chouette pendant trois migrations successives.

« Il n'y a pas de crime plus odieux que celui de persécuter les femmes et de profiter de leur faiblesse pour les dépouiller de leur patrimoine.

« En accordant la part qui lui revient à sa sœur, chaque frère doit y ajouter du sien et lui donner en cadeau la plus belle génisse de son troupeau, le plus pur safran de sa récolte, le plus beau bijou de son écrin.

« La femme veille à la maison, et les divinités (devas), protectrices du foyer domestique sont heureuses de sa présence. On ne doit jamais lui confier les durs travaux des champs.

« La femme doit être pour l'homme de bien le repos du travail, la consolation du malheur. »

Les sentiments qu'expriment ces citations ne sont pas isolés et le fait d'un seul ouvrage; tous les livres anciens sont empreints du même amour et du même respect de la femme. L'abrégé même de Manou, fait par les brahmes au profit de leurs idées dominatrices, quoique venant placer la femme dans une situation plus soumise, plus effacée, n'a pu s'empêcher, en maintes circonstances, de se faire l'écho de ces principes primitifs qu'on ne pouvait faire si vite oublier.

Nous avons en effet déjà cité un passage de ce livre qu'il ne nous paraît pas inutile de rappeler ici ;

« Les femmes doivent être comblées d'égards et de présents par leurs pères, leurs frères, leurs maris et les frères de leurs maris, lorsque ceux-ci désirent une grande prospérité.

« Partout où les femmes vivent dans l'affliction, la famille ne tarde pas à s'éteindre ; mais lorsqu'elles sont aimées, respectées et entourées de soins, la famille s'augmente et prospère en toutes circonstances.

« Quand les femmes sont honorées, les divinités sont satisfaites, mais lorsqu'on ne les honore pas tous les actes sont stériles.

« Les maisons maudites par les femmes auxquelles on n'a pas rendu les hommages qui leur sont dus, voient la ruine s'appesantir sur elles et les détruire, comme si elles étaient frappées par un pouvoir secret.

« Dans toutes les maisons où le mari se plaît avec sa femme, et la femme avec son mari, le bonheur est assuré pour jamais. «

Nous lisons encore dans le même ouvrage :

« Lorsque les parents, par égarement d'esprit, se mettent en possession des biens d'une femme, de ses voitures ou de ses bijoux, ces méchants descendent au séjour infernal.

« Si une femme n'est pas heureuse et parée d'une manière digne d'elle, elle ne remplira pas de joie le cœur de son époux, et si le mari n'éprouve pas de joie, le mariage sera stérile.

« Lorsqu'une femme est heureuse, toute la famille l'est également.

« La femme vertueuse doit n'avoir qu'un seul époux, de même que l'homme de bien doit n'avoir qu'une seule femme. »

Sous l'empire des Védas, le mariage fut considéré comme tellement indissoluble que la mort même d'un des époux ne pouvait rendre à l'autre sa liberté, si des enfants étaient issus de cette première union. Celui qui restait sur cette terre d'exil devait vivre, par le souvenir et dans le deuil, jusqu'au jour où la mort lui permettait de retrouver dans le sein de Brahma la partie de lui-même, la sainte affection qu'il avait perdue.

Combien fut grande, par la conscience, l'idée du devoir et les sentiments du cœur, cette civilisation des premiers âges qui, si près du berceau de l'humanité, n'avait pas encore vu naître les tristes ambitions qui depuis, en se partageant le globe, en le couvrant de ruines, ont fait oublier à l'homme son origine céleste et la sainte innocence de ses premiers pas.

Vous voyez bien que nous ne pouvons accepter le judaïsme, avec son cortége de superstitions, d'immoralité et de cruautés, comme le gardien de la révélation primitive et l'initiateur de l'esprit moderne. La Judée, comme la Perse et l'Égypte, est issue du brahmanisme et de la décadence indoue, et elle ne s'est souvenue de quelques-unes des belles traditions de la mère-patrie que pour les tronquer et les adapter aux mœurs de l'époque.

Le premier résultat de la triste domination des prêtres dans l'Inde fut l'abaissement et la dégradation morale de la femme, si respectée, si honorée pendant toute la période védique.

La caste sacerdotale, en Égypte, suivit les inspirations des brahmes et se gardât bien de rien changer à cette situation.

Si vous voulez régner sur des corps d'esclaves et sur des consciences abruties, il est un moyen d'une simplicité sans égale que nous livre l'histoire de ces époques honteuses : *Dégradez la femme, pervertissez-lui le moral* et vous aurez bientôt fait de l'homme un être avili, sans forces pour lutter contre les plus sombres despotismes; car suivant la belle expression des Vedas, « la femme est l'âme de l'humanité ! »

Comme il avait compris, cet auteur mystérieux et inconnu des livres sacrés de l'Inde, que la femme, fille, épouse et mère, tenait la famille par tous les liens les plus sacrés du cœur, et qu'en inspirant la famille par ses douces et chastes vertus, elle moralisait la société. . . . . .

Mais comme ils comprirent bien aussi, ces prêtres corrompus et affamés de pouvoir, que là était le joint, le nœud qu'il fallait trancher pour mieux asseoir leur domination !

Moïse est-il venu changer cet état de choses et rendre à la femme son véritable rôle, celui dont elle avait deja joui dans les temps primitifs de l'Orient?

Non !

A-t-il cédé aux mœurs de son époque contre lesquelles il fut impuissant à réagir? C'est possible; mais alors c'est une raison de plus pour qu'on ne vienne pas nous parler de révélation.....

Ah ! partisans de Jéhovah, quelle petite idée vous cherchez à nous donner de Dieu, et sur quelles traditions singulières reposent vos croyances !

Comment! voilà une civilisation plus ancienne que la vôtre, vous ne pouvez pas le nier, qui fait asseoir la femme à côté de l'homme, et leur donne à tous deux une place égale dans la famille et dans la société, la décadence arrive et renverse ces principes... Vous naissez, vous vous intitulez orgueilleusement « peuple de Dieu, » et vous n'êtes qu'un fruit de la décadence indoue, et vous ne savez pas retrouver les pures doctrines des premiers âges,... et vous ne savez pas relever la femme, relever votre mère!...

Allons donc, peuple d'Israël, peuple de parias, cesse de nous prêcher ton origine divine; ton règne fut celui de la force et du massacre, et tu ne sus pas comprendre la femme qui, seule, eût pu te régénérer!

Tu as Ruth, il est vrai, dont tu vantes la candeur et la figure poétique et touchante... Nous savons ce qu'elle vaut et comment elle se prostitue à Booz, d'après les conseils de sa mère, pour se faire épouser.

C'était dans les mœurs de l'époque, dira-t-on.

Et voilà précisément ce que je vous reproche, à vous qui prétendez descendre de la révélation!

Pourquoi ne les avez-vous pas changées ces mœurs? Vous avez bien su édicter le code de la conquête par le pillage, le fer et le feu; mais vous avez été impuissant pour édicter le code de la pudeur et des chastes vertus.

Souvenez-vous donc des filles de Loth se prostituant à leur père! D'Abraham qui abandonne les enfants qu il a eus de ses servantes! De Thamar se livrant à son beau-père!

Souvenez-vous de ce prêtre, de ce lévite d'Éphraïm qui, pour calmer la fureur de quelques hommes ivres et leur échapper, leur jette sa femme en pâture et l'abandonne à leurs outrages pendant toute une nuit...

Il est temps de juger toutes ces choses à leur valeur!

Si vous n'êtes pas la révélation, j'accepte votre excuse et j'admets avec vous que ces tristes choses étaient dans les mœurs du temps.

Si vous êtes la révélation je vous repousse et vous dis : Votre révélation est immorale!

Oh! vous voudriez nous faire croire que Dieu a créé une morale progressive et perfectible?... Qu'il y a une loi ancienne tolérant l'impudeur et une loi nouvelle qui la proscrit?

Eh bien! je vous réponds qu'il n'y a qu'une loi de morale éternelle donnée par Dieu au berceau de l'humanité, et que tous les peuples qui la méconnurent violèrent la loi de Dieu.

Une chose qui m'a toujours beaucoup étonné est de voir les sommités du protestantisme moderne, de cette religion du libre examen, rejeter de leur communion ceux des leurs qui nient la révélation, en se basant sur les lumières de la raison.

Un homme que l'on dit illustre, parce qu'il a fait crouler un trône et qui en ferait crouler bien d'autres s'il n'était pour le moment en disponibilité pour cause de vice rédhibitoire, s'est mis, dans ces derniers temps, à prêcher dans des livres.

Il n'est pas catholique, parce qu'il n'a pas cette foi ardente et sainte qui pourrait l'excuser.

Il n'est pas protestant, parce qu'il proscrit l'indépendance et la libre pensée.

Il n'est pas juif, parce qu'il admet la loi ancienne pour le passé et la rejette pour le présent.

Qu'est-il donc?

Ce fut un homme qui méprisa les hommes, un ministre qui méprisa les ministres, un député qui méprisa ses électeurs, un sujet qui méprisa son roi...

Et c'est enfin un homme qui, après avoir eu du mépris pour tout... et pour tous,... est en train de recevoir aujourd'hui ce qu'il a si libéralement donné.

Eh bien! cet homme, qui s'est mis à prêcher dans des livres, s'est fait le souteneur de la révélation judaïque.

Il croit à ceci, parce que cela lui convient; il rejette cela, parce que cela lui déplaît; il est éclectique, mais c'est d'un éclectisme à lui; il est libre penseur, mais sa libre pensée est à lui, et il ne veut pas de celle des autres...

Qu'est-ce qui le pousse à ce dernier rôle?

L'envie de faire un dernier bruit autour de son nom.

Allons, monsieur Guizot, quittez votre plume, comme vous avez quitté le ministère, vous écœurez les croyants et les libres penseurs, c'est tout ce que je puis vous dire au nom de la jeunesse pensante.

On doit respecter qui défend une idée et un drapeau, mais jamais ceux qui n'ont d'autre idée et d'autre drapeau qu'eux-mêmes.

Je viens de relire ce hors d'œuvre qui n'a peut-être aucune raison de noircir ces pages, dois-je l'effacer?... Non! En marchant au hasard, ma plume a peut-être rencontré un cri de la conscience publique!...

Le nom s'est présenté de lui-même parmi tous les défenseurs de la révélation hébraïque, et c'est le seul qui m'ait entraîné, parce que c'est le seul qui ait tant tiré de son *moi*... et personnifié en *lui* l'égoïsme social, l'égoïsme politique, l'égoïsme religieux.

Supposons que tout ceci ne soit qu'une parenthèse et revenons à notre sujet.

Je disais à la révélation qu'elle n'est point la révélation, parce qu'elle n'a pas su relever la femme, et que, repoussant les traditions de l'Inde ancienne, de l'Inde des Védas, elle n'a su que continuer les traditions de l'Inde des temps brahmaniques.

La femme des Védas est une femme digne et chaste; la femme de la Bible n'est qu'une esclave et souvent qu'une prostituée.

La femme des Védas est une compagne pour l'homme et l'honneur du foyer domestique.

La femme de la Bible n'est qu'une concubine.

L'Indou ne pouvait avoir qu'une seule femme.

L'Israélite faisait des excursions sur le territoire de ses voisins pour se procurer des filles vierges, et il ne craignait pas de vendre ses propres filles lorsqu'il en trouvait un bon prix.

Il n'est pas nécessaire de rechercher ailleurs que dans la corruption des mœurs des Hébreux les motifs qui ont poussé Moïse à intervertir les rôles et à tronquer la version indoue sur la création du monde, qu'il copia, en Égypte, dans les livres sacrés des prêtres.

Le législateur hébraïque ne put, à cette époque du règne de la force, entrevoir la belle et touchante figure de la femme libre, chaste et dévouée, et régnant par le cœur sur son mari et sur ses enfants. Disons-le, du reste, à sa décharge, s'il eût eu le courage de faire une tentative dans ce sens, son peuple ne l'eût point compris et il eût infailliblement succombé sous une révolte générale.

Dans tout l'Orient, la femme était devenue l'esclave du maître et nul ne songeait encore à l'émanciper, à lui restituer sa place; et Moïse, pas plus que les autres, n'eut l'idée de revenir aux primitives traditions.

Il ne pouvait donc pas, dans ces circonstances, transcrire la légende indoue dans toute sa sublime simplicité. Faire l'homme auteur de la faute originelle eût été diminuer son prestige, choquer l'orgueil de ce despote et faire comprendre à la femme que c'était à tort qu'on l'avait asservie au nom de la Divinité.

Ce n'est point en cela seulement que Moïse oublia l'Inde;

dans la Genèse, Jéhovah n'annonce pas de rédempteur à Adam et à Ève après leur faute, et ce n'est pas, je l'avoue, sans étonnement que je vois l'idée chrétienne s'appuyer sur Moïse pour soutenir que le Seigneur annonça le Messie à nos premiers pères.

Voilà comment s'exprime la Genèse lorsqu'Adam fut chassé du paradis terrestre :

« Et il dit (Jéhovah) : Voilà Adam devenu presque comme un de nous (Jéhovah ne me paraît point certain d'être seul et unique Dieu), et sachant le bien et le mal; maintenant il faut le chasser, de peur qu'il ne lève de nouveau la main sur l'arbre de vie, et que mangeant de ses fruits il ne vive éternellement.

« Dieu le fit sortir alors du paradis de délices afin qu'il allât travailler la terre, d'où il avait été tiré.

« Et l'en ayant chassé, il mit des chérubins devant ce paradis de délices, qui faisaient étinceler une épée de feu pour garder l'arbre de vie. »

J'ai vainement scruté chaque phrase, chaque expression, non-seulement de ce livre, mais encore des quatre autres attribués à Moïse, il m'a été impossible d'y rien découvrir qui, de près ou de loin, au propre ou au figuré, puisse s'appliquer au Rédempteur.

Ce n'est que plus tard que les prophètes recueillirent cette tradition que l'Inde avait léguée à tous les peuples et que l'on retrouve dans tous les livres sacrés du globe.

Il n'est pas inutile non plus de remarquer que Moïse ne dit pas un mot de la création et de la révolte des anges, ce qui, selon nous, est encore un emprunt fait postérieurement aux croyances de l'Orient.

Ainsi, cette religion hébraïque se forme peu à peu de pièces et de morceaux, recueillis çà et là dans toutes les mythologies antiques et mis sous la sauvegarde d'une révélation qui ne soutient pas l'examen.

Il résulte de tout cela que Moïse connut bien moins les livres sacrés de l'Inde et de l'Égypte que les lévites et les prophètes qui vinrent compléter son œuvre.

CHAPITRE VI

LE DÉLUGE, D'APRÈS LE MAHABARATA ET LES TRADITIONS BRAHMANIQUES

Ici nous n'avons que l'embarras du choix; il n'est pas un livre de l'Inde ancienne, traité de théologie ou poëme, qui ne tienne à donner sa version sur le grand cataclysme dont tous les peuples ont gardé le souvenir.

Voici un abrégé du récit des Védas sur cet événement :

« Suivant la prédiction du Seigneur, la terre se peupla, et les fils d'Adima et d'Héva devinrent bientôt si nombreux et si mauvais qu'ils ne purent plus s'accorder entre eux. Ils oublièrent Dieu et ses promesses, et finirent par le lasser du bruit de leurs sanglantes querelles.

« Un jour même, le roi Daytha eut l'audace de lancer ses imprécations contre la foudre, la menaçant, si elle ne se taisait, d'aller conquérir le ciel à la tête de ses guerriers.

« Le Seigneur résolut alors d'imposer à ses créatures un châtiment terrible, qui pût servir de leçon à ceux qui survivraient et à leur descendance. »

(Ainsi qu'on peut le voir, Brahma ne regrette point, comme le Jéhovah de la Bible, d'avoir créé le monde, faiblesse qui s'accorderait mal avec sa prescience.)

Brahma ayant jeté les yeux sur ce monde, pour savoir quel était entre tous l'homme qui méritait d'être sauvé et de conserver la race humaine, il choisit Vaiwasvata à cause de ses vertus, et voici comment il lui fit connaître sa volonté et ce qui en arriva.

Vaiwasvata était arrivé à cet âge de la vie où les fervents serviteurs de Dieu doivent quitter leur famille, leurs amis, pour se retirer dans le désert et dans les forêts, pour y finir leurs jours au milieu d'austérités de toute nature, dans la perpétuelle contemplation de la pure essence divine.

Un jour, comme il était à faire ses ablutions sur les bords sacrés de la Viriny, un petit poisson orné des plus brillantes couleurs vint s'échouer sur le sable.

— Sauve-moi, dit ce dernier au saint personnage; si tu n'écoutes ma prière, je vais être infailliblement dévoré par les poissons plus gros que moi qui habitent cette rivière.

Ému de pitié, Vaiwasvata le plaça dans le vase de cuivre qui lui servait à puiser dans la rivière et l'emporta dans sa demeure; il se mit à grossir avec une telle rapidité que bientôt un vase plus grand ne pouvant le contenir, Vaiwasvata fut obligé de le transporter dans un étang, où sa croissance continuant avec la même rapidité, il demanda à son sauveur à être porté dans le Gange.

— Cela est au-dessus de mes forces, répondit le saint ermite, il faudrait être Brahma lui-même pour te tirer de là maintenant.

— Essaye toujours, répondit le poisson.

Et Vaiwasvata, l'ayant saisi, le souleva avec la plus grande facilité et s'en fut le déposer dans le fleuve sacré, et non-seulement l'énorme poisson était léger comme un fétu de paille, mais encore il répandait autour de lui les parfums les plus suaves.

Vaiwasvata comprit qu'il accomplissait la volonté du Seigneur, et fut dans l'attente de merveilleux événements.

Le poisson ne tarda pas à le rappeler, et cette fois il demanda à être conduit dans l'Océan, ce qui fut accompli avec le même empressement. Il dit alors à son sauveur :

« — Écoute, ô homme sage et bienfaisant, le globe va être submergé et tous ceux qui l'habitent seront anéantis, car voici que la colère du Seigneur va souffler sur les nuages et sur les mers, pour les charger du châtiment de cette race mauvaise et corrompue, qui oublie son origine et la loi de Dieu. Tes semblables ne savent plus contenir leur orgueil et ils osent braver leur Créateur, mais leurs menaces sont arrivées jusqu'au pied du trône de Brahma, et Brahma va faire connaître sa puissance.

« Hâte-toi donc de construire un vaisseau dans lequel tu t'enfermeras avec toute ta famille.

« Tu prendras aussi des graines de chaque plante et un couple de toutes les espèces d'animaux, en laissant tous ceux qui naissent de la pourriture et des vapeurs, parce que leur principe de vie n'est pas émané de la grande âme.

« Et tu attendras avec confiance. »

Vaiwasvata se hâta de suivre cette recommandation, et ayant construit ce navire il s'y enferma avec toute sa famille, les graines des plantes et un couple de tous les animaux, ainsi qu'il avait été dit.

Dès que la pluie commença à tomber et les mers à déborder, un poisson monstrueux, muni d'une corne gigantesque, vint se placer à la tête du navire, et Vaiwasvata, ayant attaché un câble à cette corne, le poisson s'élança au milieu de tous les éléments déchaînés et se mit à guider le navire.

Et ceux qui le montaient virent que la main de Dieu les protégeait, car l'impétuosité de la tempête et la violence des vagues ne purent rien contre eux.

Cela dura ainsi des jours, des mois, des années, jusqu'au moment où l'œuvre de destruction fut entièrement accomplie. Les éléments s'étant calmés, les voyageurs, toujours guidés par leur mystérieux conducteur, purent aborder au sommet de l'Himalaya.

« C'est Vischnou qui vous a sauvés de la mort, leur dit le poisson en les quittant ; c'est à sa prière que Brahma a fait grâce à l'humanité ; allez maintenant accomplir l'œuvre de Dieu, et repeuplez la terre. »

Suivant la tradition, c'est en rappelant à Brahma qu'il avait jadis promis de l'envoyer sur la terre pour ramener les hommes à la foi primitive et racheter leurs fautes, que Vischnou obtint que Vaiwasvata serait sauvé, afin que la promesse de Dieu put s'accomplir plus tard.

Cette légende, pensons-nous, peut se passer de tout commentaire, et le lecteur saura aisément apercevoir toutes les conséquences qui en découlent.

Selon les uns, Vaiwasvata fut le père par sa descendance des peuples nouveaux.

Selon les autres, il n'eut qu'à jeter des pierres dans la boue causée par les eaux, pour faire naître des hommes en aussi grand nombre qu'il le voulut.

C'est, d'un côté, le mythe retrouvé et adopté par le judaïsme et le dogme chrétien.

De l'autre, c'est la tradition de Deucalion et Pyrrha, apportée en Grèce par les chants poétiques des émigrants.

CHAPITRE VII

LA LÉGENDE DU PATRIARCHE ADGIGARTA

Nous ne pouvons faire ici, on le comprend, l'historique de la descendance de Vaiwasvata, ni relater toutes les légendes indoues qui ont trait à la vie des patriarches après le déluge. Nous allons donc nous borner à donner celle d'Adgigarta qui, par sa frappante ressemblance avec celle d'Abraham, d'après la Bible, sera une preuve bien frappante en faveur de l'opinion soutenue par nous, que Moïse a puisé ses traditions génésiques, patriarcales et autres, dans les livres sacrés de l'Égypte, qui eux-mêmes ne furent qu'une émanation des Védas et des croyances religieuses de l'Inde. Opinion qu'il est impossible de ne pas admettre, à moins de persister à ne vouloir juger ces époques antiques que par les fables absurdes du législateur hébraïque, et à l'aide d'une chronologie dont la science moderne a prouvé l'impossibilité.

Il est curieux de voir, en effet, pour bien juger cette chronologie, le singulier tour de force par lequel Moïse se rattache à Adam ; je ne crois pas qu'il soit possible de rien trouver au monde qui vienne choquer davantage les lois les plus vulgaires du bon sens.

Suivant la Bible :

Moïse vécut longtemps avec Lévi !

Lévi vécut trente-trois ans avec Isaac ;

Isaac vécut cinquante ans avec Sem ;
Sem vécut quatre-vingt-dix-huit ans avec Mathusalem ;
Mathusalem vécut quarante-trois ans avec Adam.

Ainsi, Moïse ne serait séparé de la création du monde que par quatre générations d'hommes, et du déluge que par deux générations.

Il est à remarquer que les quatre hommes qui séparent Moïse d'Adam auraient, en prenant la chronologie biblique, vécu *deux mille quatre cent trente-trois ans*. Ce qui fait une moyenne de vie de plus de *six cents ans* par homme.

Cette audacieuse plaisanterie, que l'on ne peut chercher à discuter sérieusement, inspire cependant au jésuite de Carrière les réflexions suivantes :

« De sorte que la création du monde et tout ce qui est rapporté dans la Genèse pouvait être venu à la connaissance de Moïse par le récit que lui en avaient fait ses pères. Peut-être même s'en conservait-il des mémoires parmi les Israélites, et que c'est de ces mémoires que Moïse a tiré le temps de la naissance et de la mort des patriarches, le dénombrement de leurs enfants et de leurs familles, et les noms des pays différents où chacun d'eux alla s'établir, étant conduit en cela par le Saint-Esprit, qu'on doit toujours regarder comme le principal auteur des livres sacrés. »

Il faut cependant s'entendre, mon révérend père !

Moïse n'a point connu la Trinité, je vous mets au défi de me citer un seul verset de son ouvrage qui prouve le contraire de cette affirmation, et dès lors pourquoi substituer le Saint-Esprit à Jéhovah ? Vous ne le dites point, mais je le comprends ; c'est à l'aide de ces adjonctions, qui ne vous font jamais défaut quand le besoin s'en fait sentir, que vous expliquez la Bible et que vous y voyez ce qui ne s'y trouve point.

C'était bien assez de ces hommes vivant cinq, six et

même neuf cents ans, comme Mathusalem, sans prendre encore la peine de faire intervenir l'Esprit Saint, qui ne devrait avoir rien de commun, si vous saviez le respecter, avec ces grossières traditions.

Il faut convenir cependant que nous avons une histoire facile à contenter, puisque, malgré la science qui lui a déjà vingt fois prouvé victorieusement son erreur, elle persiste à adopter cette chronologie hébraïque.

Suivant la chronologie indoue, le déluge est arrivé à la fin du twapara-youga, c'est-à-dire troisième âge de l'existence du monde, plus de quatre mille ans avant notre ère, et ce fut dans le siècle suivant que vécut le patriarche Adgigarta, petit-fils de Vaiwasvata.

Voici la légende qui a trait à ce patriarche, qui vivait deux mille cinq cents ans avant Moïse, et qui sans doute inspira à ce dernier la légende d'Abraham.

« Au pays de Ganga habitait un homme vertueux du nom d'Adgigarta; soir et matin, il se rendait dans les clairières des bois, ou sur les bords des rivières dont les eaux sont naturellement pures, pour y offrir le sacrifice.

« Et quand le sacrifice était offert et que sa bouche était purifiée par la nourriture divine, après avoir prononcé tout bas le mot mystérieux de Aum! qui est un appel à Dieu, il chantait l'hymne consacrée de la Sâvitri :

« Bhour! Bhouvah! Shouar!

« Seigneur des mondes et des créatures, reçois mon humble invocation; détourne-toi de la contemplation de ta puissance immortelle. Un seul de tes regards purifiera mon âme.

« Viens à moi, que j'entende ta voix dans le frémissement des feuilles, dans le murmure des eaux du fleuve sacré, dans le pétillement de la flamme de l'Avasathya (feu consacré).

« Mon âme a besoin de respirer l'air pur qui émane de la Grande Ame; écoute mon humble invocation, Seigneur des mondes èt des créatures.

« Bhour! Bhouvah! Shouar!

« Ta parole sera plus douce à mon âme altérée que les pleurs de la nuit sur les sables des déserts, plus douce que la voix de la jeune mère qui appelle son enfant.

« Viens à moi, ô toi par qui la terre est en fleurs, par qui mûrissent les moissons, par qui se développent tous les germes, par qui brillent les cieux, les mères enfantent et les sages connaissent la vertu.

« Mon âme a soif de te connaître et de se dégager de son enveloppe mortelle pour jouir de la béatitude céleste et s'absorber dans ta splendeur.

« Bhour! Bhouvah! Shouar! »

(*Extrait du Sam-Veda.*)

« Puis le sage Adgigarta, après cette invocation à Dieu, se tournait vers le soleil et lui adressait cet hymne comme à la plus magnifique création de Brahma.

« O radieux et brillant soleil, reçois ce chant toujours excellent et toujours nouveau que j'adresse à tes vertus.

« Daigne accepter mon invocation; que tes rayons descendent visiter mon âme avide, comme un jeune amoureux qui court recevoir les premiers baisers de sa maîtresse.

« Soleil! toi qui illumine la terre, et dont la lumière féconde toutes les choses, protége-moi!

« Méditons sur ta lumière admirable, pur et resplendissant soleil; qu'elle éclaire et dirige notre intelligence.

« Les prêtres, par des sacrifices et de saints cantiques, t'honorent, ô soleil resplendissant, car leur intelligence voit en toi la plus belle œuvre de Dieu.

« Avide de nourriture céleste, je sollicite par mes humbles prières tes dons précieux et divins, ô sublime et brillant soleil! »

(*Extrait du Rig-Veda.*)

« Après avoir récité ces prières et fait ses ablutions selon le mode prescrit, le sage Adgigarta employait encore la plus grande partie du jour à étudier le sens mystique et profond du Véda, sous la direction d'un saint personnage nommé Pavaca (le purifié), qui n'était point loin de cet âge (soixante-dix ans) où le vrai serviteur de Dieu doit se retirer dans les forêts pour y mener la vie cénobitique.

« Quand Adgigarta eut accompli sa quarante-cinquième année, ayant ainsi passé chacun de ses jours dans l'étude et la prière, son maître lui fit un matin, à l'issue du sacrifice, présent d'une génisse sans taches et couronnée de fleurs, en lui disant :

« — Voici le don que le Seigneur recommande de faire à ceux qui ont terminé l'étude du Véda ; tu n'as plus besoin de mes leçons, ô Adgigarta ; songe maintenant à te procurer un fils qui puisse accomplir sur ta tombe les cérémonies funéraires qui doivent t'ouvrir le séjour de Brahma.

« — Mon père, répondit Adgigarta, j'entends vos paroles et en comprends la bonté, mais je ne connais point de femme, et si mon cœur désire aimer, il ne sait où adresser sa prière.

« Je t'ai donné la vie par l'intelligence, dit alors Pavaca, je vais te donner la vie par le bonheur et l'amour.

« Ma fille Parvady brille entre toutes les vierges par la sagesse et la beauté ; depuis sa naissance je te la destine pour femme ; ses yeux ne se sont encore arrêtés sur aucun homme, et aucun homme n'a vu son gracieux visage.

« En entendant ces paroles, Adgigarta fut comblé de joie.

« Le brahmya-houta (repas de noces) eut lieu, et le mariage se fit selon le mode consacré pour les dwidjas.

« Les années s'écoulèrent sans que rien ne vint troubler la félicité d'Adgigarta et de la belle Parvady ; leurs troupeaux étaient les plus gros et les mieux fournis ; leur récolte de riz, de menus grains et de safran était toujours la plus belle.

« Mais une chose manquait à leur bonheur : Parvady, bien que son mari l'eût toujours connue dans la saison favorable, suivant la loi de Dieu, ne lui avait point donné d'enfant et paraissait frappée de stérilité.

« C'est en vain qu'elle avait fait un pèlerinage aux eaux sacrées du Gange ; malgré des vœux et des prières sans nombre, elle n'avait point conçu.

« La huitième année de sa stérilité approchait, et, suivant la loi, Parvady devait être répudiée *comme n'ayant pu procréer un fils*, ce qui était un sujet continuel de désolation pour les deux époux.

« Lorsqu'un jour Adgigarta prit un jeune chevreau à toison rouge, le plus beau qu'il put trouver dans son troupeau, et s'en fut le sacrifier à Dieu sur une montagne déserte, et tout en larmes il priait :

« — Seigneur, disait-il, ne séparez pas ce que vous avez uni... Mais les sanglots coupaient sa voix et il n'en pouvait dire davantage.

« Comme il était le visage contre terre, gémissant et implorant Dieu, une voix qui éclata dans la nue le fit tressaillir, et il entendit distinctement ces mots :

« — Retourne à la maison, Adgigarta, le Seigneur a entendu ta prière et il a eu pitié de toi.

« Comme il s'en revenait au logis, sa femme, tout en joie, accourut au-devant de lui, et comme il y avait longtemps qu'il ne l'avait point vue joyeuse, il lui demanda la raison du contentement qu'il remarquait en elle.

« — Pendant ton absence, répondit Parvady, un homme qui paraissait accablé par la fatigue est venu se reposer sous le poyal (verandah) de notre demeure ; je lui ai offert l'eau pure, le riz cuit et le beurre clarifié que l'on donne aux étrangers ; après avoir mangé, et comme il était sur son départ, il m'a dit : — Ton cœur est triste et tes yeux sont fanés par les larmes, réjouis-toi, car dans peu tu concevras, et de toi naîtra un fils que tu nommeras Viashagagana (issue de l'aumône), qui te conservera l'amour de ton mari et sera l'honneur de sa race.

« Et à son tour, Adgigarta lui ayant conté ce qui lui était arrivé, ils se réjouirent dans leur cœur, car ils pensèrent que tous leurs maux étaient finis et qu'ils ne seraient point obligés de se séparer.

« Le soir venu, après s'être parfumé, et les membres bien frottés de safran, Adgigarta s'approcha de Parvady, car elle se trouvait dans la saison propice, et elle conçut.

« Le jour où l'enfant vint au monde fut signalé par des réjouissances générales, auxquelles prirent part les parents, les amis et les serviteurs.

« Seul, Pavaca n'y assistait point, car il était mort au monde et ne vivait plus que dans la contemplation du Seigneur.

« L'enfant reçut le nom de Viashagagana, ou Viashagana, ainsi qu'il avait été dit.

« Parvady eut ensuite un grand nombre de filles qui furent l'ornement de la maison par leur beauté, mais Dieu ne lui accorda pas d'autre fils.

« Comme l'enfant allait atteindre sa douzième année et qu'il se distinguait entre tous par sa force et sa taille, son père résolut de le mener avec lui pour offrir un sacrifice commémoratif sur la montagne où jadis le Seigneur avait exaucé ses vœux.

« Après avoir, comme la première fois, choisi un jeune chevreau sans tâche et à toison rouge dans son troupeau, Adgigarta se mit en marche avec son fils.

« Chemin faisant et comme ils passaient dans une forêt très-épaisse, ils rencontrèrent une jeune colombe tombée d'un nid et qui ne faisait encore que voleter, poursuivie par un serpent. Viashagana s'élança sur le reptile, et après l'avoir tué d'un coup de bâton, il replaça la petite colombe dans son nid, et la mère qui voltigeait sur sa tête le remercia par ses cris joyeux.

« Adgigarta fut dans le ravissement de voir que son fils était courageux et bon.

« Quand ils furent arrivés sur la montagne, ils se mirent à ramasser du bois pour le bûcher du sacrifice ; mais, pendant qu'ils se livraient à cette occupation, le chevreau qu'ils avaient attaché à un arbre rompit son lien et prit la fuite.

« Adgigarta dit alors : — Voici bien le bois pour le bûcher, mais nous n'avons plus de victime; et il ne savait comment faire, car il était éloigné de toute habitation, et cependant il ne voulait pas s'en aller sans avoir accompli son vœu.

« — Retournez, dit-il à son fils, jusqu'au nid où vous avez placé la petite colombe, vous me l'apporterez. A défaut de chevreau, elle nous servira de victime.

« Viashagana allait obéir aux ordres de son père, lorsque la voix de Brahma irrité se fit entendre, et elle disait :

« — Pourquoi ordonner à ton fils d'aller chercher la colombe qu'il a sauvée pour l'immoler à la place du chevreau que vous avez laissé fuir? Ne l'avez-vous donc arrachée au serpent que pour imiter sa mauvaise action? Ce sacrifice ne saurait m'être agréable.

« Celui qui détruit le bien qu'il a fait n'est pas digne de m'adresser ses prières.

« Voilà la première faute que tu as commise, ô Adgigarta; pour l'effacer, il faut immoler le fils que je t'ai donné sur ce bûcher, telle est ma volonté.

« En entendant ces paroles, Adgigarta fut saisi d'une profonde douleur; il s'assit sur le sable, et des larmes abondantes coulèrent de ses yeux.

« — O Paravady, s'écria-t-il, que diras-tu lorsque tu me verras rentrer seul à la maison, et que pourrais-je répondre quand tu me demanderas ce qu'est devenu ton premier-né?...

« Il se lamenta ainsi jusqu'au soir, ne pouvant se résoudre à accomplir le funeste sacrifice; cependant il ne songeait point à désobéir au Seigneur, et Viashagana, malgré son jeune âge, était ferme et l'encourageait à exécuter les prescriptions divines.

« Ayant rassemblé le bois et construit le bûcher, d'une main tremblante il attacha son fils, et levant le bras muni du couteau du sacrifice, il allait l'égorger, lorsque Vischnou, sous la forme d'une colombe, vint se poser sur la tête de l'enfant.

« — O Adgigarta, dit-il, coupe les liens de la victime et disperse ce bûcher; Dieu est satisfait de ton obéissance, et ton fils par son courage a trouvé grâce devant lui. Qu'il vive de longs jours, car c'est de lui que naîtra la vierge qui doit concevoir par un germe divin?

« Adgigarta et son fils prièrent longtemps pour remercier le Seigneur; puis, la nuit étant venue, ils reprirent ensemble le chemin de leur demeure, s'entretenant de ces choses merveilleuses et pleins de confiance dans la bonté du Seigneur. »

(Ramatsariar, prophéties.)

Les deux hymnes à Brahma et au soleil ne se trouvent pas dans le texte de la Légende, qui se borne à indiquer ces prières faites par Adgigarta sur la montagne. Le lecteur nous saura gré sans doute de les avoir extraits du Rig-Véda et du Sam-Véda pour les ajouter à cette traduction.

Tel est ce récit antique du sacrifice d'Adgigarta, qui, la première fois que nous pûmes en prendre connaissance, nous plongea dans le plus profond étonnement.

C'est au grand indianiste William Jones que nous sommes redevable d'en avoir découvert la trace. Un jour que nous lisions sa traduction de Manou, une note nous amena à consulter le commentateur indou Collouca Batta, dans lequel nous trouvâmes une allusion à ce sacrifice du fils par le père, que Dieu arrêta après l'avoir lui-même ordonné. Nous n'eûmes plus qu'une idée fixe, celle de retrouver, dans le fouillis inextricable des livres religieux des Indous, le récit original de cet événement. Il nous eût été impossible d'y parvenir sans la complaisance d'un brahme avec lequel nous étudions le sanscrit, qui, cédant à nos prières, nous apporta de la bibliothèque de sa pagode les œuvres du théologien Ramatsariar, qui nous ont été d'un si précieux secours pour ce volume.

Lorsque de pareilles preuves dans les détails viennent s'ajouter à l'ensemble, ne serait-ce point aller contre l'évidence que de refuser de croire que toutes les traditions antiques eurent une origine commune, dont on doit retrouver la base dans les mythes de l'extrême Orient?

Je ne saurais trop répéter ceci : c'est que, s'il est vrai et logique de dire que tous les peuples modernes ont puisé au même foyer de lumières philosophiques et religieuses, pourquoi serait-il faux de soutenir que tous les peuples de l'antiquité n'ont fait qu'adopter, tout en les transformant, les croyances de leurs devanciers? Cette légende du patriarche Adgigarta, transformée par Moïse, est devenue la légende d'Abraham.

CHAPITRE VIII

INCARNATIONS. — PROPHÉTIES ANNONÇANT L'AVÉNEMENT DE CHRISTNA

Nous n'apprendrons rien à personne sans doute en disant que l'incarnation, c'est-à-dire la descente de Dieu sur la terre, pour régénérer ses créatures, est la base de la religion indoue. Cela est assez connu de quiconque a ouvert un livre sur l'Inde, pour que nous nous trouvions fort à l'aise en énonçant cette proposition et en revendiquant haut la main pour ce pays la priorité de cette croyance religieuse.

Mais si cette vérité semble généralement admise, si nul ne conteste que l'Inde ait eu ses incarnations, on ne paraît jusqu'à ce jour avoir eu d'autre souci que de ridiculiser ces traditions, que de vouloir à toute force représenter les différents avénements de Brahma parmi les hommes comme des superstitions insensées.

Il nous serait facile de retrouver la source de ces opinions, qui ne purent être impartiales, émises qu'elles furent par les missionnaires de tous les cultes qui se trouvèrent avoir à lutter dans l'Inde avec des croyances semblables à celles qu'ils y venaient apporter.

Ils usèrent pour cela d'un moyen bien facile que nous signalons : au lieu d'étudier les principes religieux des Indous dans les livres spéciaux de théologie, où ils eussent pu trouver, non des armes, mais de sublimes enseignements, ils s'adressèrent à la poésie, aux fables, aux traditions héroïques, pour pouvoir se moquer à leur aise de Brahma, de la trinité et des incarnations.

Un prêtre indou pourrait jouer en Europe exactement le même rôle, si, repoussant la morale évangélique et les sublimes leçons du Christ, il ne voulait, de parti pris, étudier notre religion que dans les drames sacrés et les farces religieuses du moyen âge, où Dieu le père vient sur la scène se colleter avec le diable, où l'on prête à la Vierge, à Jésus, aux apôtres et aux saints des absurdités sacriléges et parfois même obscènes !...

En Orient, pays du rêve et de la poésie, la religion doit s'étudier beaucoup moins qu'ailleurs encore dans les œuvres d'imagination, qui multiplient à l'infini les anges, les saints et les démons, et les mêlent constamment à l'œuvre de Dieu et aux actions humaines.

Il faut étudier avec les brahmes prêtres et dans leurs livres, et sourire avec eux de toutes ces superstitions que l'Europe prête à l'Inde, sur la parole intéressée de quelques hommes.

Suivant la croyance indoue, il y a eu jusqu'à ce jour neuf avénements de Dieu sur la terre : les huit premiers ne sont que de courtes apparitions de la Divinité, venant renouveler à de saints personnages la promesse d'un Rédempteur, faite à Adima et à Héva après leur faute; le neuvième seul est une incarnation, c'est-à-dire la réalisation de la prédiction de Brahma.

Cette incarnation est celle de Christna, fils de la vierge Devanaguy.

Voici quelques-unes des prédictions annonçant sa venue, récoltées par Ramatsariar dans l'Atharva, les Védangas et le Védanta.

Nous ne donnons qu'un petit nombre de ces curieux morceaux de poésie religieuse, qui se ressemblent du reste presque tous par le fond et par la forme :

(Atharva):

« Il viendra couronné de lumières, ce fluide pur émané de la grande âme, de l'essence de tout ce qui existe, et les eaux du Gange tressailleront de leurs sources à la mer, comme une femme enceinte qui ressent dans son sein le premier bond de son enfant.

« Il viendra, et les cieux et les mondes seront dans la joie, et les étoiles pâliront devant sa splendeur, et le soleil trouvera ses rayons trop faibles pour l'éclairer, et la terre sera trop étroite pour l'étendue de ses regards, trop petite pour le contenir.

« Car il est l'infini, car il est la puissance, car il est la sagesse, car il est la beauté, car il est tout et dans tout.

« Il viendra, et tous les êtres animés, toutes les fleurs, toutes les plantes, tous les arbres, les hommes, les femmes, les enfants, les esclaves, l'éléphant superbe, le tigre, le lion, le cygne au plumage blanc, tous les oiseaux et tous les insectes, tous les poissons, dans les airs, sur la terre et dans les eaux, entonneront le chant d'allégresse, car il est le Seigneur de tout ce qui existe et de toutes les créatures.

« Il viendra, et les Rockchasas maudits s'enfuiront dans le plus profond des enfers.

« Il viendra, et les Pisatchas impurs cesseront de ronger les cadavres des morts.

« Il viendra, et tous les êtres immondes seront épouvantés; les vautours au cri sinistre et les chacals puants ne trouveront plus de pourriture pour se nourrir, ni de réduits pour se cacher.

« Il viendra, et la vie défiera la mort, et la période de dissolution sera suspendue dans son sinistre travail, et il rajeunira le sang de tous les êtres, et il régénérera tous les corps, et il purifiera toutes les âmes.

« Il viendra, plus doux que le miel et l'amrita, plùs pur que l'agneau sans tache et la bouche d'une vierge, et tous les cœurs seront transportés d'amour. Il viendra le premier jour du mois de *sravana*. Heureuse la matrice bénie qui le portera! heureuses les oreilles qui entendront ses premières paroles! heureuse la terre qui recevra ses premiers pas! heureuses les mamelles qu'il pressera de sa bouche céleste! c'est par leur lait béni que tous les hommes seront purifiés!

« Du nord au sud, de l'aurore au couchant, ce jour sera un jour d'ivresse, car Dieu manifestera sa gloire et fera éclater sa puissance, et se réconciliera avec ses créatures! »

Je ne fais que transcrire, tout commentaire affaiblirait le souffle inspiré du prophète, et du reste de quelles réflexions faire suivre ces pages?...

Le lecteur aussi bien que nous saura comprendre, comparer et juger.

(Extrait des Védangas) :

« C'est dans le sein d'une femme que le rayon de la splendeur divine recevra la forme humaine, et elle enfantera étant vierge, car nul contact impur ne l'aura souillée.»

(Extrait de Pourourava) :

« L'agneau naît d'une brebis et d'un bélier, le chevreau d'une chèvre et d'un bouc, l'enfant d'une femme et d'un homme ; mais le divin Paramatma (âme de l'univers) naîtra d'une vierge qui sera fécondée par la pensée de Vischnou. »

(Extrait de Narada) :

« Que les Yakchas, les Rackahasas et les Nagas tremblent, car le jour approche où doit naître celui qui mettra fin à leur règne sur la terre. »

(Extrait de Poulastya) :

« Et il se fera un bruit terrible et surnaturel dans les cieux, dans l'air et sur la terre ; des voix mystérieuses avertiront les saints ermites dans les forêts ; les musiciens célestes entonneront leurs cantiques ; les eaux des mers bondiront de joie dans leurs gouffres profonds ; les vents se chargeront du parfum des fleurs ; au premier cri de l'enfant divin, la nature entière reconnaîtra son maître. »

(Extrait du Védanta) :

« C'est dans les premiers temps du Cali-youga (âge actuel du monde, qui a commencé, suivant les Indous, trois mille cinq cents ans avant l'ère chrétienne) que naîtra le fils de la vierge. »

Je dois, bien malgré moi, me borner à ces quelques citations de prophéties annonçant l'avénement du rédempteur indou. Ce n'est pas que je sois dans l'impossibilité d'en donner un plus grand nombre, les livres sacrés ne laissent sur ce sujet que l'embarras du choix. Mais il m'a paru qu'il ne pouvait y avoir là qu'un simple intérêt de curiosité, que le cadre de cet ouvrage ne me permet pas de satisfaire complétement.

Ainsi, du reste, que nous l'avons déjà dit, la plupart des extraits que nous pourrions faire se ressemblent tellement que leur multiplicité nuirait à l'intérêt au lieu de l'augmenter.

Le Védanta annonce que l'incarnation de Christna doit arriver dans les premiers temps du Cali-youga, c'est-à-dire de l'âge actuel du monde; cette expression, croyons-nous, appelle une explication.

Les Indous divisent le temps de la durée de ce monde en quatre âges, qui doivent se renouveler à quatre reprises différentes, avant le Mahâ-Pralaya ou destruction générale de tout ce qui existe.

Le premier reçoit le nom de Crita-youga et a une durée d'un million sept cent vingt-huit mille années humaines de trois cent soixante jours.

Le deuxième se nomme Treta-youga et doit durer un million deux cent quatre-vingt-seize mille années humaines.

Le troisième est appelé Dwapara-youga, et sa durée est de huit cent soixante-quatre mille années humaines.

Enfin le quatrième se nomme Cali-youga et doit durer quatre cent trente-deux mille ans.

C'est dans ce dernier âge que nous sommes actuellement depuis environ cinq mille quatre cents ans.

William Jones, dans ses études asiatiques, rapprochant cette division du temps des quatre âges des Grecs et des Romains : l'âge d'or, l'âge d'argent, l'âge d'airain et l'âge de fer, ne met pas en doute que ce ne soit un souvenir de la tradition indoue, preuve de plus en faveur de l'origine que nous avons attribuée à ces peuples.

CHAPITRE IX

NAISSANCE DE LA VIERGE DEVANAGUY D'APRÈS LA BAGOVEDA GITA ET LES TRADITIONS BRAHMANIQUES

Nous voici arrivé à cette merveilleuse incarnation indoue, la première en date parmi toutes les incarnations religieuses du globe, la première également qui soit venue rappeler aux hommes les vérités immortelles déposées par Dieu dans la conscience humaine, et que les luttes du despotisme et de l'intolérance parviennent trop souvent à voiler.

Nous allons raconter simplement, d'après les autorités indoues les plus inconstestables, la vie de la vierge Devanaguy et celle de son divin fils, en réservant pour plus tard tout commentaire et toute comparaison.

Environ l'an 3500 avant l'ère moderne, dans le palais du rajah de Madura, petite province de l'Inde orientale, une fille vint au monde, dont la naissance fut entourée d'étranges événements et de merveilleux présages.

La sœur du rajah, mère de l'enfant, quelques jours avant sa délivrance, eut un songe dans lequel Vischnou, lui apparaissant dans tout l'éclat de sa splendeur, vint lui révéler les destinées futures de celle qui allait naître.

« Vous appellerez l'enfant Devanaguy (en sanscrit formée par ou pour Dieu), dit-il à la mère, car c'est par elle que les desseins de Dieu doivent s'accomplir. Qu'aucune nourriture animale n'approche jamais de ses lèvres : le riz, le miel et le lait doivent seuls concourir à sa subsistance.

Surtout gardez-vous qu'un homme s'unisse à elle par le mariage, il mourrait, et tous ceux qui l'auraient aidé dans cet acte, avant de l'avoir accompli. »

La petite fille reçut en naissant le nom de Devanaguy, ainsi qu'il avait été ordonné, et sa mère, craignant de ne pouvoir exécuter les prescriptions de Dieu dans le palais de son frère qui était un méchant homme, l'emporta dans la maison d'un de ses parents du nom de Nanda, seigneur d'un petit village sur les bords du Gange, et célèbre par ses vertus. Son frère, à qui elle annonça qu'elle partait en pèlerinage sur les bords du fleuve sacré, craignant les murmures du peuple, n'osa pas s'opposer à son dessein.

Cependant, pour marquer son mauvais vouloir, il ne lui accorda qu'une escorte des plus médiocres, composée de deux éléphants seulement, ce qui eût à peine suffi pour une femme de basse extraction.

Sur le soir, à peine Lakmy s'était-elle mise en marche avec son enfant, qu'une suite, composée de plus de cent éléphants carapaçonnés d'or conduits par des hommes somptueusement vêtus, vint se joindre à elle, et comme la nuit était venue une colonne de feu parut dans les airs pour les diriger au son d'une musique mystérieuse qui semblait venir du ciel.

Et tous ceux qui assistèrent à ce départ merveilleux comprirent que tout cela n'était point ordinaire, et que la mère et l'enfant étaient protégés par le Seigneur.

Le rajah de Madura en conçut une jalousie extraordinaire, et poussé par le prince des Rackchasas, qui voulait traverser les vues de Vischnou, il envoya, par un chemin détourné, des hommes armés pour disperser le cortége et ramener sa sœur dans son palais.

Il lui aurait dit alors : — Voyez, les chemins ne sont point sûrs, et vous ne pouvez espérer de faire sans danger un aussi long voyage; envoyez un saint ermite à votre place, et il accomplira votre vœu.

Mais à peine les soldats qu'il avait envoyés furent-ils en vue du cortége de Lakmy, qu'éclairés par l'esprit de Dieu, ils se joignirent à lui pour protéger la mère et l'enfant, pendant la route.

Et le rajah entra dans une furieuse colère en apprenant que sa mauvaise action n'avait pu aboutir. La même nuit il sut en songe que Devanaguy devait mettre au monde un fils qui le détrônerait et le châtierait de tous ses crimes.

Il pensa alors à cacher dans son cœur ses noirs projets, et il se dit qu'il parviendrait facilement plus tard à attirer sa nièce à sa cour, en cas que sa sœur ne voulût pas revenir auprès de lui, et qu'il lui serait possible de la faire mourir et d'éviter le sort dont il était menacé.

Pour mieux déguiser ses desseins, il fit partir des exprès chargés de nombreux présents qui devaient être remis à Lakmy pour être offerts à leur parent Nanda.

Le voyage de Lakmy jusqu'aux rives du Gange ne fut qu'une marche triomphale; de tous les côtés les populations accouraient en foule sur son passage, se disant entre elles : « — Quelle est cette rannie (reine) qui possède un si beau cortége; ce doit être la femme du prince le plus puissant de la terre ». Et de toutes parts on lui apportait des fleurs dont on jonchait la route, ainsi que des fruits et des riches présents.

Mais ce qui causait le plus d'étonnement à la foule était la beauté de la jeune Devanaguy qui, quoique âgée de quelques jours à peine, avait déjà la figure sérieuse d'une femme, et semblait comprendre ce qui se passait autour d'elle et l'admiration dont elle était l'objet.

Pendant soixante jours que dura le voyage, la colonne de feu, qui cessait d'être visible avec le soleil, reparaissait à la nuit, et ne cessa jamais de diriger le cortége jusqu'à l'arrivée. Et, chose bien extraordinaire, les tigres, les panthères et les éléphants sauvages, loin de s'enfuir épouvantés comme ils ont coutume de le faire aux approches de l'homme, venaient doucement considérer la suite de Lakmy, et leurs rugissements devenaient aussi tendres que le chant des bulbulis, afin de ne pas effrayer l'enfant.

Nanda, ayant appris l'arrivée de sa parente par un messager de Vischnou, vint l'attendre à deux jours de marche de son habitation, suivi de tous ses serviteurs, et dès qu'il aperçût Devanaguy, il la salua du nom de *Mère*, disant à tous ceux qui s'étonnaient de cette parole : — Celle-là sera notre mère à tous, puisque d'elle naîtra l'Esprit qui doit nous régénérer.

CHAPITRE X

ENFANCE DE DEVANAGUY. — MORT DE SA MÈRE. — ELLE RETOURNE A MADURA

Les premières années de Devanaguy s'écoulèrent en paix dans la maison de Nanda et sans que le tyran de Madura ait fait la moindre tentative pour l'attirer auprès de lui. Il saisissait, au contraire, toutes les occasions de lui envoyer des présents, et de remercier Nanda de l'hospitalité qu'il avait accordée à Lakmy et à sa fille, ce qui faisait croire à tous que la lumière du Seigneur l'avait touché et qu'il était devenu bon.

Cependant la jeune vierge s'élevait au milieu de ses compagnes, les dépassant toutes en sagesse et en beauté. Nulle mieux qu'elle, quoique âgée de six ans à peine, ne savait veiller aux soins du ménage, filer la laine et le lin, et répandre dans toute la maison la joie et la prospérité.

Elle aimait à se retirer dans la solitude, s'abîmant dans

la contemplation de Dieu qui répandait sur elle toutes ses bénédictions et lui envoyait souvent des pressentiments célestes de ce qui devait lui arriver.

Un jour qu'elle se trouvait sur les bords du Gange à faire ses ablutions, au milieu d'une foule d'autres femmes venues dans le même but, un oiseau gigantesque vint planer au-dessus d'elle, et descendant doucement, il déposa sur sa tête une couronne de fleurs de lotus.

Et tous les assistants furent émerveillés, et ils songèrent que cette enfant était destinée à de grandes choses.

Sur ces entrefaites, Lakmy vint à mourir après une courte maladie, et Devanaguy apprit en songe que sa mère avait vu s'ouvrir devant elle les portes du séjour de Brahma, parce qu'elle avait toujours eu une vie chaste et pure, et qu'il n'était point nécessaire d'accomplir sur sa tombe les cérémonies funéraires d'usage.

Devanaguy, dont le corps était sur la terre, mais dont toutes les pensées étaient au ciel, ne pleura point sa mère, et ne porta pas son deuil, suivant la coutume, car elle regardait la mort, ainsi qu'il est dit dans les livres saints, *comme une naissance en l'autre vie.*

Ayant appris le malheur qui venait de frapper sa nièce, le tyran de Madura jugea le moment venu de mettre ses perfides projets à exécution; il envoya des ambassadeurs à Nanda avec des nombreux présents en le priant de lui remettre la jeune Devanaguy, dont il était le plus proche parent depuis la mort de sa mère.

Nanda conçut une grande douleur de cette démarche, car il aimait cette enfant à l'égal des siens, et ne pouvait se défendre de pressentiments qui lui faisaient considérer sous le plus sombre aspect l'avenir de Devanaguy à la cour de son oncle.

Cependant, comme la demande était juste, il laissa la jeune fille libre de l'accueillir ou de la repousser.

Devanaguy, qui savait que sa destinée l'appelait à Madura, suivit les ambassadeurs envoyés par son oncle, après avoir appelé toutes les bénédictions de Dieu sur la maison qu'elle quittait.

— Souviens-toi, lui dit Nanda, que nous serons heureux de te revoir si le malheur te ramène auprès de nous.

Les pressentiments de son protecteur ne l'avaient point trompé. A peine Devanaguy fut-elle au pouvoir de son oncle, que celui-ci, jetant le masque, la fit enfermer dans une tour dont il fit murer la porte, pour lui enlever toute possibilité d'en sortir.

Mais la vierge n'en fut point chagrine ; il y avait longtemps qu'elle avait reçu du ciel la science de ce qui devait lui arriver, et, pleine de confiance, elle attendait le moment marqué par Dieu pour accomplir ses célestes desseins.

Cependant le tyran de Madura n'était point tranquille ; une famine affreuse désolait ses États, la mort lui avait ravi un par un tous ses enfants, et il vivait dans les craintes continuelles de catastrophes plus sombres encore.

Poursuivi par l'idée, qu'autrefois il avait eue en songe, qu'il devait être détrôné par le fils qui naîtrait de Devanaguy, au lieu de se repentir des crimes nombreux qu'il avait commis, et qui l'avaient déjà fait châtier si rudement par le Seigneur, il résolut, pour s'enlever toute crainte sur ce sujet, de faire périr sa nièce. Dans ce but, il fit mêler du poison extrait des plantes les plus dangereuses à l'eau et aux aliments que chaque jour on faisait passer à Devanaguy dans sa prison ; mais, chose extraordinaire et qui le remplit d'effroi, la jeune fille non-seulement n'en mourut pas, mais encore elle ne sembla point s'en apercevoir.

Il la laissa alors sans nourriture, pensant que la faim serait peut-être plus puissante que le poison.

Il n'en fut rien, et Devanaguy continua à jouir de la plus parfaite santé ; et malgré la surveillance la plus active, il fut impossible de savoir si elle recevait des aliments d'une main mystérieuse ou si l'esprit de Dieu suffisait seul à la nourrir.

Ce que voyant, le tyran de Madura abandonna son intention de la faire mourir et se borna à placer une forte garde autour de sa prison, menaçant ses soldats des supplices les plus affreux si Devanaguy parvenait à tromper leur surveillance et à s'échapper.

Mais ce fut en vain, toutes ces précautions ne devaient pas empêcher la prophétie de Poulastya de s'accomplir.

« Et l'esprit divin de Vischnou traversera les murailles pour se joindre à sa bien-aimée. »

CHAPITRE XI

LA PAROLE DE DIEU S'ACCOMPLIT. — NAISSANCE DE CHRISTNA. — PERSÉCUTION DU TYRAN DE MADURA. — MASSACRE DE TOUS LES ENFANTS MALES NÉS LA MÊME NUIT QUE CHRISTNA.

(*D'après la Bagaveda-Gita et les traditions brahmaniques.*)

Un soir que la vierge priait, une musique céleste vint tout à coup charmer ses oreilles, sa prison s'illumina, et Vischnou lui apparut dans tout l'éclat de sa divine majesté. Devanaguy tomba dans une profonde extase et ayant été *obombrée*, dit l'expression sanscrite, par l'Esprit de Dieu qui voulait s'incarner, *elle conçut*.

Tout le temps de sa grossesse s'écoula pour elle dans un perpétuel enchantement; l'enfant divin procurait à sa mère des jouissances infinies, qui lui faisaient oublier la terre, sa captivité et jusqu'à son existence.

La nuit de l'accouchement de Devanaguy, et comme le nouveau-né jetait son premier vagissement, un vent violent fit une trouée dans les murs de la prison, et la vierge fut conduite ainsi que son fils, par un envoyé de Vischnou, dans une bergerie appartenant à Nanda et qui était située sur le confin du territoire de Madura.

Le nouveau-né fut appelé Christna (en sanscrit *sacré*).

Les bergers, mis au courant du dépôt qui leur était confié, se prosternèrent devant l'enfant et l'adorèrent.

La même nuit, Nanda connut, par un songe inspiré par Dieu, ce qui venait d'arriver, et il se mit en marche avec ses serviteurs et plusieurs autres saints personnages pour aller chercher Devanaguy et son fils, et les soustraire aux embûches du tyran de Madura.

Ce dernier, en apprenant l'accouchement et la fuite merveilleuse de sa nièce, entra dans une rage indescriptible; au lieu de comprendre qu'il était inutile de lutter avec le Seigneur et de demander grâce, il résolut de poursuivre par tous les moyens possibles le fils de Devanaguy, et de le faire mettre à mort, croyant éviter par cela le sort dont il était menacé.

Ayant eu un nouveau rêve qui l'avertissait d'une manière plus précise encore du châtiment qui l'attendait, « *il ordonna le massacre, dans tous ses États, des enfants du sexe masculin nés pendant la nuit où Christna était venu au monde,* » pensant ainsi atteindre sûrement celui qui, dans sa pensée, devait plus tard le renverser du trône.

Guidée sans doute par l'inspiration perfide d'un rakehasas, qui voulait tenter de traverser les desseins de Vischnou, une troupe de soldats arriva à la bergerie de Nanda, et, bien que ce dernier ne fût pas encore arrivé, les serviteurs allaient s'armer pour défendre Devanaguy et son fils, quand tout à coup, ô prodige! l'enfant, que sa mère allaitait, se mit à grandir subitement; en quelques secondes, il eut atteint la taille d'un enfant de dix ans, et courut s'amuser au milieu d'un troupeau de brebis.

Les soldats passèrent auprès de lui sans se douter de rien, et ne trouvant dans la ferme aucun enfant de l'âge de celui qu'ils cherchaient, ils s'en retournèrent à la ville, et leur insuccès leur faisait craindre la fureur de celui qui les avait envoyés.

Peu de temps après, Nanda arriva avec toute sa troupe, et son premier soin fut de se prosterner avec les saints personnages qui l'accompagnaient devant la vierge et son divin enfant. Comme il ne les trouvait pas en sûreté dans ce lieu, il les emmena avec lui sur les bords du Gange, et c'est ainsi que Devanaguy put revoir les lieux où s'était écoulée son enfance.

Nous ne transcrirons point ici les nombreux récits qui ont trait aux premières années de Christna ; elles se passèrent au milieu de dangers sans nombre, suscités par ceux qui avaient intérêt à sa mort, mais il sortit toujours victorieux de cette lutte soit avec les hommes, soit avec les démons.

L'imagination des poëtes, qui s'est plue à s'exercer sur toutes ces choses, les a entourées de tels miracles, de tels événements merveilleux, qu'une douzaine de volumes suffiraient à peine à les raconter.

Il est cependant un fait de l'homme-Dieu que nous ne pouvons passer sous silence, car les Jésuites, dans l'Inde, s'en sont servis et s'en servent tous les jours pour soutenir que le Christna fut de mœurs dissolues, et donna de nombreux exemples d'impureté.

Un jour, Christna, se promenant sur les bords du Gange, aperçut une cinquantaine de jeunes filles qui s'étaient mises complétement nues pour faire leurs ablutions, et quelques-unes d'elles, en cet état, riaient et folâtraient, sans s'inquiéter si elles ne pouvaient pas être vues par les passants.

L'enfant leur en fit des remontrances, leur disant qu'il n'était point digne de se montrer ainsi sans voiles; elles se mirent à rire et à lui jeter de l'eau à la figure.

Ce que voyant Christna, d'un seul geste il envoya au sommet d'un tamarinier tous leurs pagnes, épars sur le sable, de façon qu'il leur fut impossible de se vêtir quand elles sortirent de l'eau.

Comprenant alors leur faute, les jeunes filles implorèrent un pardon, qui leur fut accordé moyennant la promesse qu'elles firent de conserver dorénavant un voile quand elles viendraient faire leurs ablutions au fleuve sacré.

Les Jésuites se sont emparés de cette légende, la racontant à leur façon, et soutenant que Christna n'avait ravi les pagnes de ces jeunes filles que pour les voir mieux à son aise dans leur nudité.

Cette explication qu'ils donnent est dans leur rôle, et elle ne peut nous surprendre; ne pouvant admettre Christna, ils le combattent avec leurs armes habituelles... et on sait s'ils sont habiles à changer les textes ou à y voir ce que nul n'a jamais pu y trouver.

Ne les avons-nous pas vus tenter d'escamoter certains chapitres de l'histoire moderne?... Pourquoi s'étonner, si c'est le même esprit qui préside à leurs missions d'Orient.

CHAPITRE XII

CHRISTNA COMMENCE A PRÊCHER LA LOI NOUVELLE. — SES DISCIPLES; ARDJOUNA, SON COLLABORATEUR LE PLUS ARDENT. — CONVERSION DE SARAWASTA.

A peine âgé de seize ans, Christna quitta sa mère et son parent Nanda, et il se mit à parcourir l'Inde en prêchant la doctrine nouvelle.

Dans cette seconde partie de sa vie, la poésie indoue le représente comme luttant sans cesse contre l'esprit pervers, non-seulement du peuple, mais encore des princes; il surmonte des dangers extraordinaires, lutte à lui seul contre des armées entières envoyées pour le tuer, sème les miracles sous ses pas, ressuscitant les morts, guérissant les lépreux, rendant l'ouïe aux sourds et la vue aux aveugles, partout soutenant le faible contre le fort, l'opprimé contre le puissant et déclarant hautement à tous qu'il est la seconde personne de la trinité, c'est-à-dire Vischnou, venu sur la terre pour racheter l'homme de la faute originelle, chasser l'esprit mauvais et ramener le règne du bien.

Et les populations accouraient en foule sur son passage, avides de ses leçons, de ses sublimes enseignements, et elles l'adoraient comme un Dieu, en disant : — *Celui-ci est bien le rédempteur promis à nos pères!*

Nous laisserons de côté les événements miraculeux de la vie de ce novateur, qui, suivant nous, ne peuvent qu'appartenir à la légende, comme toutes les actions du reste que l'on prête aux différents prophètes qui, à des époques différentes, apparurent sur le globe.

Je ne crois pas plus à Christna, Dieu et thaumaturge, que je ne crois aux autres incarnations ou aux autres envoyés de l'Être suprême, qu'ils se nomment Boudha ou Zoroastre, Manou ou Moïse, le Christ ou Mahomet.

Mais je crois à Christna philosophe et moraliste, mais j'admire ses leçons si sublimes et si pures que, plus tard, le fondateur du christianisme en Europe ne trouva rien de mieux à faire que de les imiter.

Après quelques années de prédication, le novateur indou sentit le besoin de s'entourer de quelques disciples fervents et courageux, à qui il pût léguer le soin de continuer son œuvre, après les avoir initiés à ses doctrines.

Parmi ceux qui depuis quelque temps le suivaient le plus assidûment dans ses pérégrinations, il distingua Ardjouna, jeune homme appartenant à une des plus grandes familles de Madura et qui avait tout quitté pour s'attacher à lui ; il lui confia ses projets, et Ardjouna jura de consacrer sa vie à le servir et à propager ses idées.

Peu à peu ils s'adjoignirent une petite troupe de fidèles, qui partagea leurs fatigues, leurs travaux et leur foi.

La vie qu'ils menèrent fut rude, et on le conçoit, les enseignements égalitaires de Christna, la pureté de sa vie et de ses exemples avaient réveillé les peuples de leur assoupissement ; un souffle de force et de jeunesse commençait à circuler dans l'Inde entière, et les sectateurs du passé, ainsi que les rajahs, poussés par le tyran de Madura, ne cessaient de leur tendre des embûches et de les persécuter, car ils sentaient leur puissance et leurs trônes trembler sous le flot populaire qui commençait à monter.

Mais rien ne pouvait leur réussir; il semblait qu'une force plus puissante qu'eux tous se chargeait de faire échouer leurs desseins et de protéger les proscrits.

Tantôt des villages entiers se soulevaient et chassaient

les soldats envoyés pour arrêter Christna et ses disciples; tantôt ces soldats eux-mêmes, émus, entraînés par la parole du divin prophète, jetaient leurs armes et le suppliaient de leur pardonner.

Un jour même, un des chefs de ces troupes dirigées contre le novateur et qui avait juré de ne céder ni à la crainte ni à la séduction, ayant surpris Christna dans un lieu isolé, fut si frappé de la majesté de son regard qu'il se dépouilla de ses insignes de commandement et supplia ce dernier de vouloir bien l'admettre au nombre de ses fidèles. Sa prière fut accueillie, et à partir de ce moment, la foi nouvelle n'eut pas d'adepte et de défenseur plus ardent que lui.

Il se nommait Sarawasta.

Souvent Christna disparaissait du milieu de ses disciples, les laissant seuls comme pour les éprouver dans les moments les plus difficiles, et inopinément il revenait au milieu d'eux pour relever leur courage abattu et les soustraire au danger.

Pendant ces absences, c'était Ardjouna qui commandait la petite communauté et remplaçait le maître dans les sacrifices et la prière, et tous se soumettaient à ses ordres sans murmurer.

Mais, ainsi que nous venons de le dire, ce sont moins les actions de la vie de Christna qu'il nous importe de connaître que sa morale et ses leçons.

Il ne venait pas fonder une religion nouvelle, car Dieu ne peut détruire ce qu'il a une première fois déclaré bon et révélé; son but était seulement de purifier l'ancienne de toutes les turpitudes, de toutes les impuretés que, depuis plusieurs siècles, la méchanceté des hommes y avait peu à peu introduites, et il y réussit malgré toutes les haines et toutes les attaques des partisans du passé.

A sa mort, l'Inde entière avait adopté sa doctrine et ses principes; une foi vivace, jeune et fertile en résultats s'était emparée de toutes les classes, la morale s'était épurée, l'esprit malin vaincu avait été obligé de s'enfuir dans sa sombre demeure, la régénération promise par Brahma était accomplie.

L'enseignement de Christna fut simple et familier quand il s'adressa au peuple, philosophique et élevé dans ses entretiens avec ses disciples; c'est à ce double point de vue que nous allons le considérer.

CHAPITRE XIII

LEÇONS DE CHRISTNA AU PEUPLE. — PARABOLE DU PÊCHEUR. — PENSÉES ET MAXIMES.

La parabole joue un grand rôle dans l'enseignement familier du rédempteur indou. Christna affectionnait cette forme imagée quand il s'adressait au peuple, moins apte à comprendre ses leçons philosophiques sur l'immortalité de l'âme et la vie future.

Cette manière de frapper l'intelligence et de tirer l'idée morale de l'action de certains personnages mis en scène est conforme aux habitudes orientales, et nous savons que c'est de la littérature asiatique que sont sortis les fables et les apologues.

Rien ne fera mieux comprendre, croyons-nous, l'œuvre populaire de Christna que la citation d'une de ses plus célèbres paraboles, celle du pêcheur, si fort en honneur et en respect dans l'Inde qu'on s'applique à la fixer dès l'âge le plus tendre dans la mémoire des enfants.

Christna revenait d'une expédition lointaine et rentrait à Madura avec ses disciples. Les habitants s'étaient portés en foule à sa rencontre et avaient jonché la terre de branches de cocotiers.

A quelques lieues de la ville, le peuple s'arrêta, demandant à entendre la parole sainte; Christna monta sur une petite éminence qui dominait la foule et commença ainsi :

Parabole du pêcheur.

« Sur les bords du Gange, au-dessus des lieux où des centaines de bras viennent diviser son cours sacré, vivait un pauvre pêcheur du nom de Dourga.

« Dès l'aube, il s'approchait du fleuve pour y faire ses ablutions selon la manière prescrite par les livres saints, et tenant à la main une tige fraîchement coupée de l'herbe divine du cousa, il récitait pieusement la prière de la Sâvitri, précédée des trois mots mystiques : Bhour, Bhouvah, Shouar; puis, le corps et l'âme ainsi purifiés, il se mettait courageusement à l'ouvrage pour subvenir aux besoins de sa nombreuse famille.

« Le Seigneur lui avait donné par sa femme, qu'il avait épousée à l'âge de douze ans, vierge et dans toute la fleur de sa beauté, six fils et quatre filles, qui faisaient sa joie, car ils étaient pieux et bons comme lui.

« Le plus âgé de ses fils pouvait déjà l'aider à conduire sa barque et à lancer ses filets, et ses filles, enfermées dans l'intérieur de la maison, tressaient le poil soyeux et long des chèvres pour en faire des vêtements, et pilaient pour le repas le gingembre, la coriandre et le safran, dont elles faisaient une pâte qui, mélangée avec le jus du piment rouge, devait servir à préparer le poisson.

« Malgré un continuel labeur, la famille était pauvre; car, jaloux de son honnêteté et de ses vertus, les autres pêcheurs s'étaient réunis contre Dourga et le poursuivaient chaque jour de leurs mauvais traitements.

« Tantôt ils dérangeaient ses filets ou, pendant la nuit, transportaient sa barque dans le sable, afin qu'il perdît la journée entière du lendemain pour la remettre à flot.

» D'autres fois, quand il allait à la ville pour vendre le produit de sa pêche, ils lui arrachaient ses poissons de force ou les jetaient dans la poussière, pour que personne n'en voulût en les voyant souillés.

« Assez souvent Dourga revenait fort triste au logis, songeant qu'il ne pourrait bientôt plus subvenir aux besoins de sa famille. Malgré cela, il ne manquait jamais de porter les plus beaux poissons qu'il prenait aux saints ermites et recevait tous les malheureux qui venaient frapper à sa porte, les abritant sous son toit et partageant avec eux le peu qu'il possédait, ce qui était un continuel sujet de dérision et de moqueries pour ses ennemis, qui lui adressaient tous les mendiants qu'ils rencontraient, en leur disant : — Allez trouver Dourga, c'est un nabab déguisé, qui pêche seulement pour se distraire...

« Et ainsi ils plaisantaient sur sa misère, qui était leur ouvrage.

« Mais les temps devinrent très-durs pour tout le monde, une effroyable famine désola le pays tout entier, le riz et les menus grains ayant complétement manqué à la dernière récolte. Les pêcheurs ennemis de Dourga furent bientôt aussi misérables que lui et ne songèrent plus à le tourmenter en face du malheur commun.

« Un soir que le pauvre homme revenait du Gange sans avoir pu prendre le moindre poisson, et comme il songeait amèrement qu'il ne restait plus rien au logis, il rencontra au pied d'un tamarinier un petit enfant qui pleurait en appelant sa mère.

« Dourga lui demanda d'où il venait et qui l'avait ainsi abandonné.

« L'enfant répondit que sa mère l'avait laissé là en lui disant qu'elle allait lui chercher à manger.

« Émي de pitié, Dourga prit dans ses bras le pauvre petit et l'emporta dans sa maison; sa femme, qui était bonne, lui dit qu'il avait bien fait de ne pas le laisser mourir de faim.

« Mais il n'y avait plus ni riz ni poisson fumé; la pierre à carry n'avait pas retenti ce soir-là sous la main des jeunes filles qui la frappent en cadence.

« Ma montait silencieusement dans l'orbe céleste; la famille entière se réunit pour l'invocation du soir.

« Tout à coup le petit enfant se mit à chanter :

« — Le fruit du cataca purifie l'eau, ainsi les bienfaits « purifient l'âme. Prends tes filets, Dourga; ta barque « flotte sur le Gange, et les poissons attendent.

« Voici la treizième nuit de la lune; l'ombre de l'élé- « phant tombe à l'est; les mânes des ancêtres demandent « du miel, du beurre clarifié et du riz bouilli. Il faut leur « en offrir. Prends tes filets, Dourga, ta barque flotte sur « le Gange, et les poissons attendent.

« Tu donneras des repas aux pauvres où l'amrita cou- « lera aussi abondante que les eaux du fleuve sacré; tu « offrira aux Roudras et aux Adytias (ancêtres décédés) la « chair d'un chevreau à toison rouge, car les temps d'é- « preuve sont finis. Prends tes filets, Dourga; treize fois tu « les jetteras; ta barque flotte sur le Gange, et les poissons « attendent.

« Dourga émerveillé pensa que c'était un conseil qui lui arrivait d'en haut; il prit ses filets et descendit avec le plus fort de ses fils sur les bords du fleuve.

« L'enfant les suivit, monta dans la barque avec eux, et ayant pris une rame se mit à la diriger.

« Treize fois les filets furent lancés dans l'eau, et à chaque coup la barque, ployant sous le nombre et le poids des poissons, fut obligée d'aller les déposer à terre pour s'alléger. Et la dernière fois l'enfant disparut.

« Ivre de joie, Dourga se hâta de porter à ses enfants

de quoi apaiser leur faim; puis, songeant immédiatement qu'il y avait d'autres souffrances à calmer, il courut chez ses voisins les pêcheurs, oubliant le mal qu'il avait reçu d'eux pour leur faire part de ses richesses.

« Ceux-ci accoururent en foule, n'osant croire à tant de générosité, et Dourga leur distribua sur-le-champ le restant de sa pêche miraculeuse.

« Pendant tout le temps que dura la famine, Dourga continua non-seulement à nourrir ses anciens ennemis, mais encore à recevoir tous les malheureux qui accouraient auprès de lui. Il n'avait qu'à jeter ses filets dans le Gange pour en obtenir immédiatement tout le poisson qu'il pouvait souhaiter.

« La disette passée, la main de Dieu continua à le protéger, et il devint si riche par la suite qu'il put à lui seul élever un temple à Brahma, tellement somptueux et magnifique que les pèlerins de tous les coins du globe venaient en foule pour le visiter et y faire leurs dévotions.

« Et c'est ainsi, habitants de Madura, que vous devez protéger la faiblesse, vous aider entre vous et ne jamais vous souvenir de ses torts auprès d'un ennemi malheureux. »

Cueillons maintenant au hasard, tellement la moisson est abondante, quelques-unes des maximes dont il se plaisait à parsemer ses enseignements familiers :

« Les hommes qui n'ont pas d'empire sur leurs sens ne sont point capables de remplir leurs devoirs. »

« Il faut renoncer à la richesse et aux plaisirs quand ils ne sont pas approuvés par la conscience. »

« Les maux dont nous affligerons notre prochain nous poursuivront ainsi que notre ombre suit notre corps. »

« La science de l'homme n'est que vanité; toutes ses

bonnes actions sont illusoires quand il ne sait pas les rapporter à Dieu. »

« Les œuvres qui ont pour principe l'amour de son semblable doivent être ambitionnées par le juste, car ce seront celles qui pèseront le plus dans la balance céleste. »

« Celui qui est humble de cœur et d'esprit est aimé de Dieu ; il n'a besoin de rien autre chose. »

« De même que le corps est fortifié par les muscles, l'âme est fortifiée par la vertu. »

« Il n'y a pas de plus grand pécheur que celui qui convoite la femme de son prochain. »

Nous appelons l'attention sur la parole suivante, que beaucoup croient née d'hier :

« De même que la terre supporte ceux qui la foulent aux pieds et lui déchirent le sein en la labourant, de même nous devons *rendre le bien pour le mal.* »

« Si tu fréquentes les bons, tes exemples seront inutiles : ne crains pas de vivre parmi les méchants, pour les ramener au bien. »

« Si un habitant peut causer la ruine de tout un village, il faut l'en chasser ; si un village peut causer celle de tout un district, il faut le détruire ; mais si un district occasionnait la perte de l'âme, il faudrait le quitter. »

« Quelques services que l'on rende aux esprits pervers, le bien qu'on leur fait ressemble à des caractères écrits sur l'eau, qui s'effacent à mesure qu'on les trace. Mais le bien doit être accompli pour le bien, car ce n'est point sur la terre que l'on doit attendre sa récompense. »

« Quand nous mourons, nos richesses restent à la maison ; nos parents, nos amis ne nous accompagnent que jusqu'au bûcher; mais nos vertus et nos vices, nos bonnes œuvres et nos fautes nous suivent dans l'autre vie. »

« L'homme vertueux est semblable au multipliant gigantesque, dont l'ombrage bienfaisant donne aux plantes qui l'entourent la fraîcheur et la vie. »

« La science est inutile à l'homme sans jugement, ainsi qu'un miroir à un aveugle »

« L'homme qui n'apprécie les moyens que d'après son envie de parvenir perd bientôt la notion du juste et des saines doctrines. »

A vous, messieurs les casuistes, inventeurs de cette maxime : La fin justifie les moyens.

« L'infini et l'espace peuvent seuls comprendre l'espace et l'infini, Dieu seul peut comprendre Dieu. »

« L'honnête homme doit tomber sous les coups des méchants, comme l'arbre sandal, qui, lorsqu'on l'abat, parfume la hache qui l'a frappé. »

Écoutez maintenant les conseils que Christna donne à l'homme juste, qui veut se sanctifier dans le Seigneur et mériter la récompense éternelle.

« — Qu'il se livré chaque jour à toutes les pratiques de dévotion pieuse et soumette son corps aux austérités les plus méritoires.

« — Qu'il craigne tout honneur mondain plus que le poison et n'ait que mépris pour les richesses de ce monde.

« — Qu'il sache bien que ce qui est au-dessus de tout, c'est le respect de soi-même et l'amour du prochain.

« — Qu'il s'abstienne de la colère et de tous mauvais traitements même envers les animaux, qu'on doit respecter dans l'imperfection que Dieu leur a assignée.

« — Qu'il chasse les désirs sensuels, l'envie et la cupidité.

« — Qu'il fuie la danse, le chant, la musique, les boissons fermentées et le jeu.

« — Qu'il ne se rende jamais coupable de médisances, d'impostures et de calomnies.

« — Qu'il ne regarde jamais les femmes avec amour et s'abstienne de les embrasser.

« — Qu'il n'ait point de querelles.

« — Que sa maison, sa nourriture et ses habits soient toujours des plus chétifs.

« — Qu'il ait constamment la main droite ouverte pour les malheureux, et ne se vante jamais de ses bienfaits.

« — Quand un pauvre vient frapper à sa porte, qu'il le reçoive, lui lave les pieds pour le délasser, le serve lui-même et mange ses restes, car les pauvres sont les élus du Seigneur.

« — Mais surtout qu'il évite, pendant tout le cours de sa vie, de nuire en quoi que ce soit à autrui : aimer son semblable, le protéger et l'assister, c'est de là que découlent les vertus les plus agréables à Dieu. »

C'est ainsi que Christna répandait parmi le peuple les saines doctrines de la plus pure morale, ainsi qu'il initiait ses auditeurs aux grands principes de charité, d'abnégation et de dignité de soi-même, à une époque où les contrées désertes de l'Occident n'étaient encore habitées que par les hôtes sauvages des forêts.

Qu'a donc ajouté notre civilisation, si fière de ses progrès et de ses lumières, à ces sublimes leçons?

CHAPITRE XIV

ENSEIGNEMENT PHILOSOPHIQUE DE CHRISTNA A SES DISCIPLES

Il faudrait lire dans le texte même des ouvrages sanscrits, et notamment dans le Bagaveda-Gita, les sublimes entretiens de Christna avec ses disciples, et particulièrement avec Ardjouna, pour comprendre que la lumière s'était faite dès longtemps en Orient, lorsque ses reflets sont venus jusqu'à nous.

Les problèmes de la philosophie la plus relevée, les vérités de la morale la plus pure, l'immortalité de l'âme, les futures destinées de l'homme qui aura vécu selon la loi de Dieu; tout est traité dans ces sublimes monologues, où les auditeurs ne sont là que pour donner la réplique, et fournir au professeur l'occasion de nouvelles leçons.

Dans l'impossibilité où nous sommes de donner dans ce cadre restreint le développement que comporteraient ces grandes choses, nous allons nous borner à donner l'entretien de Christna sur l'immortalité de l'âme, il suffira à faire juger les autres.

ARDJOUNA

Ne pourrais-tu nous dire, ô Christna, quel est ce fluide pur que nous avons reçu du Seigneur, et qui doit retourner à lui?

CHRISTNA

L'âme est le principe de vie dont la souveraine sagesse s'est servie pour animer les corps. La matière est inerte et périssable, l'âme pense et agit, et elle est immortelle. De sa pensée naît la volonté, et de la volonté naît l'action. C'est par là que l'homme est la plus parfaite des créatures terrestres, car il se meut librement dans la nature intellectuelle, sachant distinguer le vrai du faux, le juste de l'injuste, le bien du mal.

Cette connaissance intérieure, cette volonté qui se porte par le jugement vers ce qui la séduit, et se retire de ce qui lui déplaît, rend l'âme responsable de son action, responsable de son choix, et c'est pour cela que Dieu a établi la récompense et le châtiment.

Quand l'âme suit la lumière éternelle et pure qui la guide, elle est naturellement portée vers le bien.

Le mal, au contraire, triomphe quand elle oublie son origine et se laisse dominer par des influences extérieures.

L'âme est immortelle, et elle doit retourner dans la grande âme dont elle est descendue; mais comme elle a été donnée à l'homme pure de toute souillure, elle ne peut remonter au séjour céleste qu'après s'être purifiée de toutes les fautes que son union avec la matière lui a fait commettre.

ARDJOUNA

Comment s'opère cette purification ?

CHRISTNA

L'âme se purifie par un stage plus ou moins long, suivant ses fautes, dans les cieux inférieurs (enfers); la privation qui lui est imposée de se réunir au Grand-Tout est la plus grande souffrance qu'elle puisse ressentir, car son plus grand désir est de retourner à la source primitive et de s'absorber dans l'âme de tout ce qui existe.

ARDJOUNA

D'où vient l'imperfection de l'âme humaine, qui est une portion de la grande âme?

CHRISTNA

L'âme n'est point imparfaite dans son essence pure, la lumière de ce sublime *ahancara* ne tire point d'elle-même son obscurité; s'il existait dans la nature de l'âme un germe d'imperfect io, rien ne pourrait l'anéantir, et ce germe se développant, l'âme serait périssable et mortelle, ainsi que le corps. De son union seule avec la matière naît son imperfection; mais cette imperfection n'atteint point son essence, car elle n'est point dans sa cause, qui est l'intelligence suprême, qui est Dieu. . . . .

Nous devons, bien malgré nous, nous arrêter ici dans cette citation. La suite de cet entretien fournit à Christna l'occasion de s'élever jusqu'aux régions les plus ardues de la métaphysique, et ses raisonnements ne seraient parfaitement compris, croyons-nous, que par les gens qui ont voué leur vie à l'étude particulière et approfondie des sciences philosophiques.

Au surplus, ce simple aperçu suffit complétement à éclairer les conclusions que nous prétendons tirer de l'œuvre du novateur indou.

En résumé :

Christna est venu prêcher à l'Inde :

L'immortalité de l'âme, le libre arbitre, c'est-à-dire la volonté et la liberté, la croyance au mérite et au démérite, au châtiment et à la récompense dans la vie future.

Il est venu apporter aux peuples :

La charité, l'amour du prochain, la dignité de soi-même, la pratique du bien pour le bien, et la foi dans la bonté inépuisable du Créateur.

Il a proscrit la vengeance, ordonné de rendre le bien pour le mal, consolé les faibles, soutenu les malheureux et les opprimés, confondu la tyrannie.

Il a vécu pauvre et aimé les pauvres.

Il a vécu chaste et prescrit la chasteté.

Ce fut, nous ne craignons pas de le dire, la plus grande

figure des temps anciens, et le Christ, plus tard, s'inspira de son œuvre de régénération, comme Moïse s'était inspiré de celles de Manès et de Manou.

Quelques lignes encore, et nous aurons fini, trop brièvement peut-être, avec ce rédempteur, pour aborder le rôle joué par ses successeurs dans l'Inde, qui peu à peu oublieront les sublimes traditions du maître pour plonger le peuple, au profit de leur domination, dans un abrutissement et une dégradation morale qui rendirent possible le règne absorbant et despotique des théocraties antiques, issues, ainsi que nous l'avons vu, du brahmanisme indou.

CHAPITRE XV

TRANSFIGURATION DE CHRISTNA. — SES DISCIPLES LUI DONNENT LE NOM DE IEZEUS (LA PURE ESSENCE).

Or, un jour que le tyran de Madura avait envoyé une nombreuse armée contre Christna et ses disciples, ces derniers, saisis de frayeur, voulurent se soustraire par la fuite au danger qui les menaçait.

La foi d'Ardjouna lui-même paraissait ébranlée. Christna, qui priait à quelques pas de là, ayant entendu leurs plaintes, s'avança au milieu d'eux, et leur dit :

« Pourquoi une peur insensée s'empare-t-elle de vos esprits ? ignorez-vous donc quel est celui qui est avec vous ? »

Et alors, abandonnant la forme mortelle, il parut à leurs yeux dans tout l'éclat de sa majesté divine et le front environné d'une telle lumière, qu'Ardjouna et ses compagnons, n'en pouvant supporter la vue, se jetèrent le visage dans la poussière, et prièrent le Seigneur de leur pardonner leur indigne faiblesse.

Et Christna, ayant repris sa forme première, leur dit encore :

« N'avez-vous donc point foi en moi? Sachez que présent ou éloigné je serai toujours au milieu de vous pour vous protéger. »

Et ceux-ci, le croyant par ce qu'ils avaient vu, lui promirent de ne plus douter dorénavant de sa puissance, et ils le nommèrent Jezeus, c'est-à-dire issu de la pure essence divine.

(Bagaveda Gita.)

CHAPITRE XVI

CHRISTNA ET LES DEUX PIEUSES FEMMES NICHDALÎ ET SARASVATÎ

Christna se promenait aux environs de Madura avec ses disciples, suivi d'une grande foule de peuple avide de le contempler. Et on disait de tous côtés : « Voilà celui qui nous a délivré du tyran qui nous opprimait, » faisant ainsi allusion à Kansa, qui avait porté la peine de ses crimes, et que Christna avait chassé de Madura.

Et on disait encore : « Voilà celui qui ressuscite les morts, guérit les sourds, les boiteux et les aveugles. »

Lorsque deux femmes de la plus basse extraction, s'approchant de Christna et lui ayant versé sur la tête des parfums qu'elles avaient apportés dans un petit vase de cuivre, elles l'adorèrent.

Et comme le peuple murmurait de leur hardiesse, Christna leur dit avec bonté :

— Femmes, j'accepte votre sacrifice; le peu qui est donné par le cœur vaut plus que toutes les richesses offertes par ostentation. Que voulez-vous de moi?

— Seigneur, lui répondirent-elles, les fronts de nos époux sont soucieux, le bonheur a fui de nos maisons, car Dieu nous a refusé la joie d'être mères.

Et Christna, les ayant relevées, car elles s'étaient mises à genoux et elles embrassaient ses pieds,

Il leur dit :

— Votre demande sera exaucée, car vous avez cru en moi, et la joie rentrera dans vos maisons.

A quelque temps de là, ces deux femmes, nommées Nichdali et Sarasvati, accouchèrent chacune d'un fils, et ces deux enfants devinrent plus tard de saints personnages, que les Indous vénèrent encore aujourd'hui sous les noms de Soudâma et de Soudâsa.

(Bagaveda Gita.)

CHAPITRE XVII

CHRISTNA VA FAIRE SES ABLUTIONS AU GANGE. — SA MORT

L'œuvre de rédemption était accomplie, l'Inde entière sentait un sang plus jeune circuler dans ses veines, partout le travail était sanctifié par la prière, l'espérance et la foi échauffaient tous les cœurs . . . .

Christna comprit que l'heure était venue pour lui de

quitter la terre et de retourner dans le sein de celui qui l'avait envoyé.

Défendant à ses disciples de le suivre, il partit un jour sur les bords du Gange pour y faire ses ablutions et y laver les souillures que son enveloppe mortelle avait pu contracter dans les luttes de toute nature qu'il avait été obligé de soutenir contre les partisans du passé.

Arrivé près du fleuve sacré, il s'y plongea par trois fois, puis, s'étant agenouillé en regardant le ciel, il pria en attendant la mort.

En cet état il fut percé de flèches par un de ceux dont il avait dévoilé les crimes, et qui, apprenant son voyage au Gange, l'avait suivi avec une troupe nombreuse dans le dessein de l'assassiner.

Cet homme se nommait Angada, suivant la croyance populaire; condamné à une vie éternelle sur la terre à cause de son crime, il erre sur les bords du Gange, n'ayant d'autre nourriture que les cadavres des morts, qu'il ronge constamment en compagnie des chacals et des autres animaux immondes.

Le corps de l'homme-Dieu fut suspendu aux branches d'un arbre par ses meurtriers, pour qu'il devînt la proie des vautours.

La nouvelle de cette mort s'étant répandue, le peuple vint en foule, conduit par Ardjouna, le plus cher des disciples de Christna, pour recueillir ses restes sacrés. Mais la dépouille mortelle du Rédempteur avait disparu; sans doute elle avait regagné les célestes demeures..... Et l'arbre auquel elle avait été attachée s'était subitement couvert de grandes fleurs rouges et répandait autour de lui les plus suaves parfums.

Ainsi finit Christna, victime de la méchanceté de ceux qui n'avaient point voulu reconnaître sa loi, et qui avaient été chassés du milieu du peuple à cause de leurs vices et de leur hypocrisie.

(Bagaveda Gita et Traditions brahmaniques)

CHAPITRE XVIII

QUELQUES MOTS D'EXPLICATION

Je ne crois pas que les orientalistes sérieux viennent contredire en rien ce que j'ai avancé sur la vierge Devanagny et son fils Christna. Il y a longtemps sans doute qu'ils ont compris que les mythes modernes de la religion indoue et de la poésie sont le produit de la décadence et des superstitions que les brahmes ont laissé s'accréditer dans l'esprit des masses au profit de leur domination.

Si donc j'ai rejeté toutes les aventures héroïques auxquelles les poëtes indous ont mêlé Christna, c'est qu'elles ont été inventées après coup par cette imagination orientale qui ne connaît pas de bornes dans le domaine du merveilleux.

Les poëmes les plus célèbres sur Christna ne remontent pas au delà du Maha-Bharata, qui fut écrit environ deux siècles avant notre ère, c'est-à-dire plus de trois mille ans après la mort du novateur indou. Ces ouvrages prirent naissance dans cette idée, que la Divinité est constamment mêlée aux luttes et aux actions humaines pour les diriger à son gré, et distribuer sur la terre même, aux bons et aux mauvais, la récompense ou le châtiment.

C'est la même idée qui domine les anciennes civilisations égyptienne, grecque et hébraïque, issues, comme nous l'avons démontré, de cette période pendant laquelle l'Inde, oubliant les pures traditions des Védas et de Christna, se jeta dans les bras des saints, des anges, des demi-dieux et des héros.

Qu'on nous permette de prendre un exemple dans notre époque moderne, pour démontrer jusqu'à l'évidence, qu'on doit rejeter bien loin de soi la poésie indoue, quand il s'agit de juger Christna, pour s'en tenir aux ouvrages de théologie pure, aux leçons des brahmes et à la tradition conservée dans les temples.

Quelques tentatives furent faites chez nous, au seizième siècle, pour remplacer dans les poëmes épiques l'intervention de Mars, de Jupiter, de Junon, de Vénus, de Minerve, etc., par celle du Christ, des apôtres, des anges et des saints. *La Jérusalem délivrée*, du Tasse, avait servi de modèle.

Est-ce que si une pareille coutume se fût généralisée et sans aucun doute elle eût réussi en Orient), les chercheurs qui, dans deux ou trois mille ans, auraient tenté d'exhumer le passé, n'auraient pas été obligés, surtout si les civilisations occidentales s'étaient éteintes ou transformées, si le christianisme avait disparu, de ne tenir aucun compte de la légende et de la poésie, pour se faire une idée sérieuse du Christ, de ses apôtres et de sa doctrine, sous peine de trouver ces personnages mêlés à toutes nos guerres civiles ou religieuses, et dès lors à les repousser comme le produit de la superstition?

Mon rôle n'a pas été autre que celui-ci, et je n'ai étudié Christna que par sa révolution philosophique et morale, le seul point de vue, du reste, sous lequel le considèrent les brahmes savants, qui, même encore aujourd'hui dans l'Inde, consacrent leur vie à l'étude de la loi et des vérités religieuses.

CHAPITRE XIX

SUCCESSEURS DE CHRISTNA. — GRANDEUR ET DÉCADENCE DU BRAHMANISME

Les successeurs immédiats de Christna se sanctifièrent par la pratique de toutes les vertus, faisant une complète abnégation d'eux-mêmes, n'ayant d'espoir qu'en la vie future. Ils vécurent pauvres et uniquement occupés de la céleste mission que le maître leur avait léguée.

Quelle splendide figure que celle de ces prêtres brahmes des temps antiques de l'Inde! Comme leur culte fut majestueux et pur, et digne du Dieu qu'ils servaient!

Nous allons voir, d'après le Manava-Dharma-Sastra et la théologie brahmanique, comment le prêtre, fidèle à ses devoirs, peut gagner l'immortalité; quels sont les principes de morale qu'il doit suivre; quelles règles de conduite lui sont imposées; quel fut, en un mot, le prêtre des temps primitifs, qu'il ne sera pas ensuite sans intérêt de comparer avec le brahme actuel.

Interrogeant le mobile de nos actions, Manou repousse l'amour de soi-même comme peu louable, et cependant il trouve qu'en ce monde rien n'en est exempt.

« De l'espérance d'un bien possible, dit-il, naît la faculté d'agir; les plus grands sacrifices ont pour but une chose à acquérir; les dévotions austères et toutes les bonnes actions viennent de l'espoir d'une récompense. »

Mais il ajoute aussitôt :

« Celui qui a rempli tous ses devoirs pour plaire à Dieu

seul et sans envisager la récompense future, est sûr d'un immortel bonheur.

« Le premier de tous les devoirs est d'abord d'étudier la sainte Écriture, qui est la parole de Brahma et de Christna révélée aux hommes.

« L'autorité de la divine srouti (révélation) doit être incontestable. Le Brahme, prêtre, qui veut obtenir dans l'autre monde une félicité parfaite, ne le peut qu'en s'y soumettant, sans chercher à connaître et à commenter les ordres du Seigneur dans ce qu'ils peuvent avoir d'inexplicable.

« Il faut aussi qu'il s'incline devant la smriti (tradition) qui fait loi, là où la tradition n'a pas parlé. Ainsi, s'il est permis au commun des hommes de se conduire par l'amour de soi-même et dans l'espoir d'une récompense, les actions du prêtre doivent avoir Dieu seul pour mobile, et il a pour se diriger dans la vie la parole du Seigneur qui lui a révélé sa volonté, et, quand l'Écriture sainte est muette, la tradition. »

Fulminant contre les libres penseurs qui, de son temps déjà, tentaient la réforme réalisée par Boudha qui fut le Luther de l'Inde, Manou leur lance cet anathème :

« Que tous ceux qui, embrassant les opinions profanes des ennemis de la loi de Dieu, ne voudront pas reconnaître l'autorité de la révélation et de la tradition soient chassés comme athées et profanateurs des livres saints. »

Le brahme initié doit faire vœu de chasteté. Il ne peut se présenter au saint sacrifice, qu'il faut offrir tous les matins à Dieu, que le cœur et le corps purs, et c'est en se prosternant avec respect au pied de l'autel qu'il doit lire la sainte Écriture.

La première partie de sa vie, jusqu'à soixante-dix ans environ, doit être militante. Il faut qu'il instruise ses semblables et les dirige vers Dieu; pendant ce laps de temps il ne s'appartient pas; tout ce qui est malheureux, tout ce qui souffre, doit être consolé par lui; tout ce qui est petit, pauvre ou délaissé, par lui doit être soutenu.

Voyons-le dès sa naissance, car nous pourrions presque dire qu'à dater de cet instant commencent ses devoirs.

La venue de Christna sur la terre n'a pas cependant enlevé toute souillure, bien qu'elle ait effacé la faute originelle; aussi tout fidèle doit-il être, en naissant, purifié et régénéré par l'eau sacrée du Gange et, à son défaut, par l'eau lustrale ou eau sainte consacrée par les prières du prêtre dans le temple.

Pour le brahme destiné à être gourou, c'est-à-dire prêtre de la loi divine, cette cérémonie de la purification n'est pas suffisante; il lui faut encore l'investiture du cordon sacré et la *tonsure* qui, pratiquée dès l'âge de trois ans, ne doit plus le quitter jusqu'à sa mort.

De plus, au moment où le brahme est ondoyé, on doit lui placer sur les lèvres un peu de beurre clarifié et de miel, en récitant les prières de la consécration.

Les cérémonies et les sacrifices qui accompagnent la tonsure doivent être renouvelés dans la sixième année de la naissance.

A seize ans, tous les hommes dévoués au Seigneur sont obligés de se présenter au temple pour faire confirmer leur purification par l'onction de l'huile sainte, car c'est l'âge où ils entrent dans leur majorité.

Au delà de ce terme, dit Manou, tous ceux qui n'ont pas reçu ce sacrement en temps convenable, sont déclarés indignes de l'initiation et *excommuniés*.

(Nous défions qu'on puisse traduire cette expression sanscrite de *vrâtyas*, autrement que par ce mot d'excommunié dont nous venons de nous servir.)

Dès que le brahme enfant a conscience de ses actes, il doit faire sa prière soir et matin, debout et les mains jointes; par la prière du matin, il efface les fautes légères qu'il a pu commettre la nuit sans s'en douter; par la prière du soir, il détruit les souillures contractées à son insu pendant le jour; ce n'est que plus tard, et passé seize ans, qu'il peut être admis à offrir le sacrifice à la Divinité et selon les règles prescrites par la sainte Écriture.

Mais avant de devenir prêtre et instituteur des fidèles, le brahme est obligé de passer de nombreuses années dans des écoles de théologie et de philosophie, où il apprend la science de la vie et celle de Dieu qu'il doit enseigner aux autres; c'est l'époque de son noviciat.

Les sciences qu'il étudie sont les suivantes :

Le sanscrit, cette langue sainte que Dieu a parlée quand il s'est révélé aux hommes.

La théologie, avec un traité complet des cérémonies religieuses.

La philosophie, en s'appuyant plus spécialement sur la partie qui regarde les devoirs.

L'astronomie.

Les mathématiqnes.

La grammaire générale et la prosodie.

Et, enfin, ce qui est considéré comme le plus essentiel au prêtre :

Les Védas ou écriture sainte, avec explications et commentaires des passages difficiles ou obscurs.

Et, dit Manou, si un fils doit aimer et respecter son père et sa mère parce qu'il a reçu d'eux la vie matérielle, combien ne doit-il pas respecter encore plus son instituteur, son père spirituel qui lui a donné la vie de l'âme ?

Le temps de son noviciat fini, le brahme est alors sacré serviteur entre les serviteurs de Dieu, c'est-à-dire prêtre, et voici la règle de conduite qui lui est imposée.

Il doit vivre d'aumônes, c'est-à-dire des offrandes faites par les fidèles au temple, car il ne doit rien posséder en propre ; pratiquer le jeûne et l'abstinence, offrir au peuple l'exemple de toutes les vertus, et partager son temps entre la prière et l'instruction qu'il doit à son tour donner aux néophytes.

Lorsque le brahme, de cathécumène, est ainsi devenu prêtre, puis professeur; lorsqu'il a semé les bonnes œuvres sous ses pas et dépensé la plus grande partie de sa vie à servir Dieu et son prochain, il lui reste une dernière étape à parcourir avant d'aller s'absorber dans le sein de la Divinité.

Quittant parents, amis et tous les biens de ce monde, il doit se retirer dans les déserts, dans les forêts inhabitées pour y mener la vie cénobitique et s'abîmer dans la contemplation de la pure essence divine.

Écoutons la sainte Écriture lui prescrire sa conduite :

« Qu'il soit seul, sans compagnons, sans songer qu'il est abandonné de tout le monde et que lui-même a tout abandonné.

« Qu'il n'ait ni foyer, ni maison; si la faim le tourmente qu'il s'en remette à Dieu pour le soin de sa nourriture; à ses pieds croissent les herbes qu'il doit manger.

« Qu'il ne désire point la mort, qu'il ne désire point la vie; et ainsi qu'un moissonneur qui, le soir, attend paisiblement son salaire à la porte du maître, qu'il attende que son heure soit venue.

« Qu'il purifie tous ses actes en les offrant au Seigneur.

« Il doit supporter avec patience les paroles injurieuses, n'avoir de mépris pour personne et surtout ne garder de haine à qui que ce soit au sujet de ce corps débile et périssable.

« Si celui qui le frappe laisse tomber le bâton dont il se sert, qu'il le ramasse et le lui rende sans murmurer.

(N'est-ce pas là le soufflet du Nouveau Testament?)

« Il ne doit jamais chercher à se procurer sa nourriture en expliquant des prodiges et des songes.

« Qu'il se garde surtout de détourner le véritable esprit de l'Écriture sainte pour en faire sortir des préceptes de morale casuiste dans l'intérêt des passions et des biens de ce monde.

(Qu'en dites-vous, messieurs de Loyola? Cette leçon vient de loin.)

« Et lorsque l'heure de la mort sonnera pour lui, qu'il se fasse étendre sur une natte et couvrir de cendres, et que sa dernière parole soit une prière pour l'humanité entière qui va continuer à souffrir alors qu'il sera réuni lui-même au Père de toutes choses. »

Voilà ce qu'étaient autrefois les prêtres de Brahma. L'enseignement et la prière se partageaient la première partie de leur vie; la seconde était employée à méditer sur les vérités immortelles, la sainte Écriture et la grandeur de l'Être suprême.

Prêtres d'abord, ermites ensuite, ce monde n'était pour eux qu'un lieu d'exil et d'expiation qui devait les conduire à un éternel bonheur dans l'autre vie.

Un homme qui a passé trente ans de sa vie dans l'Inde, et que l'on ne taxera point sans doute de partialité en pareille matière, n'a pu s'empêcher, grâce à un esprit profond de justice, de porter le même jugement que nous sur les anciens brahmes.

Voci ce que dit d'eux le missionnaire Dubois, dans le second volume de son ouvrage intitulé : *Mœurs des Indes :*

« La justice, l'humanité, la bonne foi, la compassion, le désintéressement, toutes les vertus enfin leur étaient familières; ils les enseignaient aux autres par leurs discours et leurs exemples. De là vient que les Indous professent, au moins dans la spéculation, à peu près les mêmes principes de morale que nous, et s'ils ne pratiquent pas tous les devoirs que les hommes se doivent réciproquement les uns aux autres, dans une société civilisée, ce n'est point faute de les connaître. »

Voilà ce qu'un prêtre du Christ n'a pas craint de dire des prêtres de Christna. Il ne connaissait pas cependant ces nombreux ouvrages de théologie, de philosophie et de morale que les premiers âges nous ont légués et que l'étude du sanscrit permet aujourd'hui d'approfondir.

Ses principes, sa foi religieuse, l'eussent sans doute empêché d'aller plus loin dans ses appréciations; mais qu'eût-il dit s'il lui eût été donné de retrouver toutes ses croyànces, toutes les cérémonies de son culte dans la primitive Église brahmanique!...

Après plusieurs siècles de simplicité, d'abnégation et de foi, le brahmanisme sentit fermenter dans son sein des germes de domination. Une fois leur ascendant bien assis sur les peuples, les prêtres comprirent qu'ils pourraient arriver à dominer complétement les corps comme ils dominaient déjà les âmes, et ils se mirent à l'œuvre pour courber le pouvoir politique sous l'autorité du pouvoir religieux.

Dans la première partie de cet ouvrage, nous avons vu comment ils y parvinrent par les divisions de castes et en laissant peu à peu le peuple se plonger dans l'abrutissement et la plus éhontée démoralisation.

Nous avons vu également comment, après des siècles de domination paisible, ils furent impuissants à résister aux envahisseurs de leur pays, à soulever contre l'étranger un peuple auquel ils avaient depuis longtemps enlevé toute initiative, toute liberté et par conséquent tout courage.

Triste exemple du sort qui attend les peuples qui, confondant l'idée religieuse et le prêtre, se laissent dominer par ce dernier, au point de n'avoir plus ni libre arbitre, ni conscience, ni dignité.

Dans toute religion qui repousse le libre examen et la tolérance, le prêtre n'est plus qu'un combattant qui travaille à détruire le progrès et la liberté.

Les Indous ont été avilis par leurs prêtres, mais la dégradation morale est remontée jusqu'à eux, et les armes dont ils s'étaient servis se sont tournées contre eux.

Les prêtres brahmes ne sont plus aujourd'hui que l'ombre d'eux-mêmes, et leurs misères, leurs faiblesses, leurs vices et leur décrépitude actuelle, rendent écrasant pour eux le souvenir du passé ; à part quelques bien rares exceptions, ils n'ont plus qu'un orgueil immense en partage qui fait triste mine en face de leurs bassesses et de leur inutilité.

Ces gens-là n'ont plus ni dignité, ni respect d'eux-mêmes, et il y aurait longtemps, si l'Inde n'était pas l'Inde, c'est-à-dire le pays de l'immobilité par excellence, que cette caste brahme aurait disparu sous le mépris public.

Si leur puissance sur les masses est encore grande, les gens intelligents parmi les hautes castes ne les considèrent plus, sans l'avouer cependant, que comme des vagabonds que le préjugé les force à nourrir et à protéger.

Promenez-vous le soir dans les villes et dans les campagnes, partout où vous entendrez résonner la trompe et le tam-tam, approchez-vous,... c'est une naissance, un mariage, la nubilité d'une jeune fille que l'on fête. Regardez sous la verandah et sur les escaliers de la maison ces mendiants deguenillés qui piaillent et se bousculent ! ce sont des brahmes qui viennent manger le riz que l'on a fait cuire en l'honneur de la cérémonie.

Ce tribut leur est dû et ils le prélèvent sur toutes les classes de la société. Pas une réjouissance de famille, pas une fête publique ne peuvent avoir lieu sans cela, et c'est d'usage qu'ils emportent les plats dans lesquels on les a servis.

La plupart du temps, ces plats sont en vulgaire métal, fer ou cuivre, parfois cependant il arrive qu'un rajah, poussé par l'orgueil et l'ostentation, fait servir les brahmes dans des plats d'argent ou d'or, et dépense un million pour cela; ces derniers alors sont satisfaits et épuisent toute l'hyperbole orientale dans les louanges qu'ils adressent au prince libéral; mais il est rare que l'on ne soit pas ensuite obligé de les séparer, le partage de ces richesses ne pouvant avoir lieu sans une échange de coups de rotin.

Il est cependant quelques membres de cette caste avilie qui se sont violemment séparés d'elle. Les uns se sont consolés de la perte de leur puissance par un retour complet à la foi primitive, et il n'est pas rare de trouver dans le sud de l'Inde des prêtres brahmes vivant dans l'étude et la prière, et offrant au peuple, qui les vénère comme des saints, le plus complet exemple de toutes les vertus. D'autres s'enfonçant plus avant dans cette voie, renonçant à leurs parents, à leurs amis, et, brisant avec les misères présentes, se sont mis à prêcher l'égalité de tous les hommes et la régénération de leur pays par la lutte contre l'étranger.

Au contact des Européens, ils ont compris que ce qui faisait leur faiblesse, leur infériorité, était tout entier dans leur inertie et leurs divisions de caste ; et désireux de secouer le joug, ils essayent de rajeunir le sang énervé qui coule dans les veines de leurs compatriotes pour réunir ces derniers contre l'ennemi commun.

Efforts impuissants qui peut-être porteront des fruits dans l'avenir; pour le moment, ils n'ont abouti qu'à faire mettre leurs auteurs à l'index de la nation, à les faire chasser du sein de leur famille et repousser par leurs propres enfants.

A côté des brahmes s'élève peu à peu une autre caste qui déjà couvre une partie du sud de l'Inde et élève la prétention sensible, quoique déguisée avec soin, de les remplacer un jour dans leur domination sur les masses : c'est la caste des Commouty. Composée d'un grand nombre de fanatiques qui rêvent pour leur pays la réédification du brahmanisme à son profit, elle commence à jouir d'une véritable influence.

Ne vivant que de riz et de légumes, en imposant au peuple par l'austérité de leurs mœurs, les membres de cette caste disposeront bientôt d'une force immense dans toutes les contrées, celle de l'argent.

Le commerce tout entier est entre leurs mains; ils se soutiennent les uns les autres par de vastes associations; ils attirent les capitaux, centralisent les marchandises, et très-certainement deviendraient une puissance redoutable sans les Anglais qui les pillent sous prétexte d'impôts, car leur but est le retour complet à ce passé théocratique si cher à l'Inde.

L'état d'abrutissement où les prêtres ont plongé ce malheureux pays est tel que la population entière contribuerait de toutes ses forces, si elle était livrée à elle-même, à tout mouvement qui la replacerait sous l'autorité brahmanique, mais il faudrait pour cela que l'Angleterre ne la dominât point de sa main de fer et que la Russie qui, depuis plus d'un siècle, jette un envieux regard par dessus l'Himalaya sur les riches plaines de l'Indoustan, en attendant l'heure de s'en emparer, ne fût pas fatalement destinée à être son gouvernement de l'avenir.....

Je ne m'étendrai point davantage dans ce chapitre sur l'état profond de démoralisation dans lequel les castes sacerdotales, abusant de l'idée religieuse, ont amené l'Inde; j'aurai occasion de creuser ce sujet plus profondément en abordant les fêtes et cérémonies qui ont remplacé celles du culte ancien.

CHAPITRE XX

CÉRÉMONIES ET SACREMENTS DE L'ANCIEN CULTE BRAHMANIQUE

Dans les religions anciennes, comme dans les modernes, le culte revêt deux formes.

Par la première, sous le nom de cérémonies et sacrifices, il envoie à la divinité les prières et les vœux des mortels.

Par la seconde, sous le nom de sacrements, il impose aux fidèles certains actes, certaines expiations ou purifications; il règle, en un mot, leur vie spirituelle, leurs rapports avec Dieu.

Nous allons voir quels furent les sacrifices et les sacrements institués par les successeurs de Christna dans la primitive Église brahmanique.

Sacrifice du Sarvameda.

Dans la première partie de cet ouvrage, nous avons écrit ceci :

Brahma est considéré par les Védas comme s'étant sacrifié pour la création. Non-seulement Dieu s'est incarné et a souffert pour nous régénérer et nous ramener à notre source divine, mais il s'est même immolé pour nous donner l'existence, « sublime idée que l'on trouve exprimée, dit M. de Humboldt, dans tous les livres sacrés de l'antiquité. »

De là, disent les livres saints :

« Brahma est tout à la fois le sacrificateur et la victime, de sorte que le prêtre qui officie tous les matins aux cérémonies du Sarvameda, sacrifice universel symbolique de la création, en présentant son offrande à Dieu, s'identifie au sacrificateur divin, qui est Brahma; ou plutôt c'est Brahma, victime dans son fils Christna, qui est venu mourir sur la terre pour nous sauver, qui accomplit lui-même le sacrifice solennel. »

Ainsi le prêtre à l'autel, dans ce sacrifice du Sarvameda, présente à Dieu son offrande et ses prières en l'honneur de la création et de l'incarnation de Christna.

Nous retrouverons plus tard l'idée catholique appliquant le même sens symbolique au sacrifice de la messe.

Cette cérémonie est la plus importante de toutes dans la religion brahmanique : le prêtre ne peut y procéder chaque matin qu'après un examen complet de toutes ses fautes et s'être purifié suivant le mode prescrit. Les autres ne sont que des sacrifices secondaires, tantôt en l'honneur de saints personnages parvenus au séjour de la béatitude, tantôt pour attirer la protection de Dieu sur les moissons et les fruits.

Les matières des sacrifices sont : l'huile consacrée, l'eau lustrale, l'encens et un certain nombre d'autres parfums, qui sont brûlés à l'autel sur des trépieds d'or. L'offrande se compose d'une galette de riz, arrosée de beurre clarifié, que le brahme (prêtre) doit manger après l'avoir offert à Dieu et sanctifié par ses prières.

Plus tard, lorsque le brahmanisme réserva les pures doctrines, et ces simples cérémonies pour les adeptes et les initiés, et après les divisions du peuple en castes, le culte vulgaire adopta les sacrifices d'animaux, et ces derniers, après leur consécration, étaient partagés entre les assistants, que cette nourriture purifiait des souillures légères et involontaires.

C'est cette seconde époque qui a inspiré l'Égypte et le culte de Moïse.

Nous nous sommes suffisamment étendu sur toutes ces choses pour n'y point revenir.

DES SACREMENTS

Purification des nouveau-nés par l'eau.

Dans les trois jours de sa naissance, l'enfant doit être ondoyé, c'est-à-dire purifié par l'eau sacrée du Gange, et quand l'éloignement empêche de s'en procurer, par l'eau lustrale, qui a été consacrée par le brahme dans la pagode.

Cette coutume religieuse est fort ancienne dans l'Inde ; elle date de l'époque védique, et Christna l'a consacrée en allant lui-même avant de mourir se plonger dans les eaux du Gange ; elle est encore en honneur chez les Indous, qui ne manquent point de l'observer avec toutes les cérémonies du rite ancien.

Les livres sacrés de l'Inde disent hautement que cette eau, répandue sur l'enfant, a pour but de le laver de la souillure originelle.

Quoi qu'il en soit, et que l'on considère ceci comme une simple ablution, cette formalité est imposée par la religion, et c'est le brahme qui l'accomplit; cela nous suffit pour la ranger parmi les sacrements.

Au surplus, cette coutume religieuse n'est pas isolée, et l'eau lustrale qui a purifié l'enfant continue à le purifier chaque fois qu'il en use pendant le cours de son existence. C'est de là, on n'en saurait douter, ce système d'ablutions qui a été adopté par toutes les religions orientales.

De la confirmation.

Bornons-nous sur ce sujet, et sans aucune réflexion, à citer deux textes : l'un des Védas et l'autre de Manou.

Atharva Véda (livre des préceptes) :

« Quiconque, avant l'âge de seize ans, n'a point fait confirmer dans le temple sa purification par l'onction de l'huile sacrée, l'investiture sanctifiée et la prière de la Sâvitri, doit être chassé du milieu du peuple comme un comtempteur de la parole divine. »

Malgré la division du peuple en castes et le pervertissement des anciennes doctrines, les brahmes conservèrent ce sacrement et l'étendirent à toutes les classes, hors celles des soudras ou prolétaires, des esclaves et des parias.

Le Manou, abrégé et transformé dans leur intérêt, s'exprime ainsi :

Livre II, sloca 38 et 39 :

« Jusqu'à la seizième année pour un brahme, jusqu'à la vingt-deuxième pour un tchatrias, jusqu'à la vingt-quatrième pour un vaisya, le temps de recevoir l'investiture sanctifiée par la Sâvitri n'est pas encore passé.

« Mais au delà de ce terme, les jeunes hommes de ces trois classes, qui n'ont pas reçu ce sacrement en temps convenable, seront déclarés indignes de l'initiation, excommuniés (vrâtyas) et livrés au mépris des honnêtes gens. »

En rapprochant ces deux textes, on voit que ce sacrement de la confirmation était le rappel de la cérémonie première accomplie au berceau de l'enfant, c'est-à-dire la confirmation, de la purification faite dans les trois jours de la naissance par l'eau lustrale.

PURIFICATIONS ET ABSOLUTION DES FAUTES

Confessions des fautes.

Suivant le brahmanisme, l'homme est soumis sur la terre à différentes souillures, dont les unes atteignent l'âme et l'autre le corps.

Les souillures du corps sont effacées tantôt par l'eau

simple, tantôt par l'eau lustrale, suivant leur gravité, tantôt par l'abstinence et les macérations.

Et, à ce sujet, nous pouvons dire qu'on se ferait difficilement une idée des tortures et des flagellations que s'imposaient les ermites de l'Inde et que s'imposent encore les fakirs, leurs successeurs.

Les souillures de l'âme sont effacées par la prière, les vœux et les pèlerinages au Gange, ainsi qu'aux différents endroits illustrés par la vie et la mort de Christna.

Comme on peut aisément le concevoir, sous l'empire de cette religion absorbante, qui parvint peu à peu à dominer le corps et l'âme de ses adeptes, à réglementer les habitudes les plus insignifiantes de la vie, l'homme n'était pas plus laissé juge de ses propres fautes qu'il ne lui était permis de commenter la sainte Écriture.

Car, comme dit Manou livre Ier :

« La naissance du prêtre est l'incarnation éternelle de la justice ; le prêtre est né pour rendre la justice, car dans ses jugements il s'identifie avec Dieu.

« Le prêtre, en venant au monde, est placé au premier rang sur cette terre ; souverain seigneur de tous les êtres, il doit veiller à la conservation du trésor des lois *civiles et religieuses.* »

Comme juge religieux, le prêtre connaissait toutes les fautes, tous les péchés, et indiquait les expiations qui devaient être accomplies par les coupables.

Voici comment cela se passait :

Chaque matin, à l'issue du sacrifice, ceux qui se sentaient atteints de quelques souillures se réunissaient dans la cour de la pagode, près de l'étang sacré, et là, devant un cénacle présidé par le plus ancien des prêtres, ils avouaient leurs fautes et recevaient la purification qui leur était imposée.

La formule dont se servait le coupable était la suivante :

« Saints brahmes, gardiens de la divine Srouti (révélation), vous qui connaissez les sanscaras (sacrements) qui les expient, que dois-je faire? »

Suivait l'aveu des péchés commis.

Et le plus ancien parmi les brahmes répondait :

« Illuminés par l'Esprit divin nous avons apprécié, et voici ce que tu dois faire. »

Et alors, suivant la gravité de la souillure, le tribunal religieux imposait soit des ablutions, soit des mortifications ou abstinences, soit des amendes ou offrandes à Dieu, soit des prières ou des pèlerinages.

Les fautes que nulles purifications ne pouvaient enlever (voir l'énumération au chapitre V de la première partie) étaient punies par le rejet partiel ou complet de la caste ; les vrâtyas seuls, ou excommuniés, tombaient au rang des parias.

Pour expliquer cette expression de sanscaras de la formule citée plus haut, et que nous avons traduite par le mot sacrement, nous ne pouvons mieux faire que de citer l'annotation suivante de l'orientaliste Loiseleur Deslonchamps, le traducteur de Manou :

« Les sacrements (sanscaras) sont des cérémonies purificatoires particulières aux trois premières classes (brahmes, tchatrias et vaisyas)... Le mariage est le dernier sacrement. »

Nous avons donc eu raison d'appeler un sacrement l'absolution conférée aux Indous par le prêtre brahme, en suite de la *confession* publique de leurs fautes.

Nous verrons plus tard les premiers chrétiens adopter cette coutume, grâce aux nombreuses traditions de l'Inde que leurs premiers pasteurs avaient sans doute été étudier en Égypte et en Orient.

Du Mariage.

Le mariage fut aussi rangé au nombre des sacrements par la religion brahmanique; il est établi ainsi par le texte suivant des Védas :

« Brahma a créé le mariage en créant l'homme et la femme pour la reproduction de l'espèce humaine. Aussi, pour rappeler l'œuvre divine, l'union des sexes, pour être valide, doit-elle être consacrée par les prières du prêtre. »

Suivant la note de Loiseleur Deslonchamps citée plus haut, et que nous reconnaissons comme juste, le mariage est le dernier des sacrements; car, chose bien remarquable, le prêtre indou n'intervenait pas d'une manière directe au chevet des mourants. La religion brahmanique conférait en cette circonstance le titre d'officiant au fils aîné ou au plus proche parent du malade, qui étaient chargés d'accomplir les cérémonies funéraires, en exécution de cette parole de l'Écriture :

« A l'heure de la mort, ce sont les prières du fils qui ouvrent aux pères le séjour céleste. »

En résumé, les sacrements brahmaniques sont au nombre de cinq :

1° L'*onction du prêtre*, sacré serviteur entre tous les serviteurs de Dieu. Nous avons vu comment on obtenait ce sacrement en étudiant l'éducation donnée au brahme dans la primitive Église;

2° L'*ablution*, ou *baptême* du nouveau-né dans les eaux du Gange ou dans l'eau lustrale;

3° La *confirmation*, à l'âge de seize ans pour les brahmes, de vingt-deux pour les tchatrias, de vingt-quatre pour les vaisyas, de la purification accomplie au berceau du nouveau-né;

4° L'*absolution* des fautes par la *confession* publique;

5° Le *mariage*.

Nous nous sommes peu étendu sur ce dernier sacrement, et il est facile d'en comprendre la raison.

La discussion ne peut naître sur ce point, car il est d'une vérité vulgaire, qui n'a pas besoin de démonstration, de savoir que les sociétés antiques n'ont toutes considéré le mariage que comme un lien religieux.

CHAPITRE XXI

FÊTES ET CÉRÉMONIES BRAHMANIQUES ACTUELLES

La masse des Indous ne possède plus aujourd'hui qu'un souvenir affaibli de son ancien culte, et les brahmes, après avoir perverti dans un but despotique les principes les plus purs et les plus élevés, ont été, à leur tour, envahis par la dégradation morale qu'ils avaient favorisée pour le maintien de leur puissance. Lorsque les invasions eurent ruiné leur pouvoir politique, ils se réfugièrent dans les temples, multiplièrent les cérémonies et les fêtes, et luttèrent les uns avec les autres de faste et de splendeur pour conserver leur prestige religieux.

Il ne sera peut-être pas sans intérêt de voir, par la description d'une fête indoue, à quel degré d'abrutissement les prêtres ont pu amener le peuple, après avoir proscrit, pendant leur domination, toutes les libertés civiles et religieuses, et cela au nom de Dieu, qui a toujours été, en Europe comme en Asie, le grand moteur de toutes les castes sacerdotales.

Qu'on laisse proscrire chez nous ces mêmes libertés, et si nous ne descendons pas jusqu'à la dégradation orientale, nous reviendrons, sans aucun doute, à la dégradation du moyen âge, à l'esclavage religieux des rois et des peuples, à Torquemada, le grand inquisiteur, et à ses bourreaux, infligeant la torture un crucifix à la main.

Il me serait de toute impossibilité de donner même la plus simple nomenclature des fêtes du culte indou, qui, du reste, se ressemblent toutes avec plus ou moins de pompe et de solennité, suivant la richesse de la pagode où elles sont célébrées et l'abondance des offrandes des fidèles.

Les saints et les héros ont été tellement multipliés, que les trois cent soixante-cinq jours de l'année ne suffisent point à les honorer tous, encore bien qu'on les fasse passer par fournées et que chaque jour on en fête le plus possible.

Le brahmanisme en est arrivé à perdre presque complétement l'idée de Dieu, et à remplacer son culte par celui des Devas, ou anges, et des Richis, ou saints, et c'est infailliblement là que doit arriver toute religion qui refuse de se soumettre aux lumières de la raison.

Nous allons prendre comme type une des fêtes, celle de Chelambrum, dans le sud de l'Inde, qui, au milieu des superstitions de l'époque actuelle, a conservé cependant une apparence de grandeur.

Cette fête commence cinq jours avant la nouvelle lune de mai et ne finit que cinq jours après, sans cesser une seule minute, sans accorder un instant de repos à la foule immense de pèlerins et de dévots accourus de tous les points de l'Inde pour y assister.

Les huit premiers jours se passent dans l'intérieur du temple ; les Indous de haute caste seuls y sont admis : le menu peuple reste dans les cours de l'édifice, se contentant d'entendre de loin la musique et les chants sacrés.

Le premier jour est consacré à Siva, et uniquement employé à célébrer son action bienfaisante sur la nature ; c'est grâce à lui que de la décomposition naît le germe qui fait pousser le riz, si utile à l'homme, les fleurs parfumées et les grands arbres qui ornent la terre de leur feuillage.

Pendant la nuit, on chante l'union mystérieuse de Dieu avec la nature, et on salue le soleil levant par l'hymne au saint personnage Cartignay, dont les prières débarrassèrent la terre du démon Kayamongasaura qui était venu tourmenter les humains sous la forme d'un monstre à tête d'éléphant.

Le second jour est employé à prier pour les âmes des ancêtres ; la nuit, on leur offre du riz bouilli consacré, du miel, du beurre clarifié et des fruits. Une fois voués aux mânes, ces aliments ont la propriété d'effacer toutes les souillures. On les distribue aux assistants, qui doivent les manger et aller se plonger immédiatement dans l'étang sacré qui se trouve sur un des côtés latéraux du temple.

Le troisième jour se passe à implorer les Pouléars, divinités protectrices des villages et des campagnes, sorte de dieux pénates. La nuit, on bénit les images de ces dieux apportées par les fidèles, qui les placent ensuite dans leurs maisons et sur les bords des champs pour en protéger les limites.

Le quatrième jour et la nuit qui suit sont destinés à célébrer la rivière de Tircangy, dont les eaux ont les mêmes propriétés purifiantes que celles du Gange pour ceux que la pauvreté ou les infirmités empêchent de faire, au moins une fois dans leur vie, le pèlerinage au grand fleuve.

Le cinquième jour est celui des offrandes; les fervents se pressent en foule sous les portiques, apportant du riz, de l'huile, du bois de sandal, dont on fait la poudre odorante qui brûle dans des trépieds d'or et des vases précieux.

Les brahmes excellent dans l'art de mettre en lutte l'orgueil des riches Indous, pour les faire rivaliser de magnificence dans leurs présents.

Le sixième jour, on prie pour que les entreprises de ceux qui se sont particulièrement distingués par leurs dons ne soient traversées par aucun mauvais génie, et un brahme annonce le lendemain, à la première heure du jour, quels sont ceux de l'année qui seront fastes ou néfastes.

Le septième jour, spécialement destiné aux femmes qui n'ont pas encore conçu, est employé à conjurer Siva de leur accorder une heureuse fécondité; celles qui plus spécialement désirent mettre un terme à leur stérilité doivent passer la nuit dans la pagode sous la protection du Dieu.

Les brahmes profitent de l'obscurité et de l'émotion que le lieu excite en elles pour les prostituer entre eux, et se livrer à une nuit de débauches et d'orgies. Ils persuadent ensuite à ces malheureuses, craintives et crédules à l'excès, qu'elles ont reçu la visite d'esprits supérieurs envoyés auprès d'elles par Siva lui-même.

Il n'est même pas rare que des femmes de la plus haute caste et d'une ravissante beauté soient ainsi livrées à des étrangers, qui payent de très-fortes sommes aux prêtres pour être introduits secrètement dans la pagode pendant cette nuit.

Le huitième jour se passe tout entier à orner le char monstrueux qui doit, le lendemain, faire le tour de la pagode en portant la statue colossale du dieu Siva, traînée par ses adorateurs.

Le neuvième jour, à onze heures du matin, au bruit des fusées, des artifices, des chants et de la musique, deux mille Indous fendent la foule et vont s'atteler au char du dieu, haut comme un monument, et couvert de sculptures allégoriques.

Tout à coup un cri immense ébranle l'air, les bayadères marchent en cadence et font écarter la foule, les prêtres entonnent l'hymne sainte, des milliers d'encensoirs projettent dans l'air la fumée de l'encens..... C'est le char qui commence sa marche triomphale. Un, deux, trois cris se font entendre..., la foule applaudit à tout rompre : ce sont des fakirs qui viennent de se précipiter sous le char du dieu pour se faire écraser..... Le sang jaillit sous les roues, et au risque de subir le même sort, les dévots se précipitent pour tremper dans la liqueur humaine un lambeau d'étoffe qu'ils garderont comme une précieuse relique.

Quand le char sacré a terminé sa course autour du temple, la cérémonie est terminée pour ce jour-là ; il faut cependant un peu de repos pour se préparer à la grande fête de nuit du lendemain.

C'est le moment pour l'étranger d'entrer dans les cours et dépendances du temple pour visiter les sannyasis et les fakirs.

Les sannyasis sont des pèlerins mendiants qui ont accompli le pèlerinage au Gange, par suite de vœux tous plus extraordinaires les uns que les autres.

Les uns sont allés jusqu'aux rives du fleuve sacré en mesurant la distance avec leur corps.

D'autres ont accompli le même voyage en marchant sur les mains et les genoux.

D'autres encore en s'attachant les pieds et en sautant tout le long de la route, ou en se condamnant à ne manger et dormir que tous les trois jours pendant le temps du parcours.

Il est bon de savoir qu'il y a près de six cents lieues de Chelambrum au bras le plus rapproché du Gange.

Mais ce n'est rien encore, et la folie de tous ces gens-là est de beaucoup dépassée par le fanatisme des fakirs, qui restent impassibles et souriants au milieu des douleurs les plus atroces, les supplices les plus effrayants.

Voyez cette roue qui tourne avec rapidité en entraînant avec elle cinq ou six corps humains qui rougissent la terre de leur sang : ce sont des fakirs qui s'y sont attachés avec des crochets de fer passés dans les cuisses, les reins ou les épaules.

A côté d'eux on en remarque un autre assis sur une planche garnie de longues pointes de fer, qui lui entrent fort avant dans les chairs.

Regardez cet homme qui pompe à l'aide d'un chalumeau un peu de bouillie dans un plat; il s'est condamné au silence, et pour se mettre dans l'impossibilité de rompre son vœu, il s'est avivé les lèvres avec un fer rouge et les a cousues ensemble pour les souder, ne laissant au milieu qu'un petit trou qui ne peut laisser passer que des aliments liquides.

Son voisin est réduit à manger dans un plat comme les animaux, car il ne peut plus se servir de ses mains pendant de longues années; il les a liées avec des cordes en fil de coco, de façon que les ongles de la main droite reposent par la pointe sur la paume de la main gauche, et réciproquement. Les ongles ont poussé et uni les deux mains l'une à l'autre, en traversant les chairs et les muscles de part en part.

Quelles mutilations horribles! au bout de quelques pas le cœur se soulève de dégoût..... Mais avançons toujours : il est de plus affreux supplices encore, et pas une plainte, pas un cri; on dirait que ces hommes ont vaincu la douleur.

Quelle est cette masse inerte étendue sur la terre et que l'on dirait privée de vie, si elle ne semblait par instant respirer? Ses bras, ses jambes sont tordues et enkylosés ; elle n'a plus ni nez ni oreilles ; les lèvres, coupées juste à l'extrémité des gencives, laissent voir les dents qui s'entr'ouvrent parfois..... Horreur!..... Ce cadavre n'a plus de langue, on dirait une tête de mort. Est-ce bien un homme!.....

Tout près est une femme qui n'a plus rien de son sexe, elle s'en est coupé ou brûlé les attributs..... Son corps n'est qu'une vaste plaie..... Les vers la rongent à demi vivante.

Un autre est étendu sur un lit de charbons ardents; il les éteindra avec sa chair et son sang.

Près de l'étang qui sert à laver les statues des dieux et des saints et à faire les ablutions sacrées, un fakir râle sous une pile de bois qui pèse au moins deux ou trois cents kilogrammes, pendant qu'un autre, enterré jusqu'au cou, reçoit les rayons du soleil dans toute leur ardeur dévorante sur son crâne rasé jusqu'à la peau.....

Arrêtons-nous; aussi bien la vue se lasse et la plume se refuse à décrire plus longtemps de pareilles scènes.....

Qui donc peut pousser ces hommes à s'imposer de telles souffrances? Quelle foi fanatique et insensée, s'ils croient réellement être de cette façon agréables à Dieu! Quel courage et quel stoïcisme, si ce n'est que jonglerie!

On prétend que les brahmes, dont ils servent les desseins en émerveillant et stupéfiant la foule, les élèvent dès l'âge le plus tendre pour de semblables rôles, et qu'ils abrutissent le corps et fanatisent l'esprit de ces malheureux par la séquestration et la promesse de récompenses immortelles.

Pendant la nuit du dixième jour, qui est la dernière de la fête, a lieu la promenade de la statue de Siva sur l'étang de la pagode, dont elle doit faire sept fois le tour.

Je ne pourrai décrire dans tous ses détails l'étrangeté bizarre et grandiose de cette scène qui éclate tout d'un coup, comme par enchantement, au milieu de feux de Bengale de toutes couleurs, et lancés par plus de cent mille mains.

La nue est obscurcie par la fumée des trépieds d'or, où brûlent constamment des boules parfumées qui tournent sur elles-mêmes, traçant dans la nuit un cercle de feu; la foule bigarrée s'agite sur les gradins, trépigne, hurle en l'honneur de Dieu..... Par instants les feux de Bengale s'arrêtent, l'obscurité pendant quelques secondes est presque complète; seule l'énorme statue de l'idole, splendidement illuminée, glisse silencieusement sur les eaux; à ses pieds sont les bayadères dans les poses les plus ravissantes; puis les feux éclatent de plus belle, accompagnés de hourrahs frénétiques.....

Le septième tour va s'achever, les chants deviennent des cris, le délire arrive à son paroxysme; hommes, femmes, enfants se précipitent dans l'étang pour se purifier dans les eaux que Siva vient de parcourir..... Malheur au paria qui aurait osé franchir les portes du temple; s'il était reconnu à cet instant, il serait infailliblement mis en pièces.

L'exaltation est telle, que même, s'il plaisait au brahme officiant de désigner au nom du dieu les Européens qui assistent à la cérémonie à la colère de la foule, pas un seul ne sortirait vivant de cette enceinte.

Sur les quatre heures du matin, Siva est reconduit en grande pompe dans les profondeurs mystérieuses de la pagode, d'où il ne sortira que l'année suivante; les feux s'éteignent lentement, la foule s'écoule peu à peu au bruit des trompes sacrées et des tamtam, et l'étranger s'éloigne, ne pouvant se rendre compte dans les premiers moments des émotions si diverses qui sont venues l'assaillir.

Les plus grandes fêtes indoues du nord de l'Inde, c'est-à-dire du Bengale, sont misérables en comparaison de celles du sud.

Dans le sud, où l'invasion musulmane s'était moins fortement établie, où l'intolérance des sectateurs d'Omar et d'Haydar-Ali n'a pas rasé les temples et courbé les consciences sous la loi du cimeterre et du croissant, on dirait que la domination brahmanique a conservé quelque peu de son ancien prestige.

Là se sont réfugiées les traditions religieuses dans le cœur de quelques brahmes savants qui méprisent les superstitions de la foule, et conservent le précieux dépôt, dans l'espoir d'une prochaine régénération.

Là sont les grands monuments, les ruines gigantesques, les dieux majestueux taillés dans cinquante pieds de granit; là enfin sont les restes de cette vieille civilisation brahmanique qui inspira l'Asie entière, la Grèce, l'Égypte, la Judée et Rome.

C'est là, nous ne saurions trop le répéter, qu'il faudrait venir fouiller et étudier......

Les rares savants qui sont venus visiter l'Inde se sont jetés invariablement sur Calcutta et le Bengale, où l'Indou, au contact européen, a ouvert des comptoirs et s'est fait marchand de riz et d'indigo.

Ils n'ont pas compris que le nord de l'Inde a perdu son cachet indou, que les temples musulmans ont remplacé les pagodes, que les cottages anglais ont remplacé les palais des rajahs..... et qu'ils ne faisaient que visiter le champ de bataille de toutes les invasions qui ont décimé l'Inde, auxquelles a succédé l'agio européen.

Les fêtes du Bengale ne réunissent pas ces masses imposantes de populations que l'on remarque dans la pointe orientale de l'Indoustan, le Carnatic ou le Malayala par exemple.

Chaque famille les célèbre à sa manière et à part, et la vanité n'est pas pour peu dans cette séparation.

Les hautes castes ne veulent point du contact des castes inférieures, le riche de celui du pauvre. Il faut qu'on dise, en voyant passer une statue ornée d'or et de pierreries, suivie par des gens habillés de cachemire et de soie : « Voilà la poudja (fête) du Babou un tel. » Si on fait du luxe, il faut que la foule sache bien qui le paye.

C'est un peu l'orgueil européen qui est venu s'enter sur l'orgueil indou. Beaucoup même, parmi les membres des hautes castes, dédaignent de se montrer en public à la suite de ces processions, et payent des remplaçants pour suivre l'idole en leur nom.

La seule solennité du Bengale qui ait quelques splendeurs et une certaine affluence de dévots, est la poudja de septembre, fête de Brahma et de la nature; mais rien de véritablement original ne la distingue; ce n'est qu'un tissu de farces grossières et souvent même dégoûtantes.

Il faut avouer que les Bengalis ont une singulière manière d'honorer Dieu : ils exhibent pour la circonstance, sans respect pour les femmes et les enfants, les images les plus dégoûtantes et les plus obscènes, et représentent sur des tréteaux des scènes dont l'impudeur dépasse toutes les bornes. Ainsi j'ai vu un jour à Hougly, petit village des rives du Gange, célébrer cette fête de la manière suivante. Un homme et une femme représentant l'un Brahma, l'autre la Nature, se livrèrent sur une estrade publique à l'acte de la génération, et c'était, me dit-on, pour honorer le germe fécondé par Dieu dans la création.....

Que peut-on attendre d'un peuple arrivé à un pareil degré d'abrutissement? Et qu'on le sache bien, il y est arrivé par l'abus de l'idée religieuse et la domination des prêtres.

Jamais le règne de la raison n'eût pu conduire à de pareilles orgies, à un tel oubli des saines doctrines et de la dignité de soi-même. . . . .

Et qu'on ne vienne pas nous dire que nos civilisations éclairées d'Europe ne pourront jamais engendrer une pareille décrépitude. ... Qu'on laisse se produire les mêmes causes, et nous verrons se produire également les mêmes effets.

Souvenons-nous donc des Mystères joués au moyen âge par les confrères de la Passion et les clercs de la basoche dans le sanctuaire même des temples, et qu'on finit par proscrire à cause même de leurs obscénités..... Et, chose triste à dire, ces proscriptions émanèrent d'ordonnances royales et non des censures religieuses. . . . .

Si le libre examen ne fût point parvenu à se faire jour, si on avait continué à torturer et à brûler pour un texte de la Bible, si les rois eussent, comme dans l'Inde, accepté la tutelle sans murmures et sans luttes, où serions-nous?... Répondez, où serions-nous?

Nous avons traversé cette période, dira-t-on, et les peuples qui ont conquis la liberté religieuse et civile ne retourneront pas en arrière!

Qu'en savez-vous?

Est-ce que l'Inde n'a pas eu son époque de libre examen, de discussion et de liberté?..... La caste sacerdotale a lutté sans relâche; patiente, elle a poursuivi son œuvre, les siècles ne l'ont pas lassée, et elle a vaincu.....

La lutte menace de s'engager de nouveau entre la liberté et le despotisme religieux. Que dis-je? elle est déjà engagée de toutes parts

La plus imposante manifestation du siècle va se faire dans quelques mois à Rome contre les principes de 89.

Veillons!..... et préparons la défense.

CHAPITRE XXII

DERNIÈRE MANIFESTATION DE DIEU SUR LA TERRE, D'APRÈS LES LIVRES SACRÉS DES INDOUS

Suivant les croyances brahmaniques, le maha-pralaya, la grande dissolution, c'est-à-dire la fin du monde, sera signalée par un étrange événement.

Cédons la parole à Ramatsariar, le commentateur religieux des livres sacrés.

« ..... Quelque temps avant la destruction de tout ce qui existe, la lutte entre le bien et le mal doit recommencer sur la terre, et les esprits mauvais, qui jadis, après la création, se soulevèrent dans le ciel contre l'autorité de Brahma, viendront engager une lutte suprême, pour tenter de ravir à Dieu sa puissance et recouvrer leur liberté. »

C'est alors que Christna reviendra sur la terre pour terrasser le prince des rakchasas, qui, sous la forme d'un cheval et aidé par tous les mauvais génies, couvrira ce globe de ruines et de carnages.

Cette croyance est générale dans l'Inde. Il n'est pas un Indou, à quelque caste qu'il appartienne, pas un brahme, qui ne la considère comme un article de foi. Les prêtres ont même consacré un sacrifice, l'Aswameda, c'est-à-dire le sacrifice du cheval, à la victoire future du fils de la vierge Devanaguy.

Je constate et retiens le fait, sans autres réflexions pour le moment.

CHAPITRE XXIII

UN TEXTE DU PHILOSOPHE NARADA

« *Ne proférez jamais ces paroles : — Je ne connais pas ceci, donc cela est faux.*

« *Il faut étudier pour savoir, savoir pour comprendre, comprendre pour juger.* »

En terminant ces études sur les croyances religieuses et les livres sacrés de l'Inde, je ne dis pas autre chose aux contradicteurs qui pourront se soulever. . . . . . .

Étudiez, avant de me juger, les vieilles civilisations de l'Orient. Je ne crains ni la discussion ni la lumière.

ÉPILOGUE

ÉPILOGUE

INUTILITÉ ET IMPUISSANCE DU MISSIONNAIRE CHRÉTIEN DANS L'INDE

Si, comme l'a dit le R. P. Dubois, *la justice, l'humanité, la bonne foi, la compassion, le désintéressement, toutes les vertus enfin étaient familières aux anciens brahmes;*

S'il est vrai de soutenir également avec lui que *les Indous professent les mêmes principes de morale que nous*, on a la clef du complet insuccès des missionnaires dans l'Inde, insuccès du reste avoué par un grand nombre d'entre eux, sans qu'ils osent ou veuillent en donner les motifs.

« Pourquoi changerais-je de religion? me disait un jour un brahme avec lequel je discourais sur ces matières.

« Nous avons aussi bien que vous, si ce n'est mieux, et vous ne datez tout cela que de dix-huit siècles, tandis que notre croyance se rattache sans interruption à la création du monde.

« Dieu, suivant vous, et vous le rabaissez, s'y est mis à plusieurs fois pour vous doter d'une religion; suivant nous, il a révélé sa loi en nous créant.

« Chaque fois que l'homme s'est égaré, il s'est manifesté à lui pour le rappeler à la foi primitive.

« En dernier lieu, il s'est incarné dans la personne de Christna, qui est venu non point guider l'humanité dans des lois nouvelles, mais effacer la faute originelle et épurer la morale.

« Cette incarnation, vous nous l'avez prise, comme vous nous avez pris la tradition de la création d'Adima et d'Heva.

« Nous en attendons encore une autre avant la fin du monde, c'est celle de Christna revenant combattre le prince des Rackchasas déguisé en cheval. et d'après ce que vous venez de me raconter de votre Apocalypse, vous nous avez emprunté également cette prophétie.

« Votre religion n'est qu'une infiltration, un souvenir de la nôtre, pourquoi voudriez-vous me la faire adopter?

« Commencez donc, si vous voulez réussir, par ne pas m'enseigner des principes que je retrouve dans tous nos livres saints et une morale que nous professions dans l'Inde bien avant que l'Europe eût ouvert les yeux à la lumière et à la civilisation. »

Tout cela était de la plus exacte vérité, et il n'y avait rien à répondre.

Et dès lors que voulez-vous donc apporter à ces peuples? des cérémonies extérieures, la forme d'un culte; ce sont les manifestations sensibles et non la base d'une religion, et que faire quand les bases sont les mêmes?

Sans doute les Indous ont oublié leurs croyances primitives, la pureté de la morale de Christna dans la pratique, mais leur démoralisation ne vient point de l'ignorance; ils connaissent parfaitement leurs dogmes et tous les grands principes de la conscience.

Que l'Europe ne leur jette point tant la pierre! au milieu de ses luttes, de ses ambitions de toute nature, elle serait fort malvenue à se décerner une palme de moralité.

Sans doute les Indous actuels ont substitué à leur culte les pratiques les plus superstitieuses. Que voulez-vous? grâce à leurs prêtres, ils ont fini par délaisser Dieu, pour adorer les faiseurs de miracles, les anges et les saints, les devas et les richis.

Et après?

Est-ce que nous n'avons pas aussi nos miracles de la Salette et autres lieux, nos saints qui guérissent les aveugles, les boiteux, les sourds, les écrouelles et les engelures?...

Pourquoi les Indous n'auraient-ils pas les leurs?

Je me trouvais un jour dans un village aux environs de Trichnapoli, grande ville de la pointe orientale de l'Inde, où un missionnaire fraîchement débarqué cherchait à faire quelques prosélytes. Un brahme théologien se présenta à lui, comme cela se pratique toujours en pareille circonstance, et lui proposa une discussion publique sur les matières religieuses qui lui conviendraient.

Le prêtre, qui parlait parfaitement le tamoul, accepta; s'il eût refusé, il se fût coulé dans l'opinion publique, et tout Indou à qui il eût voulu, dans ce district, parler de religion lui eût infailliblement répondu : « Pourquoi as-tu craint de te mesurer avec notre brahme? »

La réunion fut fixée au dimanche suivant. Les Indous sont très-friands de ces assemblées, de ces tournois de la parole; hommes, femmes, enfants, tout le monde s'y rend, écoute avec intérêt, s'échauffe à la lutte, et ce qu'on ne croirait peut-être pas, poursuit impitoyablement de ses huées le vaincu, et avec la plus grande impartialité, que ce soit le brahme ou le missionnaire.

On trouvera cela moins étonnant quand on saura qu'il n'est pas un Indou, quel que soit son rang et sa caste, qui ne connaisse les principes de l'Écriture sacrée, c'est-à-dire des Védas, et qui ne sache parfaitement lire et écrire.

Il est un proverbe indou qui dit : — Celui-là n'est pas un homme qui ne sait pas fixer sa pensée sur une olle (feuille de palmier préparée pour écrire).

Le dimanche venu, le village entier se réunit sous l'ombrage de vastes multipliants, qui faisaient une salle naturelle pleine de fraîcheur. Je me plaçai à quelques pas des deux antagonistes, et la joûte commença.

Dès les premières paroles échangées, je compris ce qui allait inévitablement arriver.

Le brahme, esprit fin, subtil, s'empara immédiatement de la discussion pour la diriger, et voici le curieux dialogue qui s'établit entre eux :

LE BRAHME

Qui es-tu? d'où viens-tu? que veux-tu?

LE MISSIONNAIRE

Je suis prêtre, et je viens de par delà les mers pour vous enseigner le vrai Dieu

LE BRAHME

Pour avoir pris la peine de venir de si loin, tu dois nous apporter d'excellentes choses. Mais pourquoi dis-tu le vrai Dieu? Est ce que tu en connais plusieurs? Pour moi, il n'y en a qu'un seul pour tous les mondes et pour tous les peuples.

LE MISSIONNAIRE

Je n'en connais qu'un seul également, et c'est au nom de celui-là que je parle et que je viens combattre les faux dieux engendrés par la superstition.

LE BRAHME

Puisque tu viens prêcher parmi nous, à ton avis le Dieu que nous adorons n'est point le véritable?

LE MISSIONNAIRE

Tu l'as dit.

LE BRAHME

Mais alors quel est donc ton Dieu? Le nôtre, Manou le

définit ainsi : « Celui qui existe par lui-même de toute éternité, que l'esprit conçoit, mais ne peut percevoir, qui est sans parties visibles, échappe aux organes des sens, infini et omnipotent, créateur de tout ce qui existe, et dont la mystérieuse unité est composée de trois personnes, Brahma, Vischnou et Siva. » Ce n'est pas notre Dieu, je me trompe en l'appelant ainsi; Dieu n'appartient pas à un homme, à une caste, à une contrée, c'est le Dieu de toutes les créatures. Oseras-tu dire que c'est la superstition qui me fait parler ainsi?

LE MISSIONNAIRE

Non, et si tu crois au seul et unique Dieu, maître de cet univers, nous sommes bien près de nous entendre. Seulement l'idée que tu te fais de Dieu n'est point complétement la mienne.

Vous ne parlez sans cesse de l'unité de Dieu que pour ensuite la diviser à l'infini. D'après vos livres saints, votre Dieu n'agit pas, il délégue sa puissance à droite et à gauche, aux devas d'abord; ces derniers à leur tour se donnent des mandataires, ce sont les personnages appelés Maharichis, Atri, Angiras, Poulastya, Poulaha, Cratou, Pratchitas, Vasichta, Brigou et Narada. Je le répète, votre théologie ne semble reconnaitre l'unité de Dieu que pour la renverser après.

LE BRAHME

Je veux croire que tu es de bonne foi; mais tu tombes dans de grossières erreurs. Depuis quand les fictions des poêtes peuvent-elles servir de base à une croyance religieuse? et parce que la foule honore de saints hommes qui nous ont précédés sur la terre, crois-tu donc qu'elle les égale à Dieu?

Le sectateur de Brahma ne reconnait que lui, n'adore que lui; qu'importe les êtres qu'il a créés et les missions qu'il lui a plu de donner à ses prophètes, puisque tout, suivant nous, est une incarnation de sa puissance!

Tes arguments se retournent contre toi : n'as-tu pas dans ta religion des anges, des prophètes et des saints?

Pouquoi descendre dans les détails de nos livres sacrés, qui sont le plus souvent des allégories que tu ne saurais comprendre?

Pourquoi chercher à renverser nos traditions, aussi vieilles que le monde, sans les avoir étudiées et approfondies? Tu vois que je n'imite pas ton exemple et que je n'attaque pas tes croyances, bien que je ne les partage pas.

LE MISSIONNAIRE

C'est à la morale que tu en reconnaîtras la bonté.

LE BRAHME

Et que dit donc ta morale que ne nous enseigne aussi la nôtre? As-tu lu les entretiens de Christna et d'Ardjouna? et les sublimes enseignements du divin fils de la vierge Devanaguy?

Crois-tu donc que nous ne sachions pas distinguer le bien du mal, et qu'il était besoin que tu traversasses les mers pour venir nous parler de choses que nous connaissons aussi bien que toi? Est-ce que notre religion ne nous fait pas une loi de nous secourir les uns les autres? est-ce que nous repousssons la faiblesse et la misère? Nos routes sont pleines de chauderies, où le voyageur, où l'infirme reçoivent un asile et ce qui est nécessaire à leurs besoins.

Est-ce que nous ne vénérons pas pas nos parents et nos ancètres même mieux que vous? Nous portons d'eux un deuil éternel, et chaque année nous célébrons leur naissance sur la terre et leur mort, qui est leur naissance en l'autre vie.

A ces paroles, un murmure approbateur circula dans la foule ; le brahme commençait à gagner sur le prêtre.

LE MISSIONNAIRE, avec véhémence.

Eh bien! vous tous qui m'écoutez, puisque vous prétendez posséder une morale aussi pure que celle de l'Évangile, que je viens vous apporter, pourquoi ne la mettez-vous pas en pratique? pourquoi dépensez-vous les jours que le Seigneur vous a donnés à satisfaire les plus honteuses passions, à vous plonger daus la débauche la plus éhontée?

Pourquoi laissez-vous vos enfants dès l'âge le plus tendre se livrer au vol, au mensonge et à l'impureté? Pensez-vous former ainsi des hommes selon la loi de Dieu?

Qu'avez-vous fait de vos femmes? Des instruments de plaisir, des êtres abrutis, incapables de dévouement et d'affection, des esclaves que vous achetez et parquez comme vos troupeaux.

O vous qui repoussez la lumière que le Seigneur vous envoie, je vous le dis, vous porterez la peine de vos fautes, et quand le dernier jour sera venu, quand il faudra peser dans la balance éternelle vos bonnes actions et vos crimes, Dieu se détournera de vous et vous rejettera au nombre des maudits.

Le missionnaire continua encore longtemps sur ce thème; une exaltation fébrile s'était emparée de lui; il avait perdu de vue son sujet et ne discutait plus. Il prêchait comme dans une église catholique, et le sens de ses paroles était perdu pour la foule.

Aussi, quand le brahme reprit la parole, je compris que le prêtre allait être obligé de céder la place.

LE BRAHME

Tu viens de te dévoiler par tes injustes attaques, et le but de ta venue parmi nous n'est point tel que tu nous l'avais annoncé tout d'abord. Un servant du Seigneur ne doit point donner l'exemple de la colère, et la parole sainte doit couler aussi douce que le miel et répandre sur ceux qui l'écoutent un parfum aussi suave que celui la fleur du lotus aimé de Vischnou.

As-tu donc été mêlé à ces débauches dont tu parles et que tu nous reproches? as-tu pénétré dans l'intérieur de nos demeures? sais-tu ce qui s'y passe, à l'ombre des images des saints Maharichis, protecteurs du foyer domestique? Tu compares nos femmes à un troupeau d'esclaves; lis la règle prescrite à leur égard par la sainte écriture et Manou, et tu reviendras à une opinion plus juste, parce qu'elle sera éclairée.

Tu ne connais ni nos lois ni nos mœurs, et tu viens nous jeter l'anathème! Ce n'est pas ici que ta parole peut être utile; va donc prêcher les tiens, à Bombay, à Madras et à Calcutta, ils en ont plus besoin que nous. Tu les verras manquer à leur parole, tromper l'Indou pour s'enrichir, et pour satisfaire leurs passions acheter nos jeunes filles vierges avec l'or qu'ils nous volent.

Si tu veux rendre service à l'Inde, va donc leur dire que ce ne sont point les exemples qu'ils devraient nous donner, et que nous augurons mal d'une religion qui ne sait ni retenir ni châtier des hommes aussi corrompus.

En disant ces mots, le brahme se leva au milieu des applaudissements de son auditoire, qui le reconduisit avec les marques du plus grand respect jusqu'à sa demeure.

Je n'ai jamais vu ces sortes de luttes se terminer autrement.

Il est très-vrai que l'Inde râle depuis des siècles sous la corruption, que la femme n'est plus aujourd'hui qu'un instrument de plaisir; mais dans le passé elle fut honorée et respectée. La loi a été vaincue par les mœurs; mais elle existe toujours, et le brahme se réfugie dans la loi. Puisque les Indous ont les mêmes principes de morale que nous, comment faire pour les battre sur le terrain des principes?... Et il faut avouer malheureusement que, si l'on sort de la spéculation pour porter la discussion dans le domaine des faits, là encore le brahme est fortement armé, car il n'est que trop vrai que l'Européen ne donne aux peuples de l'Inde que les plus pitoyables exemples d'honnêteté et de moralité.

Aussi, parmi les rares chrétiens, dont les cinq sixièmes sont parias, disséminés au milieu de plus de deux cents millions d'Indous, n'en trouverait-on peut-être pas un seul qui soit sincèrement attaché à la religion nouvelle. Et quels efforts les missionnaires ne sont-ils pas obligés de faire pour les convertir? Aux uns ils payent de petites pensions d'une ou deux roupies par mois, aux autres ils fournissent le riz nécessaire à leur nourriture, et dès que l'on cesse de servir l'une et de donner l'autre, le chrétien disparaît.

Avec cela, il faut leur permettre de conserver tous leurs usages de caste, toutes leurs cérémonies païennes pour les naissances, les mariages, les morts et le culte des ancêtres, et on est obligé, sous peine de voir tous les prosélytes disparaître à l'instant, de parquer les parias dans les églises et de ne pas leur permettre l'approche des gens de caste.

Il est même certains temples qui ont été bâtis par les Indous des classes élevées, avec cette condition que l'entrée n'en serait point permise à ces pauvres proscrits, et les missionnaires, non-seulement ont accepté cette clause, mais encore la font sévèrement exécuter.

Un jour, j'entrai visiter une petite église, dans le village d'Arian-Coupam, à quelques milles de Pondichéry, suivi d'un domestique qui était paria. A la vue de ce dernier, tous les Indous se levèrent effarouchés; la cérémonie fut arrêtée, et le prêtre qui officiait vint me dire que ce temple appartenait à des gens de caste, et que mon domestique paria n'avait pas le droit d'y entrer.

Je m'empressai de quitter moi-même la place, en admirant toutefois l'esprit évangélique de ces nouvelles doctrines.

Sont-ce bien les ministres de Jésus, de celui qui est venu relever l'opprimé et protéger le faible, qui descendent à de pareils subterfuges?...

Je dis tout cela sans parti pris et seulement parce que cela est. Et je mets au défi quiconque a vécu dans l'Inde de contredire la véracité de ce que j'avance.

Mais ce qui m'a le plus attristé encore a été de voir, dans les processions chrétiennes du Carnatique, Jésus, la Vierge et les saints gesticuler, pleurer, jouer la comédie et imiter, grâce à un mécanisme intérieur des statues, les indignes momeries des idoles païennes. Comme j'en parlais à un missionnaire, en lui disant que son culte n'avait rien à gagner à ces sortes de superstitions, il me répondit en ces termes :

« L'Indou est un peuple d'enfants ; nous sommes obligés de le séduire par la vue, de lutter de magnificence avec les sectateurs de Brahma. Les processions de ces derniers parlent aux sens : les statues de leurs dieux, mues par des ressorts invisibles, semblent vivantes sur leurs estrades. Nous sommes forcés d'agir de même pour nos cérémonies, sans cela nous paraîtrions inférieurs aux brahmes, ce qui serait un grand danger dans ce pays, où l'imagination joue un si grand rôle. »

— Mais, mon père, hasardais-je timidement, *ne sont-ce pas là précisément ces rites malabares qui ont été si solennellement condamnés à Rome?...*

Il me tourna le dos.

Le lecteur nous saura gré sans doute de quelques explications sur cette matière.

Les jésuites, qui furent les premiers à venir prêcher

l'Evangile dans l'Inde, s'aperçurent vite qu'ils n'arriveraient à rien avec les moyens ordinaires; ils n'avaient pas devant eux un peuple naïf et sauvage, mais bien une nation civilisée, tenant par-dessus tout à sa religion, à ses mœurs et à ses coutumes.

Ils se vêtirent alors à la manière indoue et se prétendirent des brahmes venus de l'Occident pour rappeler au peuple ses anciennes croyances, qu'il avait abandonnées.

Non-seulement ils respectèrent les castes, les cérémonies, les préjugés, les superstitions, mais encore ils les adoptèrent, les firent leurs, et s'identifièrent si bien avec les Indous qu'ils parvinrent à se faire adopter et à gagner quelques partisans.

Jalouses de leurs succès, quelques congrégation rivales les attaquèrent devant la cour de Rome pour avoir ainsi rabaissé la religion en la faisant se prêter à des transactions qui portaient atteinte à la pureté de ses principes.

Les jésuites furent solennellement condamnés par le pape, qui, sous le nom de *rites malabares*, proscrivit leur mode de procéder et annula, comme contraires à la loi catholique, toutes les concessions qu'ils avaient faites à l'esprit du pays.

Les Missions étrangères reçurent leur succession, avec ordre de renverser tout ce qui avait été fait par leurs prédécesseurs et de ramener les chrétiens indous à la foi évangélique.

Les missionnaires qui avaient sapé l'autorité des jésuites à leur profit savaient parfaitement qu'il leur serait impossible de se conduire autrement qu'eux, à moins de vouloir fermer les temples et chasser les rares convertis. Ils ne tenaient qu'à les remplacer, et le but acquis, ils se hâtèrent d'adopter eux-mêmes tous les rites malabares et de faire encore de plus amples concessions.

Ainsi l'habit qu'ils ont adopté à l'usage des campagnes est presque entièrement indou, et le bonnet qu'ils portent dans les cérémonies est identique à celui des brahmes officiants.

Comme je viens de le dire, ils parquent les parias, et, non-contents de cela, ils affectent dans leurs conversations avec les gens de haute caste de tenir eux-mêmes ces pauvres proscrits pour des êtres impurs.

Le croirait-on? ils n'ont même pas reculé devant des superstitions qui sont de l'essence même du brahmanisme, *ils ne mangent jamais de bœuf qu'en cachette...*

On sait que cet animal est révéré par les Indous et que leurs anciennes lois punissaient sévèrement son meurtrier.

Bien plus, s'ils habitent un district dont les habitants appartiennent aux castes qui ne mangent jamais de chair, de quelque nature qu'elle soit, ils les imitent et vivent comme eux de riz et de légumes.

« Quand nous sommes seuls, me disait un jour l'un d'eux, nous plumons bien quelquefois la poule... mais le moins souvent possible; cela éloignerait nos chrétiens de nous, si nous étions surpris. »

Tout cela est de la plus rigoureuse vérité, et il n'est pas un seul missionnaire ayant vécu dans ces contrées qui oserait se lever pour contredire nos paroles.

Il est encore bien d'autres questions que je pourrais soulever, si elles ne touchaient à des points trop délicats pour être traités ici...

Je ne sais ce que l'avenir réserve à l'Inde; mais ce que je puis assurer, c'est que ce n'est pas ainsi qu'on la régénérera.

QUATRIÈME PARTIE

ORIGINES INDOUES DE L'IDÉE CHRÉTIENNE

> Si je croyais à la religion catholique, je commencerais par me faire juif, et, étant juif, je ne tarderais pas à adopter le brahmanisme.

AU LECTEUR

—

Les religions imposent leurs dogmes, courbent les consciences sous leurs lois, enlèvent à leurs adeptes la libre discussion et le jugement, et c'est au nom de Dieu qu'elles proscrivent toute pensée qu'elles n'ont point contrôlée, toute liberté, hors celle de s'incliner et de croire.

Au nom de Dieu également, la raison pose d'autres principes : liberté de l'individu dans sa pensée et dans ses actes, progrès de l'humanité dans la voie du juste et du bien par la discussion et l'examen, qui, seuls, peuvent débarrasser l'avenir des superstitions et des entraves du passé.

Les sciences physiques ont erré, tant qu'elles se sont traînées à la remorque d'un axiome imposé par l'idée religieuse. Les sciences morales n'auront pas d'autres destinées tant qu'elles ne se dégageront pas du mystère et de la révélation.

Repoussons le mystère et la révélation comme indignes de Dieu, de sa sagesse, de son infinie puissance, et forts des vérités immortelles qu'il a déposées en nous, ne craignons point d'engager la lutte qui doit nous conduire au règne de la pure raison.

Nous aurons dégagé alors l'Être suprême et son culte de

toutes les faiblesses, de toutes les misères de l'imperfection humaine, auxquelles l'homme s'est plu à les mêler depuis six mille ans et plus. . . . .

Tel est le but que doit se proposer tout homme intelligent et libre.

CHAPITRE PREMIER

SIMPLE EXPLICATION.

Après avoir exposé à grands traits l'influence de l'Inde ancienne sur toutes les sociétés antiques, démontré que les traditions morale, philosophique, historique et religieuse de la Perse, de l'Égypte, de la Judée, de la Grèce et de Rome avaient été puisées à ce grand foyer des premiers âges, prouvé que l'œuvre de Moïse était issue des livres sacrés de l'Égypte et de l'extrême Orient, nous allons voir le Christ et ses apôtres retrouver soit en Asie, soit en Égypte les primitives traditions des Védas, la morale et l'enseignement de Christna, et tenter, à l'aide de ces principes sublimes et purs, de rajeunir le monde ancien qui s'écroulait de toutes parts par la décrépitude et la corruption.

Nous avons raconté simplement, fidélement la Genèse indoue, la conception de la vierge, la vie et la mort du rédempteur Christna, réservant le plus possible toute réflexion, tout commentaire pour la dernière partie de notre œuvre, dans laquelle nous serons obligé nécessairement de toucher de nouveau à toutes ces matières.

Les quelques pages qui vont suivre ne sont inspirées que par l'impossibilité d'élever des fables et des prodiges à la hauteur de vérités historiques, et par le désir de retrouver la véritable figure du Christ et de ses apôtres, en la dégageant de ce fouillis de merveilles et d'idées superstitieuses dont le moyen âge s'est plu à l'entourer.

Loin de moi le plaisir vulgaire de saper l'autorité de Jésus comme Dieu : un motif plus élevé me dirige et m'inspire, et je respecte toutes les croyances sincères que cependant ma raison se refuse à partager. . . . . . .

Et, je l'ai déjà dit, je ne veux et ne puis accepter d'autre guide que la raison, d'autres lumières que celles de ma conscience.

Dieu m'a donné un flambeau, et je le suis !

Le passé n'est que ruine, obscurité, intolérance et despotisme, changeons de route... et nous verrons ce que sera l'avenir !

CHAPITRE II

IMPOSSIBILITÉS DE LA VIE DU CHRIST TELLE QUE L'ONT ÉCRIT LES ÉVANGÉLISTES.

La vie du grand philosophe chrétien, telle que les évangélistes, ses apôtres, nous l'ont transmise, n'est qu'un tissu d'inventions apocryphes destinées à frapper l'imagination des peuples et à établir solidement les bases de la religion nouvelle qu'ils fondaient.

Il faut convenir, du reste, que le terrain était merveilleusement préparé, et que ces hommes eurent peu de peine à rencontrer des adeptes qui mirent leur fortune et leur vie au service de la réforme.

De toutes parts, le paganisme râlait; Jupiter, malgré

ses autels, n'avait plus de croyants; Pythagore, Aristote, Socrate et Platon l'avaient depuis longtemps rejeté de leur conscience. Cicéron disait que deux prêtres ne pouvaient se regarder sans rire; depuis deux siècles, Pyrrhon, Cimon, Sextus Empiricus, Énésidème ne croyaient plus à rien. Lucrèce venait d'écrire son livre sur la nature, et tous les grands esprits du siècle d'Auguste, trop corrompus pour revenir aux lumières primordiales et aux principes simples, mais rigides de la raison, en étaient arrivés au scepticisme le plus complet, menant une vie de plaisir au milieu de l'oubli de Dieu et des futures destinées de l'homme.

D'un autre côté, ces vieilles théologies qui s'écroulaient avaient laissé dans l'esprit de la foule l'idée d'un Rédempteur, que l'Inde ancienne avait léguée à toutes les nations. Et le peuple, lassé, attendait quelque chose de nouveau qui vint remplacer ses croyances éteintes, et donner un aliment à son énergie paralysée par le doute et qui avait besoin d'espérance.

C'est alors qu'un pauvre Juif, quoique né dans la classe la plus infime du peuple, ne craignit point, après avoir passé quinze années de sa vie dans l'étude et la méditation, de se soulever pour tenter la régénération de cette époque de décrépitude et de matérialisme.

Chacun connaît la morale simple et pure qu'il a prêchée, et avec quelle avidité le monde ancien se transforma sous le souffle nouveau. Caractériser l'enseignement du Christ n'est point notre but; il nous importe simplement d'en rechercher l'origine et de voir par quelles études le novateur a pu se former.

Du moment que nous rejetons l'incarnation pour ne voir en lui qu'un homme, quels que soient sa grandeur et son génie, nous avons le droit de lui trouver des initiateurs, comme nous en avons trouvé à Boudha, à Zoroastre, l'Égyptien Manès et à Moïse.

Il est incontestable, pour nous, que Jésus, jusqu'au moment où il parut sur la scène du monde, c'est-à-dire jusqu'à trente ans, se prépara par l'étude à la mission qu'il s'était donnée.

Pourquoi, en effet, rester jusqu'à trente ans sans aborder son œuvre? pourquoi, s'il eût été Dieu, demeurer dans l'inaction pendant douze ou quinze ans de sa vie d'adolescent et d'homme? pourquoi même ne pas prêcher dès l'enfance? c'eut été, sans aucun doute, un moyen assez sensible de prouver sa divinité.

On nous dit bien qu'à douze ans il soutint une thèse dans le temple qui émerveilla les docteurs juifs, mais quelle thèse? et pourquoi les évangélistes n'ont-ils pas jugé à propos de nous la faire connaître? Ce fait ne serait-il pas plus tôt, avec une foule d'autres, le produit de leur imagination?

Puis, enfin, que fit-il de douze ans à trente ans? Voilà une question que je pose et dont je serais heureux de recevoir la solution.

Dans le silence des apologistes de Jésus, nous ne pouvons voir qu'un oubli intentionnel ; car il eût fallu dire la vérité et détruire ce nuage d'obscurité dont ils se sont plu à entourer cette grande figure. Et la vérité est que le Christ, pendant cette période de temps, étudia en Egypte, peut-être même dans l'Inde, les livres sacrés, réservés depuis des siècles aux initiés, et cela avec les plus intelligents de ses disciples, qu'il dut s'adjoindre dans le courant de ses pérégrinations.

Et c'est ainsi que Jésus connut les traditions primitives, et étudia l'œuvre et la morale de Christna, dont il s'est inspiré dans son enseignement et ses prédications familières.

Il me semble entendre des cris de surprise et d'étonnement, même dans le camp de la libre pensée.

Raisonnons donc! c'est à vous, rationalistes, que je m'adresse, à vous seuls ; car toute discussion avec les partisans de la foi est impossible, du moment où nous ne pouvons nous entendre sur les principes.

Si vous ne croyez pas à la divinité du Christ : que trouvez-vous d'étonnant à ce que je lui cherche des devanciers, des initiateurs? Né dans une classe inintelligente, parce qu'elle était peu cultivée, ce n'est que par l'étude qu'il a pu s'élever au-dessus de ses compatriotes et jouer le rôle important que nous connaissons. Oui, le Christ est allé en Égypte, oui, le Christ a étudié l'Orient avec ses disciples, et c'est le seul moyen d'expliquer logiquement la révolution morale qu'ils ont accomplie. Mais les preuves ne manqueront pas ; attendez-les avant de porter un jugement sur cette opinion qui n'est point, pour moi, le résultat d'une simple hypothèse, mais bien une vérité historique.

Que ce dernier mot ne surprenne point trop ; je dis vérité historique, parce que si, avec moi, vous repoussiez le révélé, le prodige et le merveilleux, il ne reste plus que des causes naturelles à étudier, et si nous avons trouvé ensemble, dans nos précédentes études, une doctrine plus ancienne, et qui soit de point en point identique à celle de Jésus et de ses apôtres, ne serons-nous pas en droit de croire que c'est à ces mêmes sources primitives que ces derniers avaient puisé?

Est-ce que tous les grands esprits de l'antiquité ne sont pas allés vivifier leur génie en Égypte? est-ce que cette vieille terre n'était pas le lieu de rendez-vous de tous les penseurs, de tous les philosophes, de tous les historiens, de tous les grammairiens de cette époque? qu'allaient-ils donc y chercher? que pouvait bien renfermer cette immense bibliothèque d'Alexandrie, dont la destruction n'est pas un des moindres titres de César au mépris des races futures.

Pourquoi plus tard les néoplatoniciens furent-ils y fonder leur école célèbre, si les anciennes traditions de ce pays n'attiraient pas, comme un foyer lumineux, les rares intelligences, tous les hommes de pensée?

Le fils de Marie et de Joseph suivit le courant : l'Egypte était à deux pas, il y fut s'instruire. Peut-être même, et j'inclinerai fort à le croire, y fut-il conduit dès sa plus tendre enfance par ses parents, ainsi, du reste, que le rapportent les évangélistes, et il a dû n'en revenir, quoi qu'on puisse prétendre, qu'après avoir conçu la pensée de venir prêcher sa doctrine aux Juifs.

Avant d'exposer plus amplement nos théories sur Jésus, il nous paraît utile de voir, le plus brièvement possible, quelle fut sa vie d'après les apôtres.

Marie, quoique femme de Joseph, étant restée vierge, conçut par l'opération du Saint-Esprit, troisième personne de la Trinité, et Jésus naquit le 25 décembre de l'an 4004 de ce monde, suivant la chronologie biblique.

Cette naissance, annoncée par les prophètes, fut signalée par différents prodiges : des bergers, ainsi que trois mages venus de l'Orient, guidés par une inspiration miraculeuse, se rendirent à Bethléem pour adorer le nouveau-né.

Hérode, roi de Jérusalem, craignant la venue du Messie qui, d'après certaines prédictions, devait le détrôner, *envoya tuer dans Bethléem et tous les pays d'alentour tous les enfants âgés de deux ans et au-dessous.*

Avertis par un ange, Joseph et Marie s'enfuirent en Égypte pour sauver l'enfant du massacre, et ils n'en revinrent qu'après la mort d'Hérode. A l'âge de douze ans, Jésus étonna les docteurs dans le temple par la sagesse de ses réponses.

A trente ans, après s'être fait baptiser dans les eaux du Jourdain par saint Jean-Baptiste, il commence sa mission et se met à parcourir les villes de la Judée en prêchant avec ses disciples. Pendant les trois années que durent ses pérégrinations, on lui attribue une foule de miracles.

Il changea l'eau en vin aux noces de Cana, ressuscita Lazare, le fils de la veuve de Naïm, trois jours après sa mort, redressa les boiteux, rendit la vue aux aveugles, l'ouïe aux sourds et chassa les démons du corps des possédés.

Accusé par les pharisiens et les prêtres juifs de soulever le peuple pour se faire élire roi, il fut arrêté et remis à Ponce Pilate, gouverneur de la Judée pour les Romains; celui-ci le renvoya à Caïphe, grand-prêtre des Juifs, qui le fit juger et condamner à mort par le sanhédrin ou conseil des anciens. Attaché sur une croix entre deux voleurs, il mourut en pardonnant à ses exécuteurs.

Trois jours après sa mort, il ressuscita, ainsi qu'il l'avait promis à ses disciples, et quarante jours après sa résurrection, il monta au ciel, après avoir recommandé à ces derniers d'aller instruire tous les peuples dans la foi nouvelle.

Tels sont, d'après les évangélistes, les principaux événements de la vie du novateur chrétien.

Le bon sens me force à déclarer que les apôtres ne furent pas de bonne foi en entourant le Christ de ce cortége de miracles et de merveilleux, contraire aux lois de la nature et de la raison, dans le but évident de fasciner la foule et de se gagner des partisans.

Ce rôle n'avait même pas le mérite de la nouveauté; combien d'autres, en effet, l'ont joué avant eux et avec un égal succès!

Quoi! me dira-t-on, les évangélistes ne sont donc pour vous que des imposteurs?

Ce n'est point là ma pensée. Je soutiens seulement que ces hommes, dans un but louable sans doute et pour assurer le succès de leur mission, ont eu recours, comme tous leurs devanciers, aux prodiges, aux miracles apocryphes pour se rattacher à la divinité, et qu'ils ont fait un Dieu de la douce et sublime victime des prêtres d'Israël.

Ah! si le fait était isolé dans l'histoire de l'humanité, sans croire à deux genoux, peut-être hésiterions-nous à nier et à combattre!

Interrogeons donc le passé.

Il est constant qu'en remontant aux époques les plus reculées on trouve dans toutes les théogonies des différents peuples qui couvrent le globe cet espoir de la venue d'un Dieu sur la terre, espoir qui naquit sans doute des aspirations des nations primitives qui, à la vue de leurs imperfections, de leurs souffrances, devaient naturellement, dans un élan de foi et d'amour, s'adresser à l'Être suprême ou créateur de toutes choses. La légende primitive de Brahma, promettant un rédempteur à Héva, n'a été que le résultat de ces aspirations, la manifestation poétique de cette croyance à la possibilité de l'incarnation divine.

Les résultats de cette croyance générale furent nombreux. Christna paraît, se proclame le rédempteur promis, se dit issu de Dieu, et l'Inde entière le reconnaît et l'adore comme tel.

Bouddha vient à son tour avec les mêmes prétentions; chassé de l'Inde par les brahmes, il s'en va prêcher sa doctrine dans le Thibet, en Tartarie, en Chine et au Japon, et ces pays le divinisent, le reçoivent comme le Messie attendu depuis des siècles.

Plus tard, Zoroastre, soulevant la Perse contre l'autorité brahmanique, se présente comme un envoyé du Seigneur, et donne au peuple ses Nosks ou livres de la loi qu'il a écrits sous la dictée de Dieu.

Manès en Égypte, Moïse en Judée continuent la tradition, s'intitulent messagers divins et prophètes, et les peuples continuent à s'agenouiller et à croire. . . . .

En dernier lieu, le Christ paraît... Sa vie est courte; à peine a-t-il eu le temps de prêcher que les Juifs le mettent à mort, mais ses disciples sont là; suivant la voie toute tracée par les incarnations précédentes, ils relèvent sa mémoire par le miracle et le prodige, et font un Dieu de cet homme juste qui, sans aucun doute, n'avait jamais eu

TABLE DES MATIÈRES

PREMIÈRE PARTIE

Zeus. — Jéhovah. — Brahma.

CHAPITRE PREMIER

CHAPITRE II

CHAPITRE III

CHAPITRE IV

CHAPITRE V

CHAPITRE VI

CHAPITRE VII

CHAPITRE VIII

CHAPITRE IX

CHAPITRE X

CHAPITRE XI

CHAPITRE XII

DEUXIÈME PARTIE

Moïse et la société hébraïque. — La Bible dans l'Inde.

CHAPITRE PREMIER

CHAPITRE II

CHAPITRE III

CHAPITRE IV

CHAPITRE V

CHAPITRE VI

CHAPITRE VII

CHAPITRE VIII

CHAPITRE IX

CHAPITRE X

CHAPITRE XI

TROISIÈME PARTIE

Genèse indoue. — La vierge Devanaguy et Iezeus Christna.

CHAPITRE PREMIER

CHAPITRE II

CHAPITRE III

CHAPITRE IV

CHAPITRE V

CHAPITRE VI

CHAPITRE VII

CHAPITRE VIII

CHAPITRE IX

CHAPITRE X

CHAPITRE XI

CHAPITRE XII

CHAPITRE XIII

CHAPITRE XIV

CHAPITRE XV

CHAPITRE XVI

CHAPITRE XVII

CHAPITRE XVIII

CHAPITRE XIX

PARIS. — IMP. L. POUPART-DAVYL, 30, RUE DU BAC

COLLECTION

DES

GRANDS HISTORIENS CONTEMPORAINS

ÉTRANGERS

Format in-8 à 5 francs le volume

Bancroft (George). — Histoire des États-Unis depuis la découverte du continent américain. Traduit de l'anglais par Mlle Isabelle Gatti de Gamond. 9 vol. in-8. . . . . 45 fr.

Buckle (Henry-Thomas). — Histoire de la civilisation en Angleterre. Traduit de l'anglais par A. Baillot. 5 vol. in-8.. 25 fr.

Duncker (M.). — Histoire de l'antiquité. 8 vol. in-8. (En préparation.)

Gervinus (G.-G.). — Introduction à l'Histoire du XIXe siècle. Traduit de l'allemand par François Van Meenen. 1 vol. in-8. . 3 fr.

— Histoire du XIXe siècle depuis les Traités de Vienne. Traduit de l'allemand par J.-F. Minssen. 15 vol. in-8 . . . . 75 fr. (L'ouvrage formera 18 à 20 volumes.)

Grote (G.). — Histoire de la Grèce depuis les temps les plus reculés jusqu'à la fin de la génération contemporaine d'Alexandre le Grand. Traduit de l'anglais par A.-L. de Sadous. 19 vol. avec cartes et plans et table des matières. . . . . 95 fr

Herder (J.-G.). — Philosophie de l'histoire de l'humanité. Traduction de l'allemand par Emile Tandel. 3 vol. in-8. . . . . 15 fr.

Irving (Washington). — Histoire de la conquête de Grenade. Traduction nouvelle de l'anglais, précédée d'une étude sur les ouvrages de W. Irving, par Xavier Eyma. 2 vol. in-8. . 10 fr.

— Vie et voyages de Christophe Colomb. Traduit de l'anglais par G. Renson. 3 vol. in-8. . . . . 15 fr.

— Vie de Mahomet. Traduit de l'anglais par H. Georges. 1 vol. in-8.. . . . . 5 fr.

Kirk (John Foster). — Histoire de Charles le Téméraire, duc de Bourgogne. Traduction de l'anglais par Ch. Flor O'Squarr. 3 vol. in-8.. . . . . 15 fr.

Merivale (Charles). — Histoire des Romains sous l'Empire. Traduit de l'anglais par Fr. Hennebert. 1 à 4 vol. in-8.. . . . 20 fr. (L'ouvrage formera 9 vol.)

GRANDS HISTORIENS CONTEMPORAINS

Motley (John-Lotrop). — La Révolution des Pays-Bas au XVIe siècle. Histoire de la fondation de la République des Provinces-Unies. Traduit de l'anglais par Gustave Jottrand et Albert Lacroix. 4 vol. in-8. . . . . 20 fr.

Prescott (William-Hickling). — Œuvres complètes. 17 volumes comprenant les ouvrages suivants :

— Histoire du règne de Philippe II. Traduit de l'anglais par G. Renson et P. Ithier. 5 vol. in-8. . . . . 25 fr.

— Histoire du règne de Ferdinand et d'Isabelle. Traduit de l'anglais par G. Renson. 4 vol. in-8. . . . . 20 fr.

— Histoire de la conquête du Pérou, précédée d'un tableau de la civilisation des Incas. Traduit de l'anglais par H. Poret.. 3 v. in-8. . . . . 15 fr.

— Histoire de la conquête du Mexique, avec un tableau préliminaire de l'ancienne civilisation mexicaine et la vie de Fernand Cortez. Publiée en français par Amédée Pichot. Nouvelle édition précédée d'une notice biographique sur l'auteur. 3 vol. in-8 avec 43 gravures et une carte. . . . . 15 fr.

— Essais de biographie et de critique. Trad. de l'anglais. 2 v. in-8. 10 fr

« La *Collection des historiens contemporains étrangers*, publiée, » dit la *Revue de Paris*, « avec un zèle qui ne se dément pas, a une importance capitale et répond chez nous à un véritable besoin. Les Français, en général, connaissent peu la littérature étrangère contemporaine; et si le théâtre, le roman ou la poésie trouvent grâce devant quelques lecteurs, on peut dire que les œuvres historiques sont tout à fait ignorées.

« Cette collection comprend les ouvrages des quatre grands historiens américains de notre époque : Bancroft, Motley, Prescott, Washington Irving.

« Parmi les Allemands, nous citerons : Gervinus, Herder, Duncker.

« La série des historiens anglais s'ouvre par l'*Histoire de la Grèce* de G. Grote; elle contient également des œuvres de Buckle, de Kirk et de Merivale.

« Un soin tout particulier est donné tant au choix des ouvrages qui entreront dans cette collection importante qu'à la traduction et à l'exécution matérielle des volumes.

« Plusieurs ouvrages sont en préparation.

« Les historiens dont la réputation est consacrée, et dont les œuvres offrent un intérêt général, figureront seuls dans cette grande collection.

« Ainsi se continuera cette série de grandes œuvres historiques les plus remarquables, sans contredit, de ce siècle, publiées soit en Angleterre, soit en Allemagne, soit en Amérique, et qui, sans ces traductions, fussent restées longtemps encore ignorées des lecteurs français.

« Une semblable collection doit avoir sa place d'honneur dans toutes les bibliothèques. »

HISTOIRE

Adair (Sir R.) — Mémoires historiques relatifs à une mission à la cour de Vienne en 1806. 1 vol. in-8. . . . . 3 fr.

Altmeyer (J.-J.). — Précis de l'Histoire du Brabant. 1 vol. in-8. 3 fr.

— Résumé de l'Histoire moderne. 1 vol. in-18. . . . . 1 fr.

— Les Gueux de mer et la prise de la Brille (1568-1572). 1 v. in-18. 2 fr.

Apologie de Guillaume de Nassau, prince d'Orange, précédée d'une introduction par A. Lacroix. 1 vol. in 18 cartonné. . . 5 fr.

Arrivabene (Comte Jean). — D'une époque de ma vie (1820-1822). Mes Mémoires, documents sur la Révolution en Italie, suivis de six lettres inédites de Silvio Pellico. Traduit sur le manuscrit original par Salvador Morhange. 1 v. Charpentier. . . . 3 50

Avenel (G.). — Anacharsis Cloots, l'Orateur du genre humain. . 2 vol. in-8. . . . . 12 fr.

Bancroft (G.) — Éloge funèbre du président Abraham Lincoln, prononcé en séance solennelle du Congrès des États-Unis d'Amérique. Traduit de l'anglais par G. Jottrand. In-8. . . . . 1 fr.

Belliard (le général) — Mémoires écrits par lui-même. 3 v. in-18 3 fr.

Bianchi Giovini (A.). — Biographie de fra Paolo Sarpi, théologien et consulteur d'État de la république de Venise, traduite sur la seconde édition, par L. Van Nieuwkerke. 2 vol. in-18. . 7 fr.

Bonnemère (E.).—La France sous Louis XIV (1643-1715). 2 v. in-8. 12 fr.

— La Vendée en 1793. 1 vol. in-18 . . . . 3 50

Borgnet (Adolphe). — Histoire des Belges à la fin du XVIIIe siècle. 2 vol. in-8, 2e édition, revue et augmentée. . . . . . 10 fr.

Brissot de Warville. — Mémoires sur la Révolution française. 3 vol. in-18. . . . . 3 fr.

Cérémonie funèbre en mémoire du frère Léopold de Saxe-Cobourg, premier roi des Belges, protecteur de la franc-maçonnerie nationale. In-8. . . . . 1 fr.

Chassin (C.-L.). — Le Génie de la Révolution. 1re partie, les Cahiers de 1789. En vente : le tome I, les Élections de 1789; le tome II, la Liberté individuelle, la Liberté religieuse. Éd. in-8, le vol. 3 50
Le même ouvrage, édition in-18, le volume. . . . . . 3 fr.

Chateaubriand (de). — Congrès de Vérone. — Guerre d'Espagne 2 vol. in-18 . . . . 2 fr

— Études, ou Discours historiques sur la chute de l'Empire romain, la naissance et les progrès du christianisme, et l'invasion des barbares, suivis d'une analyse raisonnée de l'histoire de France. 4 vol. in-18. 4 fr.

— Vie de Rancé. 1 vol. in-18. . . . . 1 fr.

— Essai sur les révolutions. 2 vol. in-32. . . . . 1 fr.

— Mélanges politiques. 2 vol. in-32. . . . . 1 fr.

— Opinions et Discours. 1 vol. in-32. . . . . 1 fr.

— Polémique. 1 vol. . . . . 1 fr.

Chauffour-Kestner (Victor). — M. Thiers historien. Notes sur l'Histoire du Consulat et de l'Empire. Brochure in-8. . . 1 fr. 50

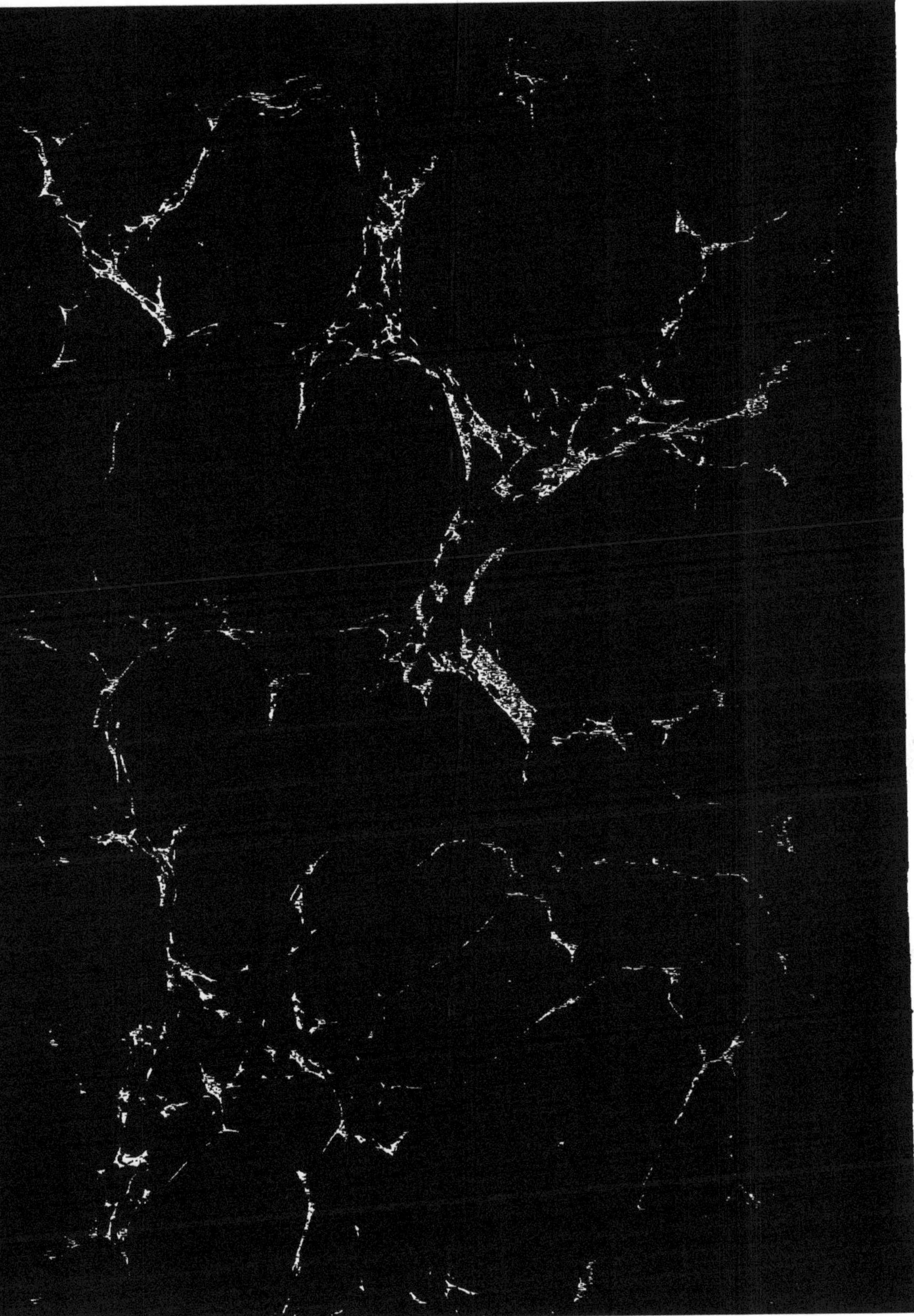

www.ingramcontent.com/pod-product-compliance
Ingram Content Group UK Ltd.
Pitfield, Milton Keynes, MK11 3LW, UK
UKHW020423200726
13857UKWH00002B/263